MARK BENECKE

Dem Täter auf der Spur

So arbeitet die moderne
Kriminalbiologie

CW01499096

BASTEI
LÜBBE
TASCHENBUCH

BASTEI LÜBBE TASCHENBUCH
Band 60562

Vollständige überarbeitete und aktualisierte Ausgabe des bei
Bastei Lübbe Taschenbuch erschienenen Bandes
*Kriminalbiologie. Ausführungen zum besseren Verständnis –
Anregungen zum Nachdenken* (Nr. 93025)

Bastei Lübbe Taschenbuch in der Bastei Lübbe AG

Originalausgabe
© 2006 by Bastei Lübbe AG, Köln
Textredaktion: Werner Wahls, Köln
Register: Angelika Kudella, Köln
Umschlaggestaltung: HildenDesign, München
Titelbilder: © Eigenarchiv HildenDesign, München (oben);
© Will Crocker/getty images (unten)
Satz: Urban SatzKonzept, Düsseldorf
Gesetzt aus der ITC Giovanni
Druck und Verarbeitung: CPI books GmbH, Leck – Germany
Printed in Germany
ISBN 978-3-404-60562-0

9   11   13   12   10

Sie finden uns im Internet unter
www.luebbe.de
Bitte beachten Sie auch: www.lesejury.de

für Lisa & Anna

German School London

2014

■ ■ ■ ■ ■
BASTEI
LÜBBE
TASCHENBUCH

Über den Autor:

Mark Benecke, geboren 1970, ist eine gefragte Kapazität auf dem Gebiet der Kriminalbiologie und forensischen Entomologie (der Insektenkunde im Dienst der Gerichtsmedizin). Er lebt und arbeitet in Köln. Mehr erfahren Sie unter: www.benecke.com

Natura non facit saltum.
»Die Natur macht keine Kapriolen.«

WIDMUNG

Mit Dank an Professor Otto Prokop,
der in vier politischen Systemen das tat, was zumindest
er für richtig hielt, Professor Gerd Uhlenbruck,
der beweist, dass Lachen und Bewegung auch
Wissenschaftlern gut tut, und Armin Mätzler, der sachliche
Todesermittlungen mit Menschlichkeit verbindet.

INHALTSVERZEICHNIS

VORWORT

Als 1999 die erste Auflage dieses Buches – damals noch ein Büchlein – erschien, ahnte kein Mensch, wie populär die Kriminalbiologie innerhalb weniger Jahre werden würde. Der Begriff war ausgestorben; das Fach wurde an keiner deutschen Universität oder Polizeischule mehr gelehrt. Heute sind unsere Kurse überlaufen, und die alten Auflagen der *Kriminalbiologie* sind für absurde Preise bei eBay zu ersteigern.

Genetische Fingerabdrücke werden soeben in vielen Ländern zu einer kriminalistischen Standardtechnik, so wie es Fotos oder Hautleistenabdrücke schon lange sind. Sowohl in Europa (2002) als auch in Nordamerika (2003) haben sich jeweils sehr solide arbeitende Fachgesellschaften für forensische Entomologie*[1] gebildet. Und manche Schüler machen mittlerweile Experimente mit Fliegenmaden*, vor denen ich den Hut ziehe. Ich frage mich, wann das Interesse wieder abflaut. Hoffentlich nie.

Vielleicht aber doch, wenn die nächste Generation merkt, dass es für forensische Biologen kaum gemütliche Arbeitsplätze gibt und dass die klassische Biologie (Zoologie und Botanik) als eine der Grundlagen unseres Faches an fast allen Universitäten abgeschafft wurde. Deshalb habe ich in dieser dritten Auflage einen Abschnitt darüber eingefügt, was man braucht, um Kriminalbiologe zu werden: nämlich Gleichmut gegen Widerstände und Verbissenheit in der Sache – und, wie die Kölner sagen, viel Spaß an der Freud.

Um zu zeigen, dass es bei der forensischen Entomologie nicht nur um Liegezeitschätzungen geht, habe ich möglichst verschiedenartige neue Fälle herausgesucht. Sie haben alle mit Todesermittlungen und Gliedertieren zu tun, sollen aber auch unsere biologisch-vernetzte Sichtweise zeigen.

---

[1] Alle mit einem Sternchen * markierten Begriffe werden im Glossar erklärt.

Neuere DNA-Typisierungstechniken*, die erst in den letzten Jahren entwickelt wurden, habe ich ebenfalls aufgenommen. Weil sie sehr elegant sind, bleiben aber auch die RFLP-Typisierungen* noch im Buch. In forensischen DNA-Labors kommen sie zwar nicht mehr oft zum Einsatz. Sie zeigen aber eindrucksvoll, wie eine biotechnische Revolution mit einem Badeschwamm und einer Plastikschale begonnen hat.

Neu hinzugefügt habe ich einen Abschnitt über die einstige Kriminalbiologie, mit der früher die Vermessung und Einordnung von Menschen gemeint war. Sie starb nach dem Zweiten Weltkrieg aus, weil sie politisch missbraucht und auch von vielen Forschern nicht in der sachlich richtigen Bahn gehalten worden war. Die meisten meiner Kollegen blenden dieses Kapitel der biologischen Medizin gerne aus. Der vermurksten Kriminalbiologie lagen nämlich nicht nur die üblichen menschlichen Schwächen – Machtstreben, Gier, Hass und Neid –, sondern vor allem grundsätzliche Denkfehler zugrunde. Doch gerade das möchte sich auch heute noch kaum jemand eingestehen.

Dabei machen wir doch alle Denkfehler, vor allem durch Überschätzung des eigenen Wissens. Vor Gericht erlebe ich das immer wieder. Die Strafverteidiger sagen in solchen Fällen zu Recht: »Ich glaube Ihnen jedes Wort. All Ihre Messungen sind nachvollziehbar. Ihre Aussage fußt aber auf einer falschen Grundannahme. Was Sie herleiten, ist daher fehlerfrei – nur hat es mit unserem Fall nichts zu tun.« Es gibt vier einfache Tricks, das Risiko einer solchen falschen Ausgangsannahme zu senken:

1. Vertraue niemandem, vor allem nicht deinen eigenen Annahmen.
2. Versteht ein zehnjähriges Kind deine Erklärung nicht, dann ist sie vielleicht nicht richtig.
3. Führe Experimente durch, die deine Annahmen sinnvoll prüfen.

4. Nach Ausschluss aller sachlich falschen Möglichkeiten muss diejenige Begründung stimmen, die übrig bleibt – egal, wie unwahrscheinlich sie klingt (vgl. S. 303).

Und mehr brauchen auch Sie eigentlich nicht zu wissen, um Fälle anhand von Sachbeweisen – also eben nicht geleitet von Gefühlen und Vermutungen – zu knacken.

Viel Spaß mit diesem allgemein verständlichen Buch, das Ihnen zugleich auch Geschmack auf vertiefende Speziallektüre machen soll; Sie finden eine kleine Auswahl am Ende des Buches. Und denken Sie daran: Glauben Sie nichts, vertrauen Sie niemandem, und prüfen Sie notfalls, ob auch Ihr kleiner Neffe die angeblich einzig richtige Lösung glauben und verstehen kann.

Köln und Berlin, 2005
Mark Benecke

EINLEITUNG
FORENSIK, RECHTSMEDIZIN UND
KRIMINALBIOLOGIE

Die Wirklichkeit ist spannender als jede Romanfantasie. Das wissen nicht nur die Freunde von True-Crime-Geschichten, sondern auch die meist stillen Helfer, die sich fast überall auf der Welt bemühen, Verbrechen aufzuklären, indem sie mit großer Akribie und ebensolcher Geduld Spuren* von Tatort und Leiche untersuchen. Neben den polizeilichen Spurenkundlern befassen sich damit, je nach Kulturkreis, auch Rechtsmediziner* oder Coroner (Leichenbeschauer). Früher arbeiteten sie oft ohne Handschuhe und in Schlips und Kragen an der Leiche. Manche von ihnen waren Juristen, Priester, Dorfälteste oder eben Profi-Ermittler. Heute erfordert es in Deutschland eine mehrjährige Facharztausbildung, um Rechtsmediziner zu werden – es ist eine Spezialisierung wie die zum Hals-Nasen-Ohren-Arzt, Neurochirurgen oder Pathologen.

Wenn Rechtsmediziner in Deutschland manchmal als Pathologen bezeichnet werden, ist das falsch. Pathologen kümmern sich vor allem um krankhafte Veränderungen von Zellen; zum Beispiel können sie einen gutartigen von einem bösartigen Tumor unterscheiden, indem sie dünne Gewebeschnitte untersuchen. Kaum ein Pathologe beschäftigt sich aber mit unnatürlichen Todesursachen und Gewalteinwirkung wie Erhängen, Ertrinken, Erwürgen oder einer Überdosis Drogen.

Die Sprachverwirrung stammt aus den USA: Nordamerikanische Rechtsmediziner haben eine etwas andere Ausbildung als ihre deutschen Kollegen und werden daher »forensische Pathologen« *(forensic pathologists)* genannt. Sie lernen zunächst wie deutsche Pathologen, krankes Gewebe zu erkennen, und werden dann zusätzlich darin ausgebildet, gewaltsame von natürlichen Todesursachen zu unterscheiden. Dazu erlernen sie neben klassischen rechtsmedizinischen Methoden (etwa Sektionen, von lat. *sectio* = das Zerschneiden) auch kriminalistische

Techniken (beispielsweise Blutspritzer-Musteranalysen oder Unfallnachstellungen).

Traditionell betreibt in Zentraleuropa vorwiegend die Polizei das kriminalistische Handwerk. Daher sind nur die nordamerikanischen Forensiker echte »Quincies« oder eben *forensic pathologists*, während ihre deutschen Pendants Fachärzte für Rechtsmedizin sind. Sie erkennen, ob eine Person von nah oder fern erschossen wurde, ob sie vor oder nach dem Tod erhängt wurde und ob verstreute Leichenteile zusammengehören oder nicht. Sie finden heraus, woran Personen aus Massengräbern gestorben sind und wie lange sie dort gelegen haben. Weil diese Arbeit sehr oft im Zusammenhang mit gerichtlichen Straf- oder Zivilverfahren steht, nannten sich die Rechtsmediziner früher Gerichtsmediziner; diese Bezeichnung wird aber seit etwa 25 Jahren kaum noch benutzt.

Die forensische (*in foro* = vor Gericht, vor der Öffentlichkeit verwertbar) Arbeit ist nach wie vor nicht nur aufregend und facettenreich, sondern auch stark mit anderen Forschungsgebieten verflochten. Bei vielen Todesfällen gibt es auch wissenschaftlich Neues zu entdecken, und Rechtsmediziner arbeiten häufig mit anderen Wissenschaftlern zusammen, wenn es etwa darum geht, eine Kleidungsfaser, ein Gebiss, ein Stück Lack oder alte Wirbeltierknochen, die im Wald gefunden wurden, zu untersuchen (vgl. Abb. 1).

Das führt uns zur Kriminalbiologie: Sie ist ein recht kleines Forschungsgebiet bei Todesermittlungen, und sie ähnelt der US-amerikanischen Forensik* darin, dass sie kriminalistisch-polizeiliches, naturwissenschaftliches und rechtsmedizinisches Denken vereint. Betrieben wird die naturwissenschaftliche Kriminalistik nicht von Ärzten, sondern von Biologen unterschiedlicher Fachrichtungen, beispielsweise aus der Genetik (früher auch Blutgruppenkunde oder Serologie genannt), Insektenkunde (Entomologie*) und Botanik (Morphologie*), aber auch von Chemikern (Toxikologie*) und Physikern.

Abb. 1: Totentanz
Unter dem Eindruck der zahlreichen Pesttoten war die Kenntnis von Leichenerscheinungen (Zersetzungsstadien von Leichen) gut. Aus: E. H. Langlois, 1852.

Die derzeit bekanntesten, wenngleich nicht die einzigen kriminalbiologischen Techniken sind die Untersuchung von Leicheninsekten (forensische Entomologie), die Untersuchung von Blutspuren *(bloodstain pattern analysis, blood spatter analysis)* sowie das Erstellen und Analysieren genetischer Fingerabdrücke (DNA-Typisierung). Alle drei Methoden haben in den letzten Jahren für große Aufmerksamkeit gesorgt und es ermöglicht, Fälle zu lösen, die als schwer oder unlösbar galten. Das vorliegende Buch erklärt, warum das so ist und wie es dazu kam.

TEIL 1

GLIEDERTIERE UND LEICHENERSCHEINUNGEN

Dass alle Lebewesen sterben müssen, hat einen guten Grund. Jede Generation von Wirbeltieren muss sich zunächst sexuell fortpflanzen, damit ihre Erbeigenschaften zufällig neu kombiniert werden. So kann sich eine Art – auch der Mensch – »vorbeugend« an mögliche, unvorhersehbare Umweltveränderungen anpassen. Ändert sich die Umwelt tatsächlich, zum Beispiel der Anteil ultravioletten Lichts in der Erdatmosphäre, so könnte es einige Nachkommen geben, die genau dafür bereits vorab genetisch angepasst sind. Um ihren Nachkommen Lebensraum zu bieten, muss die Elterngeneration altern und sterben. So ist es in unserem Bauplan, der Erbsubstanz DNA*, vorprogrammiert.

Ebenso wichtig wie die sexuelle, genetische Neukombination ist es, dass das Körpermaterial der Verstorbenen in den Kreislauf des Lebendigen zurückkehrt. Dazu müssen die Bestandteile der Körper zunächst aufgelöst werden (vgl. S. 40). Große, kompliziert verwobene Proteine wie in der Haut oder im Darm, werden beim Zerfall des Körpers in immer kleinere Grundbausteine (Moleküle) zerlegt, damit ein anderer, neuer Körper diese Stoffe wieder aufnehmen und verwenden kann. Je kleiner die Einheiten werden, desto leichter können sie an ganz verschiedenen Stellen eines neuen Lebewesens wieder verwendet werden.

Die Zersetzung eines Körpers ist ein komplizierter Vorgang, den bislang kein Apparat künstlich kopieren kann. Für jedes Zersetzungsstadium gibt es speziell angepasste Organismen. Die wichtigsten, aber zugleich am wenigsten geliebten Körperrecyclinghelfer sind neben Einzellern auch mehrzellige Pilze und hoch entwickelte Insekten* (vgl. Abb. 2). Schmeißfliegenmaden* (*Calliphoridae*, *Sarcophagidae* und andere) nähren sich beispielsweise von feuchtem, relativ frischem Leichengewebe, während Speck- und Teppichkäfer (etwa *Dermestiden*)

Abb. 2: Insekten auf Leichen
Insekten helfen, tote Körper in den Kreislauf des Lebens zurückzuführen. Hier
einige wichtige mitteleuropäische Leichenbesiedler: im Klee die Kaisergoldfliege
Lucilia *(Calliphoridae)*; auf der Maus zwei rotgebänderte Aaskäfer Necrophorus
(Silphidae), zwei Miststutzkäfer *(Histaridae)* und ein echter Aaskäfer *Phosphu-*
gata; auf dem Boden ein Großer Totengräber. Zeichnung: © Jürgen Ritter, Haar.

Abb. 3: Aaskäfer an menschlicher Leiche
Ein Aaskäfer frisst am Ohr einer teilmumifizierten Leiche. Foto: © Mark Benecke.

auf eingetrocknete Haut und Haare spezialisiert sind. Käsefliegen-larven (*Piophiliden*, siehe Larve*) besiedeln eine Leiche, wenn sie in einen breiigen Zustand übergeht, und große Aaskäfer (etwa *Silphidae*) können mit ihren Mundwerkzeugen auch aus zäh mumifizierter Haut noch Stücke herausnagen (vgl. Abb. 3 und Abb. 4). Die von Tieren bewirkte Rückführung biologischer Substanzen ist kein schöner Anblick. Doch ohne Verwesung, Fäulnis* und Madenfraß bliebe der Kreislauf des Lebens stehen, denn es gäbe kein neues Baumaterial mehr (vgl. Abb. 5, S. 24).

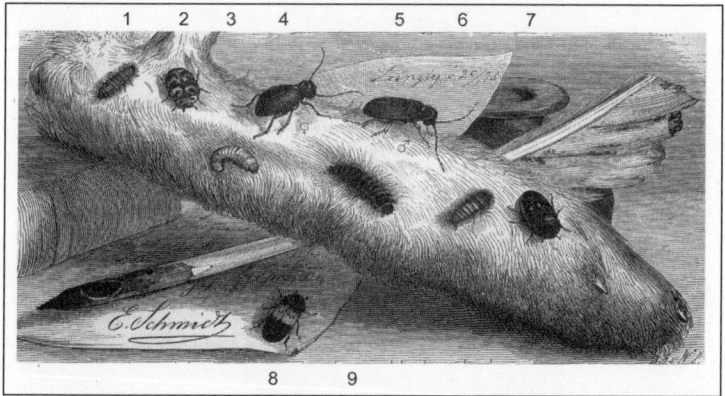

Abb. 4: Postmortale »Stundenzeiger«
Nicht alle Leicheninsekten sind auf weiches Gewebe angewiesen. Diese Käfer
bevorzugen hartes Material wie Haare und trockene Haut. Eine tage- oder wochen-
genaue Liegezeitschätzung ist anhand dieser Tiere kaum möglich. Allerdings
geben sie uns oft Auskunft über eine Mindest- oder Höchstliegezeit. Sind die
Maden die »Sekundenzeiger« der postmortalen Uhr, so sind diese Käfer die
»Stundenzeiger«. 1, 2: Museumskäfer *(Anthrenus spec.)* mit Larve; 3–5: Diebs-
käfer *(Ptinus)* und seine Larve; 6, 7: Pelzkäfer *(Attagenus pellio)* mit Larve;
8, 9: Speckkäfer *(Dermestes lardarius)* und dessen Larve. (Zeichnung von Emil
Schmidt in: Ernst Ludwig Taschenberg, *Brehms Thierleben*, Bd. 9, 3. Aufl., 1892.)

Von den vielen Lebewesen, die sich von toten Tierkörpern
ernähren, sind für Kriminalbiologen bestimmte Fliegen und
Käfer am interessantesten: Diese so genannten Leicheninsekten,
von denen es Hunderte verschiedener Arten gibt, ernähren sich
meist nicht vom faulen Gewebe, sondern sie suchen darin eine
Brutstätte für ihre Nachkommen. Schmeißfliegenweibchen können beispielsweise einen frisch toten Körper über weite Entfernung wahrnehmen und fliegen ihn rasch an. Sie legen ihre Eier
dann auf Wunden oder, wenn keine Verletzungen vorliegen, in
Körperöffnungen wie Nase, Mund, Ohren oder auf weiche Körperteile wie die Augen. Sind die Augen geschlossen, so legen sie
ihre Eipakete genau auf den Spalt zwischen den Lidern in den
Augeninnenwinkeln.

Abb. 5: Kreislauf des Lebens
Fliegen sind nicht das Ende der Recyclingkette. Wenn sie sterben, werden sie
von Pilzen oder Ameisen zerlegt – wie hier auf der »Body Farm« in Tennessee.
Foto: © Mark Benecke

Weil Insekteneier und -larven eine ideale Beute für Käfer und
Vögel darstellen, legen die Fliegen sicherheitshalber sehr viele
Eier ab (vgl. Abb. 6). Die metallisch blauen oder grün schil-
lernden Schmeißfliegengattungen *Lucilia* und *Calliphora* er-
zeugen dabei jeweils ein kleines Eipaketchen, das man früher
»Geschmeiß« nannte (daher der Name der »Schmeiß«-Flie-
gen). Fleischfliegen, die man leicht an ihren schönen Strei-
fen erkennt (vgl. Abb. 7), verteilen die Eier hingegen auf der
Oberfläche; manchmal legen sie sogar schon lebende, winzige
Maden ab.

Aus den Eiern schlüpfen weißliche Maden, und diese beginnen sofort, mit ihren Mundhaken kleine Gewebeteile abzu-
schaben, die sie zuvor oft mit Körperausscheidungen angedaut
haben.

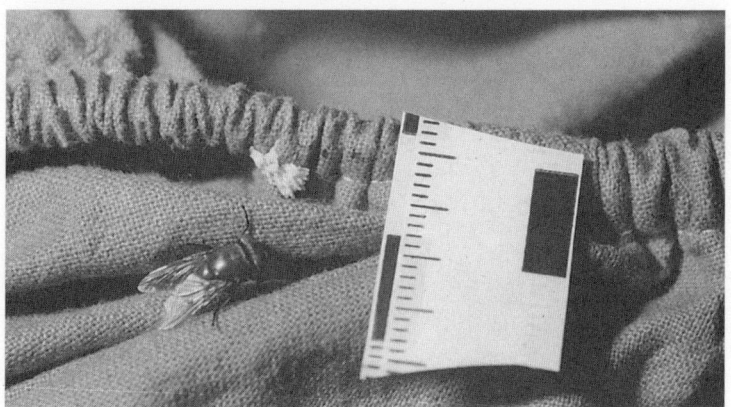

Abb. 6: Eiablage bei Schmeißfliegen
Eine Kaisergoldfliege der Gattung *Lucilia* hat soeben ein Eipaket auf einem Betttuch abgelegt, in das eine Leiche gewickelt ist. Die Leiche ist für die Fliege nicht, für die aus den Eiern schlüpfenden Maden aber sehr wohl erreichbar. Foto: © Mark Benecke.

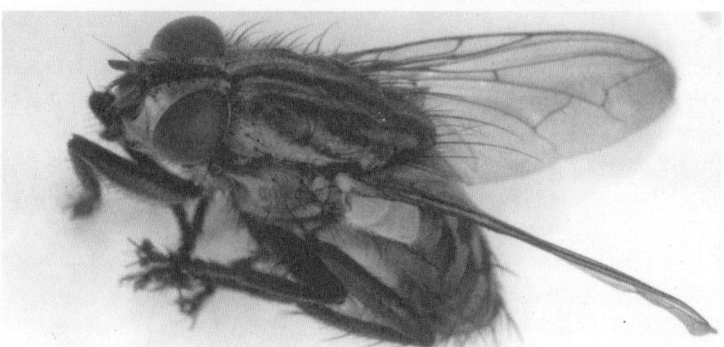

Abb. 7: Fleischfliege
Eine Fleischfliege *(Sarcophagide)* von einer Wohnungsleiche aus dem heißen Sommer 2003 in Köln. Fleischfliegenweibchen legen keine »Geschmeiße«, sondern verteilen gelegentlich lebende Larven auf dem zersetzlichen Gewebe. Die Tiere sind leicht an ihrer eleganten Körperzeichnung zu erkennen: vorn (Thorax) silberne und schwarze Streifen, hinten (Abdomen) kariert. Foto: © Mark Benecke.

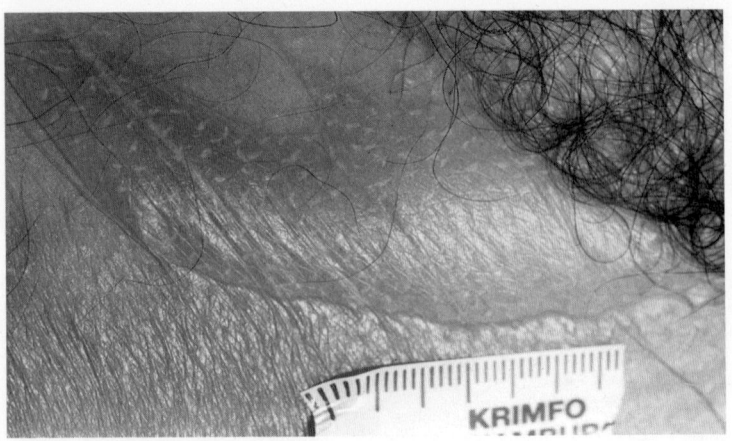

Abb. 8: Larven unter einer Blase
Junge Larven vermeiden Licht und Trockenheit. Hier Schmeißfliegenmaden im
ersten Larvenstadium unter einer Fäulnisblase zwischen zwei Hautschichten, in
deren Zwischenraum sich Fäulnisflüssigkeit gesammelt hat. Foto: © Mark Benecke.

Maden vermeiden vor allem Licht, Wind, Kälte und Trockenheit. Das hat zwei Gründe. Zum einen sind die Tiere besonders
als junge Larven sehr empfindlich gegen Austrocknung. Zum
anderen benötigen sie eine Mindesttemperatur, um sich wei-
terentwickeln zu können. Anders als Menschen sind Insekten
wechselwarm, das heißt, ihr Körper kann keine eigene Wärme
erzeugen. Deswegen finden sich im europäischen Sommer auch
mehr Insekten als im Winter – im Kalten sterben die Tiere, oder
ihre Entwicklung rastet ein, bis es wieder wärmer wird. Am Tatort bedeutet dies, dass manchmal kein einziges Tier zu sehen
ist, obwohl sehr viele an der Leiche leben. Brennt beispielsweise die Sonne oder ein Tatort-Scheinwerfer auf eine Leiche,
so werden sich die Tiere alle unter oder in der Leiche verstecken. Im schlimmsten Fall verlassen sie die Leiche sogar, etwa
bei Lagerung in kalten Räumen. Besonders in rechtsmedizinischen Instituten herrschen also die ungünstigsten Bedingungen
für Maden: Dort ist es hell und kalt.

Abb. 9: Leiche am Fundort
Es lohnt sich immer, eine Leiche direkt am Fundort zu untersuchen. Dabei müssen Wetter, Gerüche oder »Dienstzeiten« egal sein – denn nur am Fundort lässt sich die Lebenswelt genau messen und verstehen, die zur Zersetzung des Körpers geführt hat. Eine biologisch befriedigende Untersuchung ist im Sektionssaal ohne Kenntnis des Fundortes nur schwer möglich. Zudem fliehen viele Tiere beim Abtransport der Leiche. Foto: © Mark Benecke.

Falls am Tatort keine Tiere gesammelt wurden, kann man als Kriminalbiologe aber Glück haben und im verschlossenen Leichenbergesack noch Tiere finden, die entweder daraus nicht entkommen konnten oder durch die Kälte in ein Ruhestadium fielen. Besonders erwachsene Käfer können aber oft viel besser fliegen und laufen, als es scheint. Sie fliehen manchmal, bevor die Leiche in den Bergesack gelangt. In solchen Fällen hilft es nur, am einstigen Fundort Insektenfallen aufzustellen oder tote

Schweine auszulegen. So erhält man einen Überblick über die dort lebenden Leicheninsekten. Auch hier sind wieder Biologen gefragt, denn der untersuchte Lebensraum kann sich in der Zeit zwischen Leichenfund und Experiment verändert haben. Dies zu bestimmen bedeutet fast immer, an den Tat- bzw. Fundort zu gehen, zu fahren oder auch zu kriechen. Deshalb gibt es für forensische Entomologen auch kein schlechtes Wetter, nur schlechte Bekleidung (vgl. Abb. 9, S. 27).

Dass extrem viele Tierarten auf einer Leiche leben können, deren Lebensgewohnheiten wir noch lange nicht verstehen, hat ein Versuch aus dem Jahr 2003 gezeigt, bei dem im Rheinland tote Schweine nur wenige Meter voneinander entfernt ausgelegt wurden. Unser Diplomand Markus Halbach sammelte alle Insekten, die auf den sich zersetzenden Schweinen lebten, wochenlang akribisch ein und zählte 60 verschiedene Fliegen- und Käferarten, die regelmäßig an den Leichen zu finden waren (vgl. Abb. 10). Viele dieser Arten waren uns selbst zuvor nicht aufgefallen, entweder weil sie so klein sind oder weil sie mangels unserer Kenntnis ihrer Lebensgewohnheiten (noch) keine kriminalistisch nutzbare Information in sich bergen. Es fiel ihm auch auf, dass das Schwein in der Nähe eines Waldrandes in anderer Weise besiedelt wurde als eines auf einer Wiese. Obwohl die beiden Kadaver auf den ersten Blick scheinbar gleich gelagert waren, zeigten die darauf lebenden Insekten den Unterschied der Umwelteinflüsse doch deutlich an. Nach derartigen Versuchen (»kleine Ursache, große Wirkung«) erkennt man, dass es auch für die künftigen Generationen in der forensischen Entomologie noch genug zu forschen gibt.

Bei sommerlichen Temperaturen kann sich die Entwicklung vom Ei zur ausgewachsenen Made innerhalb einer Woche vollziehen (vgl. Abb. 11), und bei sehr guten Umweltbedingungen kann man den Maden sogar unter dem Vergrößerungsglas beim Schlüpfen zusehen.

Schmeißfliegenlarven häuten sich zweimal, während sie zu einer Größe von über einem Zentimeter heranwachsen, bevor

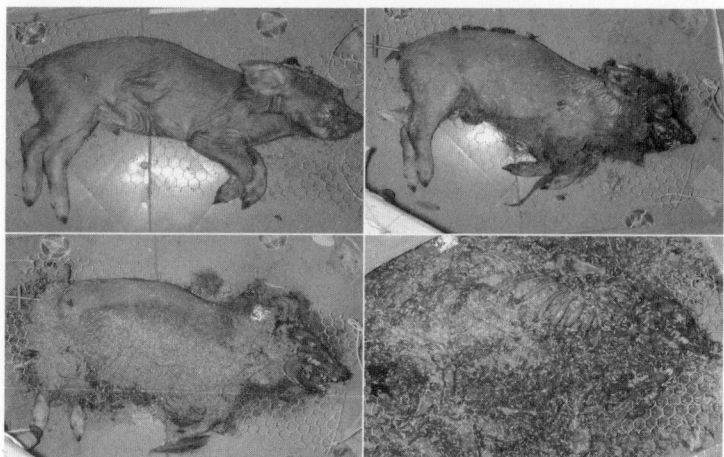

Abb. 10: Zersetzung beim Schwein
Typischer Zersetzungsablauf bei Einwirkung durch Maden, wenn keine starke
Austrocknung stattfindet. Fast das gesamte weiche Gewebe des Körpers wird von
Insekten aufgenommen. Die Bestimmung der Besiedlungsdauer der Leiche er-
folgt über das Entwicklungsstadium der Insekten und hängt vor allem von der
Außentemperatur ab. Es gibt daher keine Faustregeln, sondern jeder Fall muss für
sich betrachtet werden (»kritische Einzelfallbetrachtung«). Foto: © Markus Halbach.

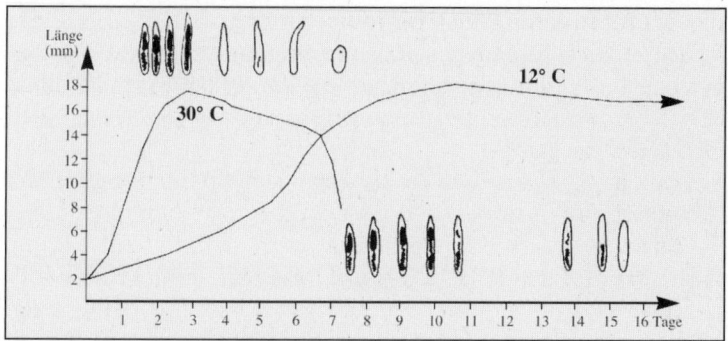

Abb. 11: Wachstum von Schmeißfliegen
Bei verschiedenen Temperaturen wachsen Schmeißfliegen unterschiedlich schnell
heran. Am Ende ihrer Madenzeit entleeren sie ihren Darm und verpuppen sich.
Quelle: Reiter/Hajek.

sie sich schließlich, ähnlich wie eine Schmetterlingslarve, zu einer Puppe in einem »Tönnchen« umbilden (vgl. Abb. 12), aus dem später eine erwachsene Fliege schlüpft. Diese Tönnchenpuppen sind zunächst noch hell gefärbt wie die Made. Die äußere Hautschicht bildet dann die Puppenhülle und wird immer härter, während sich die Made im Inneren vollständig auflöst (Histolyse, Gewebe-Auflösung, vgl. Abb. 13). Dieselbe DNA, die auch die Bauanleitung für die Made enthielt, wird nun verwendet, um ein völlig anderes, neues Tier aufzubauen: eine erwachsene Fliege. Bei Käfern verläuft die Entwicklung ebenfalls über ein Larvenstadium.

Eine solche Umwandlung heißt Metamorphose und ist eines der größten für jedermann sichtbaren Wunder. Es zeigt uns, dass Fliegen keineswegs einfache, sondern perfekt angepasste, hoch kompliziert geregelte Lebewesen sind. Auf uns Menschen übertragen, würde eine Histolyse und Metamorphose bedeuten, dass wir uns zu einem Klumpen Eiweiß verwandeln könnten, aus dem dann nach einiger Zeit ein Elefant entstünde.

Erwachsene Fliegen können noch mehr: Da sie sehr schnell fliegen, müssen sie mehr Bilder pro Sekunde wahrnehmen als Menschen. Andernfalls würden sie laufend anstoßen, weil sie das Hindernis beim Herumrasen nicht gesehen hätten. Sie könnten auch Räubern, vor allem Vögeln, nicht rasch genug ausweichen. Fliegen sehen daher etwa 200 Bilder pro Sekunde, Menschen nur 60. Eine in einen Kinosaal verirrte Fliege sieht also nur Dias.

SKELETTIERUNG DURCH INSEKTEN

Weil Insekten ihre Körpertemperatur nicht selbst regeln können, ist ihre Entwicklung von guten Umweltbedingungen abhängig. »Gut« heißt für Schmeißfliegen »warm und feucht«, und ich kann das spätestens bestätigen, seit ich im besonders

Abb. 12: Tönnchenpuppen
Puppen in Leichenhaaren: Die Maden halten sich dort vor Fraßfeinden und
Zersetzung bedingender Feuchtigkeit versteckt. Foto: © Mark Benecke.

Abb. 13: Verschiedene Stadien der Verpuppung
Je dunkler ein Tönnchen, desto älter ist die darin befindliche Puppe, die sich von
der Larve (Made) zur erwachsenen Fliege umwandelt. Foto: © Mark Benecke.

schwülheißen Sommer 1998 meine kanadische Kollegin für forensische Entomologie besuchte. Sie hatte Schweinekadaver unter Kaninchendraht ausgelegt, auf die Schmeißfliegen innerhalb einer Stunde die ersten Eipakete ablegten. Es dauerte nur knapp zwei Wochen, bis die geschlüpften Maden eines der Schweine blitzblank freiskelettiert hatten – und das ohne Hilfe von aasfressenden Füchsen, Hunden oder Vögeln (vgl. Abb. 14). Auf dieser Abbildung ist ein weiterer interessanter Effekt zu erkennen: Die Knochen liegen durcheinander, obwohl ja ein Käfig aus Kaninchendraht um das tote Schwein gespannt war. Weder Füchse noch Ratten konnten also die Verwüstung der Knochen anrichten. Es waren die Larven ganz allein, die in diesem Sonderfall zwischenzeitlich einen so dicken Madenteppich gebildet hatten, dass sich die Knochen dadurch verschoben.

Wie gut die Tiere an ihre Nahrung angepasst sind, erkennt man daran, dass sie mit ihrem hinteren Körperende atmen. Während sie mit ihrem spitzen Vorderende in die halb flüssige, verfaulte Substanz hochkant eintauchen, steht das Körperende frei. Deshalb sitzen dort die offenen Enden des Atemröhrchensystems (Tracheen), das ihren Körper komplett durchzieht. Diese Öffnungen sind wie ein Gullydeckel oder Ventilationsschacht mit einem Gitter bedeckt (vgl. Abb. 15), sodass Schmutzteilchen nicht hineingelangen können. Die Tiere können also gleichzeitig vorn fressen und hinten atmen.

In Madenteppichen (vgl. Abb. 16, S. 34) geschieht noch etwas. Da der Körper von Maden wie auch der von erwachsenen Fliegen nicht durch Knochen von innen, sondern durch eine mehr oder weniger harte Schicht von außen gestützt wird, reiben die Larven in Massen ständig hart aneinander. Dabei entsteht nicht nur ein hörbares Rauschen (vgl. »Ein Aas« von Baudelaire, S. 136), sondern auch Wärme. So kommt es, dass es in einem Madenteppich oft mehrere Grad wärmer ist als außen. Man sieht: Gemeinsamkeit macht stark – und warm.

Ist es kalt und trocken, so kann es allerdings weit über ein Jahr dauern, bis Insekten einen Körper aufgezehrt haben. Des-

Abb. 14: Freiskelettierte Knochen
In den Tropen, aber auch unter schwülheißen Bedingungen wie hier in Kanada, kann eine völlige Freiskelettierung kleiner Körper schon nach ein bis zwei Wochen vollzogen sein. Hier wurden sogar die Knochen von den dicken Insektenschichten, die bereits zur Verpuppung abgewandert sind, verschoben. Foto: © Mark Benecke.

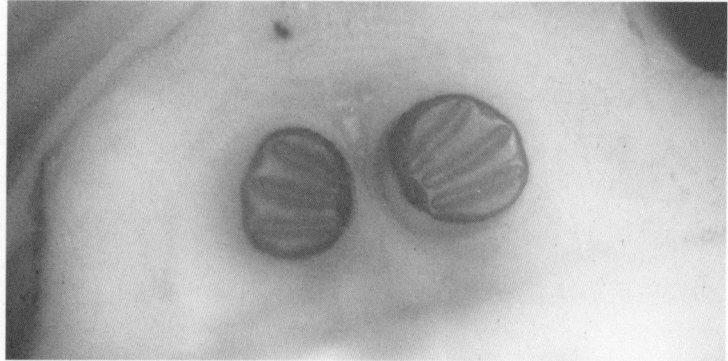

Abb. 15: Hinterende einer Made
Aufsicht auf das hintere Ende einer Schmeißfliegenmade. Die beiden Atemröhren sind mit einer gullydeckelähnlichen Struktur verschlossen, sodass Atemluft, aber kein Schmutz hindurchgelangen kann. Da die Larven kopfüber in der Nahrung stecken, können sie mit ihrem Vorderende nicht atmen, wenn sie fressen. Foto: © Mark Benecke.

Abb. 16: Maden im Glas
Maden können in vielen Schichten übereinander leben. Sie erreichen mit ihrem spitzen Vorderende durch den beweglichen »Teppich« hindurch ihr Ziel, das faule Gewebe. Dabei entsteht für den Untersuchenden deutlich spürbare Wärme, weil die Tiere sich aneinander reiben (Reibungswärme). Foto: © Mark Benecke.

wegen gibt es auch keine Faustregeln, die es erlauben, aus der Länge einer Made die Liegezeit der Leiche abzuleiten. Jeder Fall ist ein Einzelfall, und die Temperatur ist eine der wichtigsten Informationen, die wir zur Fallbearbeitung benötigen.

Unterhalb von zehn Grad Celsius legen beispielsweise manche mitteleuropäischen Insekten keine Eier mehr ab. Dann kann es sogar geschehen, dass eine Leiche austrocknet und mumifiziert, während nur ganz wenige Fliegenlarven anfangs an der Leiche fressen, dann aber aufgeben müssen (vgl. Abb. 17; siehe ferner Abb. 33, S. 74, Abb. 42, S. 88, und Abb. 43, S. 95). Die harte, vertrocknete Haut ist ihnen zu hart. Andererseits berichten Kollegen aus bergigen Ländern von Leichen besiedeln-

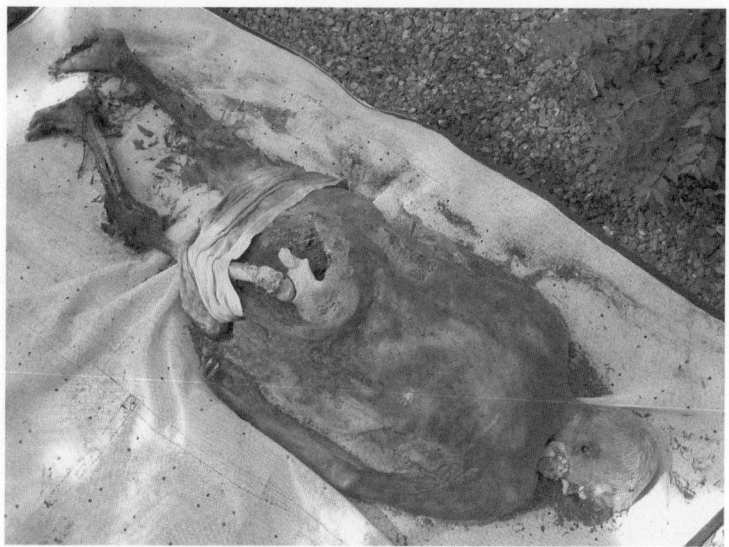

Abb. 17: Teilmumifizierte Leiche
Wenn es trocken und warm ist, können Insekten die Leichen selbst im Freien oft nicht zersetzen. Hier eine Leiche von der »Body Farm« im warmen Süden der USA nach zwei Jahren Liegezeit. Die Leiche lag auf trockenem Kies, die Luft konnte immer an der Leiche entlangstreichen und so die Feuchtigkeit des Körpers leicht abführen. Foto: © Mark Benecke.

den Schmeißfliegen, die im Schnee umherfliegen. Ob sich die Fliegen mittels der Sonnenstrahlung aufheizen oder in dieser Gegend bloß genetisch an niedrigere Temperaturen angepasst sind, wissen wir noch nicht.

Umgekehrt haben wir im sehr heißen Sommer 2003 im Rheinland beobachtet, dass sogar in schattigen Wäldern die normalerweise an Leichen stets sehr früh zu beobachtenden blauen Schmeißfliegen der Gattung *Calliphora* völlig verschwunden waren, ihre sonnenliebenden Verwandten, die grünen *Lucilia*-Fliegen, aber umso öfter vorkamen. In Brandenburg vermehrten sich im selben Jahr stattdessen vor allem Wespen, die wiederum Jagd auf Fliegen machten. Jährlich wechselnde Wetter- und

Klimabedingungen müssen also oft ebenfalls einbezogen werden, wenn man die örtliche Fauna verstehen und die Wachstumsgeschwindigkeit, das heißt das Alter der Maden, aus deren
Länge errechnen möchte.

Trockene Hitze, wie sie auf der »Body Farm« (Anthropo-
logical Research Facility, University of Tennessee, Knoxville) oft
herrscht, verändert die Leichenzersetzung beispielsweise auf
eine Art, die wir in Deutschland seltener beobachten. Hier
kann es zu einer sehr starken Austrocknung (Mumifizierung)
kommen, sodass die Maden das harte Gewebe nicht mehr fressen können. Stattdessen finden sich dann ganz andere Insekten
ein: erwachsene Käfer mit harten, kauenden Mundwerkzeugen
sowie deren Larven. An solchen Leichen kann es zu einem
schwierig auszuwertenden Mischbild der Zersetzung kommen:
eine starke Erhaltung der Leiche wegen der Mumifizierung (vgl.
auch S. 40) einerseits und einzelne Fraßbereiche andererseits
(vgl. Abb. 18; siehe ferner Abb. 17, S. 35). Zugleich finden sich
die typisch zerflossenen Gewebebereiche, die aber auf einmal
durch die Vertrocknung wie festgefroren wirken. Es bedarf
einer guten Kenntnis der örtlichen Insekten und der Wetter-
bedingungen, um hier eine Leichenliegezeit brauchbar zu
schätzen. Rein rechtsmedizinisch, also nur durch Betrachtung
des Fäulniszustandes, ist die Bestimmung in diesen späten
Zersetzungsstadien oft nicht mehr möglich; es muss die biologische Umgebungsuntersuchung mit einbezogen werden.

Gerade diese Umweltabhängigkeit ist eine der Grundlagen
der forensischen Entomologie. Weil bekannt ist, wie schnell
eine bestimmte Madenart unter bestimmten Außenverhältnis-
sen heranwächst, sich verpuppt und schlüpft, können forensische Entomologen aus Tieren vom Tatort und von der Leiche
die Leichenliegezeit berechnen. Je größer eine Made ist, desto
länger muss sie auf der Leiche gelebt haben und desto früher
wird vermutlich auch der Tod eingetreten sein (vgl. Abb. 11,
S. 29). Trotzdem wird kein forensischer Entomologe ohne weiteres von der »Todeszeit« sprechen. Es könnte ja sein (und ist

	Frische Leiche	Geblähte Leiche	Trocknende oder breiige Leiche	Mumie oder Skelett
trocken			Speckkäfer	
		»Aaskäfer«	Pelzkäfer	Motten Milben
		Stutzkäfer	Schinkenkäfer	Spinnentiere
Feuchte	Schmeißfliegen Larven	Kurzflügelkäfer	Totengräberkäfer	Hundertfüßler
		Schmeißfliegen Maden	Käsefliegen Maden	Asseln
nass				
	früh		Zeit	spät

Abb. 18: Unterschiedliche Besiedler
Abhängig von den Umweltbedingungen finden sich verschiedene Besiedler an der Leiche. Besonders wichtig sind Temperatur und Feuchtigkeit, die sich auch ohne den Einfluss von Insekten auf den Ablauf der Fäulnis auswirken. Foto: © Mark Benecke.

Abb. 19: Auf der »Body Farm«
Die Insektenfauna in Gräbern ist bislang kaum erforscht. Daher lässt sich dort die Liegezeit kriminalbiologisch kaum feststellen. Hier ein Versuch auf der »Body Farm« mit Leichen, die in Erdgräber unter Betonplatten gelegt und zu verschiedenen Zeitpunkten exhumiert wurden. Foto: © Mark Benecke.

schon vorgekommen), dass die Leiche beispielsweise eingefroren oder in einer Chemikalientonne verpackt war. In diesem Fall spiegelt das Alter der Insekten nur den Zeitpunkt wider, zu dem die Insekten erstmals Zugang zur Leiche hatten. Der Todeseintritt kann dann viel weiter zurückliegen. Im Zweifelsfall muss der Richter zu entscheiden versuchen, ob er den Besiedlungszeitpunkt mit dem Todeszeitpunkt gleichsetzen will oder nicht. Uns Sachverständige gehen solche Entscheidungen nichts an, weil wir dazu verpflichtet sind, immer auch für die Gegenseite mitzudenken.

Ist es ausnahmsweise wirklich so, dass die Leiche an einem für Insekten unzugänglichen Ort gelagert war, so helfen eigentlich nur Experimente und Erfahrung, um eine für den jeweiligen Fall gültige Aussage zu treffen. Beispielsweise kann das sehr dichte Einwickeln einer Leiche in eine Decke bewirken, dass sie einige Tage später erstmals besiedelt wird. Umgekehrt kann es bei etwas loserer Bedeckung mit einer farbigen Decke in einem Wald sein, dass durch die Decke erstens mehr Hitze gestaut wird als in der Umgebung und zweitens die Leiche für die Fliegen im Halbschatten besser zu sehen ist. Hier kann die Verhüllung der Leiche also die Erkennbarkeit und Anziehungskraft des Körpers für Fliegen sogar beschleunigen. Dasselbe gilt für Plastiktüten. Sie können die Besiedlung beschleunigen – oder die Hitze staut sich derart, dass zwischen Körper und Plastik eingeklemmte Maden sogar ersticken können. Es kommt eben immer auf die Bedingungen des Einzelfalles an.

In Erdgräbern wird die Bestimmung der Liegezeit anhand von Insekten fast unmöglich, weil die Bedingungen bereits im Umkreis von wenigen Metern zu stark schwanken können. Trocknet eine Leiche in sandigem Boden beispielsweise ein, so kann sich Weichgewebe in einer etwas tiefer gelegenen Lehmschicht stattdessen zu Fettwachs (Leichen-Lipid oder *Adipocire, adeps* = fett, *cera/cire* = Wachs) umbilden. In beiden Fällen wird die Leiche recht gut erhalten, sieht aber vollkommen verschieden aus: einmal wie eine ausgezehrte bräunliche Mumie, das andere

Mal wie ein dicker weißlicher Klumpen. Nur wenige Meter daneben kann der Boden krümeliger und von Wurzeln stärker durchdrungen sein, sodass die Leiche skelettiert wird, der Körper also bis auf die Knochen völlig verschwindet. Hierzu sind viele Experimente notwendig. Wegen der damit verbundenen Schaufelei scheuen viele Untersucher aber die Mühe. Gelände wie die »Body Farm« sind hierzu angenehmer, weil dort Bagger zur Verfügung stehen, die notfalls sogar Betonplatten anheben, wenn das für eine experimentelle Nachstellung wünschenswert ist (vgl. Abb. 19, S. 37).

LEICHENERSCHEINUNGEN UND UNZERSETZLICHE HEILIGE

Die meisten Toten des Seebebens vom Dezember 2004 hatten eine Gemeinsamkeit: Schon nach wenigen Tagen streckten die Leichen ihre Glieder von sich und wiesen eine dunkle Hautfarbe auf. Meist waren sie aufgedunsen. Die am häufigsten gehörte Erklärung, die Aufblähung liege an der Feuchtigkeit und dem Wasser, stimmt nur halb. Zwar setzt die Gasblähung von Leichen am ehesten in feuchter und warmer Umgebung ein, die Leichen saugen sich aber nicht voll Wasser.

Stattdessen herrschen in tropischen Gebieten die bestmöglichen Wachstumsbedingungen für Bakterien, die im Darm jedes Menschen leben. Durch die Adern wandern diese und andere Bakterien wie durch Schnellstraßen in den ganzen Körper und vermehren sich überall rasch. Besonders wenn es warm und feucht ist, erfolgt die Vermehrung mit hoher (exponentieller) Geschwindigkeit. Die dabei entstehenden bakteriellen Fäulnisgase blähen die Leiche auf. Das geschieht, weil die Haut der Menschen noch unverletzt und unzersetzt ist. Die entstehenden Gase können also nicht entweichen.

Der zweite Grund ist, dass jede feste Substanz, wenn sie in ein Gas umgewandelt wird, sich auf das 22,4fache ausdehnt. Das bedeutet für Wasserleichen, dass sie zunächst untergehen. Ist es unter Wasser warm genug, sodass die Bakterien Gas bilden können, treibt die nun geblähte Leiche aber wieder nach oben. Sie versinkt zuletzt aber meist wieder, weil Schiffsschrauben, Vögel oder Meerestiere die Leichenhaut beschädigen. Dann entweicht das Gas, und die Leiche versinkt für immer.

Eine Ausnahme stellen Leichen dar, die in große Tiefe sinken. Sie tauchen erstens zwischendurch nicht auf, weil auf dem Meeresgrund in der Tiefsee nur Temperaturen von etwa vier Grad Celsius herrschen, was den Darmbakterien zu kalt ist. Die Leichen lösen sich zweitens auch durch Diffusion auf, so wie ein Zuckerwürfel sich in Leitungswasser auflöst, weil durch physikalische Kräfte ein Gleichgewicht des Zuckeranteils im Wasser entstehen soll. Bei Leichen dauert die Auflösung länger, aber der grundlegende Ablauf ist derselbe. In der Tiefsee gibt es keine Eiweiße und auch keine Fette oder Kalzium, das in unseren Knochen enthalten ist. Deswegen liegen auf der *Titanic* keine Skelette mehr, obwohl Knochen eigentlich sehr stabil sind und in manchen Gräbern Tausende Jahre problemlos überdauern: Sie haben sich schlichtweg aufgelöst.

Es war übrigens nicht immer so, dass Menschen so wenig über Tote und deren Aussehen wussten. Auf alten Abbildungen sind Leichen oft völlig richtig dargestellt. Die Menschen wussten damals wohl durch Kriege und Aufbahrungen eher als wir, wie die Zersetzung abläuft oder zumindest, wie sie aussieht.

Schon immer war es den Menschen aber ein Rätsel, warum vertrocknete Leichen, also Mumien, sich so lange halten können. Die falsche Annahme lautet dann, dass die Leiche »unverwest« sei. Kriminalbiologen empfinden einen Körper, der zwar noch eine über die Knochen gespannte Haut aufweist, aber sonst keinerlei Ähnlichkeit mit der lebenden Person hat, zwar nicht als »unverwest«. Der Eindruck ist aber so stark, dass mir allein in den letzten Wochen drei befreundete Menschen (eine Professorin für Semiotik, ein Journalist und ein Geistlicher) voller Staunen von je solch einem Wunder der Unzersetzlichkeit berichtet haben. Es handelte sich dabei um »Ritter Kahlbutz«, den »Mönch vom Baikalsee« sowie Richeza, die »Rheinländerin auf dem polnischen Königsthron«.

Wüst, gläubig oder skelettiert?

Kahlbutz wurde 1794 bei Graböffnungen in Kampehl/
Neustadt (Dosse) in Brandenburg gefunden. Sämtliche
dort aufgefundenen Leichen waren zerfallen, nur der 1702
verstorbene Christian Friedrich von Kahlbutz nicht (vgl.
Abb. 20). Es heißt, er sei ein Frauenheld gewesen und habe
sich mittels einer frechen Lüge vor Gericht vom Mord an
der Tochter des Schäfers Pückler freigesprochen. Dessen
Tochter hatte den Ritter im Jahr 1690 abgewiesen. Daraufhin tötete er den Schäfer, als dieser auf einer Gutswiese
südlich der heutigen Bundesstraße 5 Schafe von der Bück-
witzer Wiese bei Neustadt über die Kahlbutz'sche Weide
nach Hause trieb. Niemand hatte den Mord beobachtet,
aber trotzdem wussten alle, dass Kahlbutz der Mörder war.
Vor Gericht stritt der Ritter einfach alles ab.
    Da im Volksglauben vieler Länder die Seelen Verstor-
bener die Erde nicht verlassen können, wenn sie noch
unerledigte Geschäfte haben, erweiterte sich in diesem besonders krassen Fall der Lüge die Strafe Gottes gegen Kahlbutz: Nicht nur seine Seele musste auf der Erde verbleiben,
sondern auch sein Körper:

»Dass er nicht verweset war,
Dadurch wurd' sein Meineid klar.«
(Kahlbutz-Lied)

Allerdings wissen nicht nur Kriminalbiologen, sondern
auch die örtlichen Fremdenführer, dass ausgetrocknete
und scheinbar gut erhaltene Leichen nicht so selten sind,
wie es scheint. Hier fragt sich, ob es tatsächlich immer Gottes Fluch ist, der eine örtliche Häufung von mumifizierten
Leichen bewirkt.

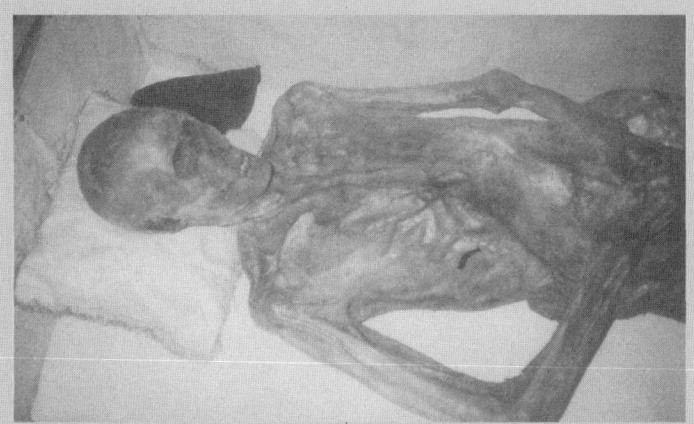

Abb. 20: Der sündige Ritter Kahlbutz aus Brandenburg
Eine der bekannteren Mumien in Deutschland ist die des Ritters Kahlbutz, der seit 1702 bis heute angeblich nicht verwest, weil er die Tochter eines Schäfers erfolglos begehrte und daraufhin den Vater tötete. In Wirklichkeit handelt es sich um eine reine Austrocknung der Leiche. (Mit Dank an Dagmar Schmauks für den Hinweis; Foto: © Pfarramt Köritz/Neustadt [Dosse].)

Als man beispielsweise 1928 im nahe Kampehl gelegenen Kyritz die Särge des Oberpredigers Heinrich Bauer und seiner Frau öffnete, fand man die 1846 in einer kleinen Friedhofskapelle beigesetzten und nicht einbalsamierten Leichen ebenfalls gut erhalten vor. Im nahe gelegenen Buch ruhen nach Auskunft der Stadt Kyritz in einer Gruft 22 weitere solcher Mumien. Auch die Toten, die in einer Gruft in Schenkendorf bei Königs Wusterhausen – ebenfalls in Brandenburg – ruhen, sind wie Kahlbutz kaum zerfallen. Der Boden, das Klima und die Bauweise der Grufte ermöglichen es vorbeistreichender Luft, genügend Wasser aus den Leichen zu transportieren, sodass deren Körper austrocknen und die Haut ledrig werden kann. So bleiben die Leichen »erhalten«.

Wer wie ich an scheinbar unverwesten Heiligen (oder ritterlichen Wüstlingen) interessiert ist, kann diese auch im Grabgewölbe neben der Krypta der Schlosskirche zu Quedlinburg und in der so genannten Bleikammer unter dem Dom zu Bremen finden. Allerdings liegt es weder am Blei noch an angeblicher Radioaktivität, dass die Mumien dort entstehen und erhalten bleiben – es ist schlicht die fehlende Zerstörung durch Menschen oder Käfer, verbunden mit einem ausreichenden Luftzug.

Da Mumifizierungen nicht nur in Gruften oder zugigen Dachstühlen, sondern auch in sehr trockenen Erdgräbern stattfinden, werden seit einigen Jahren auch im deutschsprachigen Raum zunehmend Betongruften in die Friedhofserde gebaut. Hier werden die Leichen beim Begräbnis zwar scheinbar »in die Erde versenkt«, allerdings dort in einen großen, luftigen Hohlraum, der nicht mit Erde gefüllt ist. So brauchen nie wieder Erdarbeiten zu erfolgen, wenn das Grab neu belegt werden soll – die Leichen vertrocknen einfach und können, nunmehr fast federleicht, herausgehoben werden.

Derselbe Effekt findet sich auch an exotischeren Plätzen, etwa beim buddhistischen Chambo Lama Dascha-Dorscho Itigelow (geb. 1852). Bei Geistlichen wie ihm wird statt einem Laster gerne ein spiritueller Einfluss vermutet, der die Leiche erhält. Als Itigelow 1927 starb, soll er den Mönchen befohlen haben, ihn in 30 Jahren wieder aus seinem Grab zu holen. Dann starb er meditierend, aufrecht im Lotussitz. Tatsächlich fanden die buddhistischen Priester ihn nach Jahrzehnten »nahezu unversehrt«.

Bis heute schaut er aus seinem Gewand scheinbar die Menschen an. Das ist eine geschicktere Darstellung als beim nackten Ritter Kahlbutz: Beim Lama lugen nur Teile des mumifizierten Gesichts und nicht der ganze Körper –

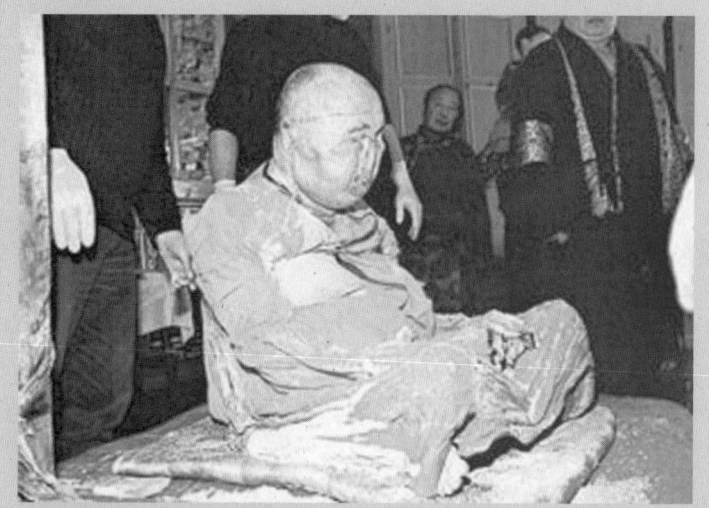

Abb. 21: Der gut erhaltene Lama
Im Jahr 2005 sorgte der angeblich beim Meditieren mit Absicht verstorbene Mönch Lama Dascha-Dorscho Itigelow (gest. 1927) für Aufsehen. Die
Leiche ist teilweise in Fettwachs umgebildet, teils mumifiziert und heute
ein Symbol für den wieder auferstehenden Glauben.

der zum Teil auch in Fettwachs übergegangen ist – aus der
Bekleidung heraus (vgl. Abb. 21).

Hier lässt sich also erstens weniger gut prüfen, ob der
Körper wirklich gut erhalten ist, denn er ist ja, wie auch
Lenins Leiche, bekleidet. Zweitens wirkt die ganze Darstellung so natürlich, dass man noch viel geneigter ist, an die
heilige Unversehrtheit zu glauben.

Der Grund, dass die Geschichte vom »Mysterium der
sibirischen Mumie« im Jahr 2004 den Weg um die Welt an-
trat, war aber weniger die Mischung aus Mumifizierung und
Fettwachs, sondern vielmehr der symbolische Wert: die
Wiederauferstehung des Buddhismus, der in der Sowjet-

union wie alle Religionen unerwünscht war. Indirekt geben das auch die heutigen Buddhisten im Wunder-Kloster zu. Am 2. Dezember 2004 zitierte die russische *Prawda* den jetzigen Khamba Lama Damba Ayusheev mit der Bemerkung, die angeblich unzersetzte Leiche Itigelows würde »Buddhisten in ihrem Glauben stärken und denen, die zweifeln, einen Beweis jenseits aller Zweifel an die Hand geben«.

Dass Wunder nicht immer auf gesunde Skepsis stoßen, weil sie eben den Glauben der Gemeinde stärken, ist auch aus der katholischen Kirche bekannt. Erhebend für alle kölsch-katholischen Rheinländer ist beispielsweise die Geschichte von der seligen Richeza. Sie stammte aus rheinischem Adel und wurde von ihrem Onkel, Kaiser Otto III., auf einer Reise im Jahr 1000 dem polnischen Herzog Bolesław I. Chrobry, dem Tapferen, versprochen, um das polnische Erzbistum zu stärken und dort Einfluss zu nehmen, zugleich aber auch, um die Beziehungen zwischen Ost und West zu entspannen. Natürlich wurde Richeza gar nicht erst gefragt.

Im Jahr 1013 heirateten der polnische Thronfolger Mieszko II. Lambert und Richeza in Merseburg; 1025 krönte sich der Gatte zum König von Polen (er verstarb im Mai 1034). Erst am 21. März 1063 starb seine Gemahlin und wurde – entgegen ihrem testamentarischen Willen – vom Kölner Erzbischof Anno II. in die Kirche Sankt Maria ad Gradus überführt. Als die Kirche 1817 abgerissen wurde, kamen die Gebeine in den Kölner Dom in einen hölzernen Wandschrein. (In einem anderen Schrein liegen dort auch die Überreste der Heiligen Drei Könige.)

Die Erinnerung an Richeza blieb bei den Kölnern lange bestehen. Im Mittelalter begingen sie sogar einen Feiertag für sie. Doch erst 1845 wurde ihr Grabmal auf Wunsch eines polnischen Historikers geöffnet. Dabei fand sich der knö-

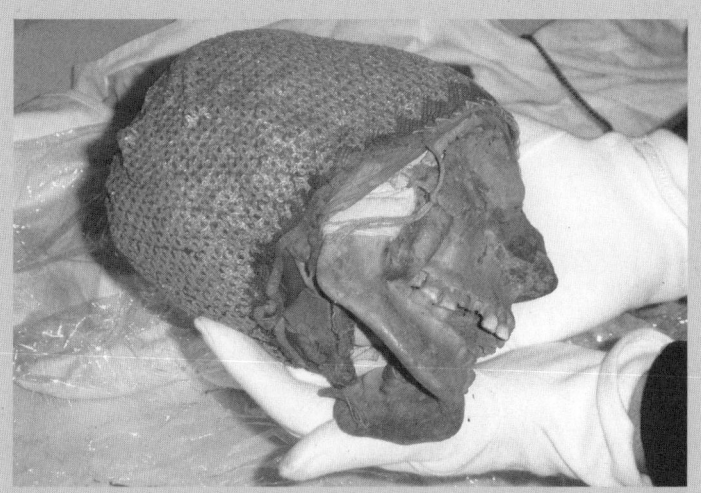

Abb. 22: Schädel der seligen Richeza
Auch dieser Schädel gilt bei manchen Gläubigen als »unverwest«, obwohl
nur die Färbung des blanken Schädelknochens und die Haube dem eili-
gen Betrachter vortäuschen, dass noch Gewebe vorliegt. Foto: © Georg
Hauser/Dombauverwaltung, Köln.

cherne Schädel, der mittlerweile völlig blank und ohne Haut
war. Dem flüchtigen und von der Umgebung beeindruck-
ten Betrachter bleibt aber trotzdem ein scheinbar gut erhal-
tenes Gesicht in Erinnerung. Der Grund dafür ist, dass die
Schädelknochen nicht weiß ausgebleicht, sondern leicht
bräunlich-rot gefärbt sind und daher in etwa einer »gesunden Gesichtsfarbe« ähneln – sofern man eine solche nach
1000 Jahren Leichenliegezeit noch erwarten möchte. Selbst
die nicht mehr vorhandene Nase scheint je nach Licht-
einfall hervorzutreten. In Wirklichkeit ist aber bloß der
Knochen der leeren Nasenhöhle eingedunkelt und teils mit
Erde gefüllt. Das kann beim ehrfürchtigen Vorbeigehen die
Täuschung verursachen (vgl. Abb. 22).

Zudem ist Richezas Schädel, anders als der des Chambo
Lama, mit einer Haube bedeckt. Man kann also nicht erkennen, dass der darunter frei liegende Knochen haut- und
haarlos ist. Auch hier sieht der gläubige Betrachter also das
Offensichtliche nicht und lässt sich umso leichter täuschen –
wenn er getäuscht werden will.

Die katholische Kirche spricht bei Richeza übrigens weder von einem Wunder noch von Unverweslichkeit – die
gläubigen Betrachter dafür umso mehr.

All die Mumien- oder Skelett-»Wunder« treten übrigens
bevorzugt bei zu Lebzeiten schlanken Menschen auf. Denn
bei ihnen wirken die Gesichtszüge der Mumie (oder des
blanken Schädels) nicht »eingefallen«, wie das bei etwas
beleibteren Menschen der Fall wäre. Den Rest erledigt der
Glaube. Je nach Einstellung trifft dann Gottes Zorn die
Lügner oder seine grenzenlose Liebe die Rechtschaffenen.
In beiden Fällen bleibt der Körper der Betroffenen der Erde verhaftet – einmal zur Mahnung, das andere Mal zur
Stärkung des Glaubens.

Wie bei allen Leichenerscheinungen gibt es auch bei
Mumifizierungen viele verschiedene Abläufe und Endzu-
stände. So färbt sich die Haut anstelle der scheinbar »unzer-
setzten« hellbraunen Tönung oft auch schwarz (vgl. Abb. 42,
S. 88). In diesen Fällen spricht niemand von einem Wunder, da sich nun ja (bei zu Lebzeiten hellhäutigen Heiligen)
mit dem Tod die Ethnie geändert haben müsste.

Ein Blutwunder

Ich habe mittlerweile mehrere schöne »Wunder« untersucht.
Es stört mich dabei überhaupt nicht, dass Menschen auch
nach der technischen, chemischen oder kriminalbiolo-

gischen Aufklärung weiter an eine höhere Kraft glauben. Nur wenn mit den angeblichen Wundern Geld verdient oder Macht vermehrt und missbraucht wird, melde ich Bedenken an. Das ist beim folgenden »Blutwunder von Neapel« nur in sehr geringem Maße der Fall. Es ist ein recht sympathisches Wunder.

Angeblich verflüssigt sich seit 1389 zweimal im Jahr eine rötlich-braune Substanz – das »Blut« des heiligen Januarius – in zwei gut verschlossenen Fläschchen. Die Verflüssigung ist, wie ich im Jahr 2004 aus geringem Abstand beobachten konnte, weder ein Vertauschungstrick noch eine Wahrnehmungstäuschung. Das Wunder geschieht unter von allen Seiten gut beobachtbaren Bedingungen im Hellen. Einen böswilligen Betrug kann ich den Priestern also nicht unterstellen, schon eher eine Selbsttäuschung.

Im Labor kann man das Wunder allerdings »nachkochen«, und zwar mit Substanzen, die in Neapel schon seit Jahrhunderten problemlos erhältlich sind: Kalk, Wasser und Eisen-III-Chlorid. Dieses Gemisch geht durch Bewegung recht plötzlich von einem scheinbar »festen« Gel in einen flüssigen Solzustand über (Thixotropie). Zu Hause genügt dazu ein kräftiges Schütteln des in ein Fläschchen gefüllten Gels; in Neapel wird es durch eine bunte, fröhliche Prozession durch die Stadt ermöglicht, bei der das Wunderfläschchen kräftig bewegt wird. Wenn das nicht genügt, muss in der Kirche zuletzt noch einmal ein wenig »nachgeschüttelt« werden.

STILLE ASSISTENTEN

Neben der Liegezeitbestimmung gibt es viele weitere Fragen, die forensische Entomologen mithilfe ihrer kriechenden oder krabbelnden Assistenten beantworten können. Der Grund dafür ist, dass Gliedertiere die wichtigste, größte und mannigfaltigste Lebewesengruppe der Erde sind. Im Vergleich zu ihrer Biomasse und Artenzahl machen selbst alle Pflanzen zusammengerechnet nur einen Bruchteil des Lebens aus. Die Bedeutung des Menschen lässt sich in einem Schaubild dagegen überhaupt nicht mehr darstellen, weil sie zu klein ist. In unserer Abbildung entspräche sie in etwa dem Pupillenpunkt im Auge des Pferdes, das stellvertretend für alle Wirbeltiere rechts neben dem Reich der Pilze steht (vgl. Abb. 23).

Diese Übermacht und Allgegenwart der Gliedertiere freut forensische Entomologen, denn je mehr Insektenarten sich an unterschiedliche Lebensräume anpassen, desto höher ist die Wahrscheinlichkeit, dass einige von ihnen auch Leichengewebe aufsuchen. So kommt es auch, dass fast alle Faulleichen Spuren* von Insekten an sich tragen, ganz gleich, ob ein Körper in einem Bach, einem Feld, einer Großstadtwohnung oder einem Rettungsring am Strand gefunden wird. Man muss die Tiere nur suchen.

Wie schon erwähnt, können manche Leicheninsekten anhand ihrer Größe bzw. Wachstumsgeschwindigkeit als postmortale Totenuhren die Leichenliegezeit anzeigen. Diese Bestimmung kann recht schnell gehen, wenn es sich um eine uns gut bekannte Art, etwa die grün schillernde Schmeißfliege *Lucilia sericata*, handelt. Auch Sie kennen diese Fliege: Es ist eine der »Brummer«-Arten, die an jede Art zersetzlichen Materials heranfliegt. Kriminalbiologen kennen auch die Larven (Maden) dieser Fliegen gut und können sie rasch bestimmen, obwohl sie auf den ersten Blick nur wie weiße Würmchen aussehen.

Zur schnellen Artbestimmung schneidet man mit einer Mikroschere den vorderen Teil der Larve ab und nimmt mit sehr

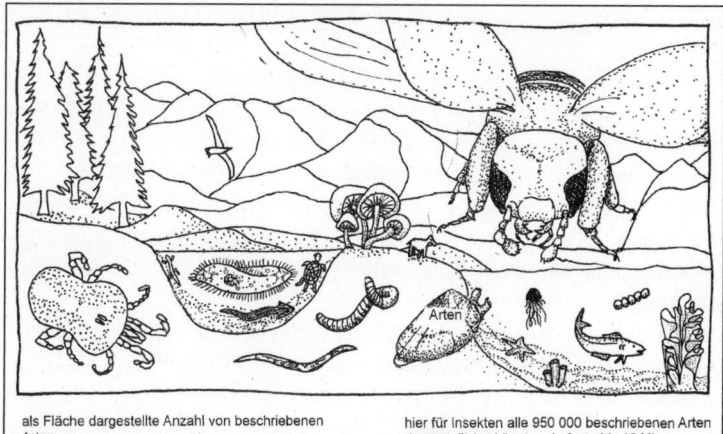

als Fläche dargestellte Anzahl von beschriebenen Arten

2mm² = □ = etwa 1000 Arten

Monera (Bakterien, blaugrüne Algen)
Pilze
Algen*
Vielzellige Pflanzen
Protisten*
Porifera
Coelenteraten (z.B. Quallen und Korallen)
Plathelminten
Nematoden*
Anneliden
Mollusken

hier für Insekten alle 950 000 beschriebenen Arten dargestellt (es könnten de facto bis 10 Mio. werden)

Echinodermata
Insekten
andere Arthropoden (z.B. Spinnen- und Krebstiere)
Pisces
Amphibien*
Reptilien*
Aves
Mammalia
* keine natürlichen Gruppen

nach Wheeler (1990) Ann Entomol Soc Am 83, 1031-1047

Abb. 23: Die Welt der Insekten

Insekten sind die bedeutendste und größte Gruppe von Lebewesen auf der Erde. Sie haben praktisch alle Lebensräume besiedelt, und an den meisten Faulleichen findet man sie als »stille Assistenten«. Die Fläche, welche die jeweiligen Lebewesen auf dieser Zeichnung bedecken, entspricht ihrer Artenzahl und damit auch der Anpassung an unterschiedliche Lebensräume. Menschen sind wegen ihrer Bedeutungslosigkeit nicht darstellbar; sie decken höchstens die Fläche der Pupille des Pferdes ab (Pferd als Vertreter für alle Wirbeltiere; rechts neben den Pilzen).

spitzen Pinzetten die Mundhaken samt des daran hängenden Kraft-Hebel-Apparates heraus (vgl. Abb. 24, S. 53, und Abb. 25, S. 54). Jede Fliegenart hat ganz typisch geformte Mundwerkzeuge. Unter einem guten Vergrößerungsgerät (Binokular mit Ringlichtblende; vgl. Abb. 26, S. 54) lässt sich so bestimmen, welche Art erwachsener Fliege sich aus der Made entwickelt hätte.

Weil meistens wegen des Aufklärungsdrucks keine Zeit bleibt, die Tiere auszuzüchten, das heißt zu warten, bis sie schlüpfen, ist diese Methode eine meiner Lieblingstechniken. Meine Studenten und Studentinnen sehen das anders und fühlen sich bestenfalls an »Wetten dass« erinnert, und zwar an die Wette, bei der ein Kandidat einen Laster auf einige Kölschgläser bugsieren muss. Die Artbestimmung ist eine ebenso langwierige Kniffelei.

Hinzu kommt, dass man in Kriminalfällen, anders als bei der normalen Laborarbeit, meist keine zweite oder dritte Chance hat. Atmet man zu fest oder fährt eine Straßenbahn vorbei, so kann es passieren, dass das einzige objektive Beweisstück eines Kriminalfalls aus dem Blickfeld des Vergrößerungsapparates ins Nichts verschwindet und für immer verloren ist. Zum Glück ist das eine Ausnahme. Kriminalbiologen sind aber trotzdem sehr penibel, beschriften alles übergründlich und wirken auf normale Biologen oft pedantisch. Doch in unseren Fällen geht es für die Täter oft um lange Freiheitsstrafen und für die Opfer um eine solide, objektive Aufklärung des Tatgeschehens.

Sobald die Art bekannt ist, kann das Alter der Tiere bestimmt werden. Dazu vergleicht man das Entwicklungsstadium der Larven mit Wachstumstabellen für genau diese Art (vgl. Abb. 27, S. 55). Das so ermittelte Alter der Tiere stellt die Besiedlungszeit der Leiche mit dieser Insektenart dar. Allerdings kann sich die Erstbesiedlung verzögern, etwa durch vorheriges Einfrieren der Leiche. Es kann auch sein, dass es sich nicht mehr um die erste Besiedlungswelle handelt, sondern bereits um die zweite, dritte oder vierte. Um dies erkennen zu können, braucht es viel Erfahrung nicht nur an Tatorten, sondern auch in Experimenten, in denen man beispielsweise Schweine oder andere große Wirbeltiere unter verschiedenen Bedingungen verwesen lässt. Problematisch wird es immer, wenn die genaue Temperatur an einem Tatort nicht bekannt ist. Dann wird die Berechnung

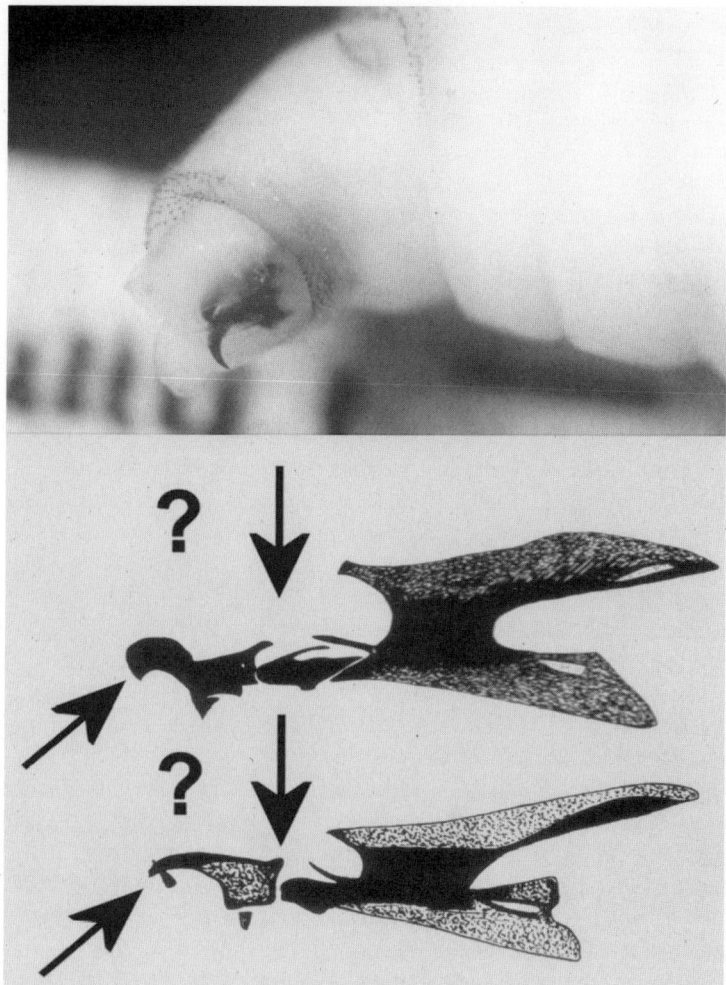

Abb. 24: Mundwerkzeuge und deren Herausschneiden
Das Herausschneiden der bestenfalls einen Millimeter langen Mundwerkzeuge ist kniffelig. An den Formen der gesäuberten Haken und Hebel lässt sich aber die Fliegenart schnell bestimmen, wenn keine Zeit zur Zucht bleibt (vgl. auch Abb. 25, S. 54). Foto: © Mark Benecke.

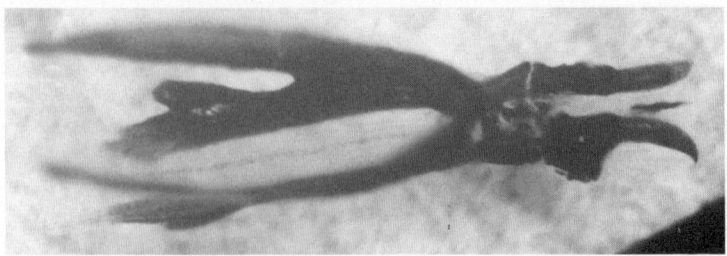

Abb. 25: Die Mundwerkzeuge von Maden
Diese Mundwerkzeuge (*Cephalophyryngeal*-Skelett = »harter Kopf-Schlund-Apparat«) bestehen aus zwei winzigen Häkchen, die nur kratzen, aber nichts abbeißen können. Die Kraftübertragung erfolgt über ein mächtiges Hebelsystem. Bei jeder Häutung hinterlassen die Tiere ihre »Zähne«, bis sie als erwachsene Tiere nur noch flüssige Nahrung über einen Rüssel aufnehmen können (vgl. auch Abb. 24, S. 53). Foto: © Mark Benecke.

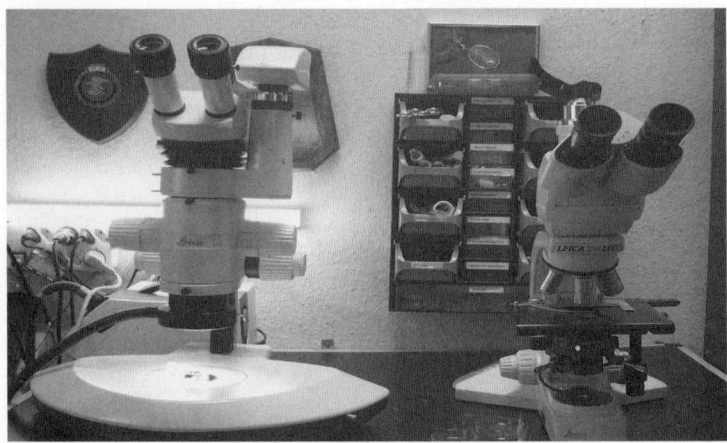

Abb. 26: Binokular mit Ringlichtblende
Gute Geräte sind der Schlüssel zu guter Arbeit. Sie sparen trotz hoher Anschaffungskosten am Ende Geld, weil die Arbeit rasch und ordentlich von der Hand geht. Hier das Lieblingsbinokular des Autors (links) mit 100facher Vergrößerung und großer Tiefenschärfe sowie Lichtstärke. Anders als Mikroskope (rechts) bilden Binokulare nicht nur dünne Schichten, sondern auch kleine Gegenstände vollständig scharf ab. Foto: © Mark Benecke.

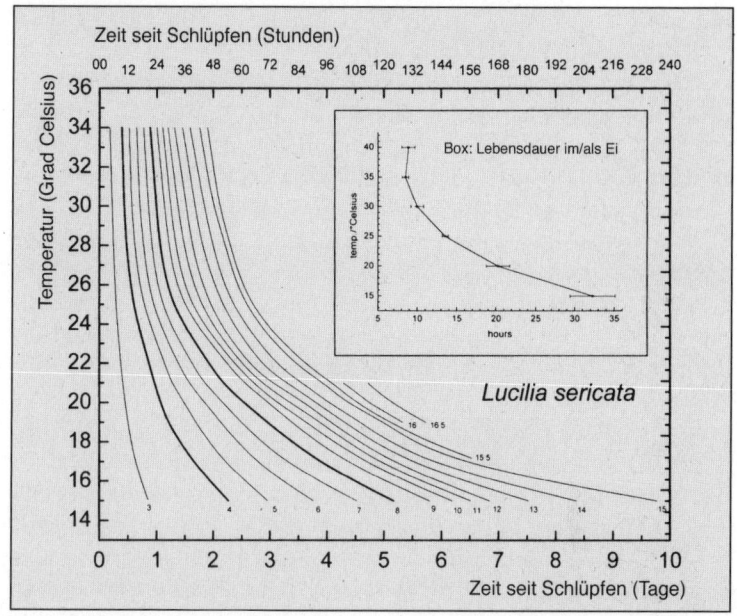

Abb. 27: Isomegalen-Diagramm
Aus derartigen Diagrammen lässt sich bei bekannter Art, Temperatur und dem Entwicklungsstadium (Länge) der Made deren Alter errechnen. Daraus ergibt sich je nach Einzelfall die Besiedlungszeit der Leiche. Das erlaubt kriminalistisch oft Rückschlüsse auf die Liegezeit der Leiche oder den Todeszeitpunkt; allerdings geben wir kriminalbiologisch nur die Besiedlungszeit an. Quelle: Grassberger/Reiter, *Forensic Science International*, 120, S. 32-36.

der Besiedlungszeit ungenauer, denn die Temperatur ist der Haupteinfluss auf die Wachstumsgeschwindigkeit der Larven. Manchmal werden auch nur Maden eingesammelt, obwohl schon Folgestadien – etwa Puppen – oder eine Menge anderer Insekten zu finden gewesen wären. In diesen Fällen müssen wir sehr vorsichtig sein, denn das Alter der Tiere zeigt dann nicht die maximale Besiedlungszeit der Leiche an (also das Alter der ältesten Insekten), sondern vielleicht nur die Untergrenze (Alter der jüngsten Insekten).

GIFTE, WÄLDER UND SELBSTMORD

Wenn man über die Temperatur hinaus nähere Informationen zur Lebensweise der Insekten zur Verfügung hat, können die Tiere neben der Liegezeit auch weitere Fragen klären. Beispielsweise können sie verraten, ob eine Person vergiftet wurde, obwohl der Körper schon verfault oder gar skelettiert ist. Das funktioniert, weil viele Insekten Gifte aus der Leiche in ihrem Körper speichern.

So fütterten beispielsweise italienische Kollegen Hunderte von Maden mit Gewebestücken, in denen jeweils verschiedene Medikamente enthalten waren, die in hoher Dosis den Tod eines Menschen bewirken, auch wenn sie in geringerer Menge heilend sind.

Die Kollegen stellten fest, dass sowohl Schlafmittel als auch die Stimmung aufhellende Drogen (für depressive Menschen) und Mittel gegen Wahnvorstellungen (Neuroleptika) immer dann in den Maden gefunden werden konnten, wenn sie von dem betreffenden Gewebe gefressen hatten. Das funktionierte zum Glück sowohl mit Herzgewebe als auch mit dem von Leber, Lunge und Niere. Die Chance, dass zumindest einige Maden von diesen weichen Geweben gefressen haben, ist hoch.

Die einzige unüberwindliche Hürde ist, dass sich wohl niemals feststellen lassen wird, wie hoch die Menge der Medikamente oder Gifte war, die von der Person aufgenommen wurde, bevor sie starb. Das liegt einerseits daran, dass verschiedene Organe unterschiedlich große Mengen der Gifte speichern, andererseits weiß niemand, wo genau die Tiere gefressen haben – sie bewegen sich ja im toten Körper hin und her. Immerhin gelingt statt eines Mengennachweises wenigstens die Feststellung, dass eine Substanz vorhanden war oder nicht. Kriminalistisch genügt das in vielen Fällen schon. Als Forscher wüsste man es aber natürlich gerne genauer. Doch die Wirklichkeit ist eben oft etwas rauer als die kontrollierbare Arbeit im Labor.

Darauf muss sich auch ein Kriminalbiologe einstellen, wenn er nicht verzweifeln will.

Der Gift- und Drogennachweis ist vor allem bei fraglichen Selbstmorden von großer Bedeutung. Gelegentlich finden sich beispielsweise in abgelegenen Waldstücken (früher auch auf Dachstühlen) erhängte, stark zersetzte Körper, neben denen eine leere Flasche Schnaps und eine ebenso leere Packung Tabletten steht (so genannte Waldleichen). Die Frage ist nun, ob es Hinweise auf einen Mord gibt. Die Leiche könnte ja auch erst nach der Tötung aufgehängt worden sein, und die leeren Giftbehälter könnten nur zur Verwirrung der Ermittler daneben gestellt worden sein.

Bei frischen Leichen würde man nun einfach prüfen, ob die entsprechenden Medikamentenwirkstoffe auch wirklich im Magen oder im Blut der Leiche zu finden sind. Das könnte für einen Selbstmord sprechen, bei dem der Suizident einfach auf Nummer Sicher gehen wollte: Er oder sie hätte zuerst die Tabletten mit Schnaps heruntergespült und sich dann mit der Schlinge erhenkt. Findet sich das Medikament hingegen nicht in der Leiche, dann könnte es sein, dass ein Täter die Person auf irgendeine andere Weise getötet und dann aufgehängt hat, um einen Selbstmord vorzutäuschen. Den Schnaps und die Tabletten hätte unser Mörder dann einfach daneben gestellt.

Der Gifttest ist bei Faulleichen aber nicht mehr möglich, weil das Gewebe zu stark zersetzt ist. Manchmal ist – außer der vertrockneten Haut – auch schlichtweg kein Körpergewebe mehr vorhanden. Hier helfen nur noch die Insekten, die von der Leiche gefressen haben. Am Tatort sollte man also daran denken, verstreute Insektenteile, vor allem leere oder volle Tönnchen und eingeklemmte erwachsene Fliegen, einzusammeln.

Einige Drogen können übrigens die Entwicklungsgeschwindigkeit der Maden verändern. Beispielsweise beschleunigen hohe Dosen Heroin (das 0,5- bis 5fache der mittleren tödlichen Heroinmenge) das Heranwachsen mancher Maden. So schnell sie sich allerdings anfangs durch das Heroin entwickeln, so langsam werden sie im weiteren Verlauf des Lebens. Über die gesamte Lebenszeit betrachtet, verlangsamt sich die Entwicklung der Tiere in diesem Fall.

Die Drogenwirkung auf die Maden kann sehr verschieden sein. Ist Morphin in der Nahrung, wachsen beispielsweise Larven der grün schillernden Schmeißfliege *Lucilia sericata* je nach Drogenmenge mit ganz normaler Geschwindigkeit oder verlangsamt heran.

Antibiotika haben hingegen auch in sehr hoher Menge (in bis zu 100facher therapeutischer Dosis) keinen Einfluss auf die blaue Schmeißfliege *Calliphora vicina* und die grüne Schmeißfliege *Phaenicia sericata*. Auch in diesem Bereich der forensischen Entomologie, der so genannten forensischen Entomotoxikologie (Giftwirkung auf Leicheninsekten), gibt es also noch viel zu erforschen.

DER SEEMANN IN SEETANGFLIEGEN

Manchmal können forensische Biologen anhand von Insekten den Todes- vom Leichenfundort unterscheiden. Das gelingt, wenn sich an einer Leiche Tiere oder Pflanzen befinden, die am Leichenfundort normalerweise nicht vorkommen. Hat man besonders viel Glück, geben die Tiere sogar Auskunft über den Weg, den eine Leiche zurückgelegt hat. Treibt sie beispielsweise durch ein Meer, so ist es möglich, dass sich verschiedene Insekten von verschiedenen Ufern auf der Leiche niedergelassen haben.

Kniffelig ist bei der biologischen Untersuchung solcher Wasserleichen aber nicht nur die schwer ermittelbare Temperatur, sondern auch, dass es kaum Erkenntnisse über nekrophage (zersetzendes Gewebe fressende) Wasserlebewesen gibt. Dieses Fachgebiet ist nämlich nicht nur brotlos, sondern verspricht heutzutage auch kaum wissenschaftliche Meriten. Solange das

Abb. 28: Larven der Seetangfliege
Die Larven der nur an Ufern lebenden Seetangfliege *Coelopa frigida* halfen bei der Aufklärung einer Verdriftung, bei der die Leiche entlang eines Strandes trieb. Foto: © Mike Ladle.

so bleibt, müssen wir in solchen Fällen auf die besser bekannten Fliegen zurückgreifen. Dass sie bei der Aufklärung von Wasserleichenfunden helfen können, zeigt das folgende Beispiel.

Aus dem nördlichen Teil der Ostsee wurde im Frühsommer eine Wasserleiche geborgen, die in einem noch schwimmenden Rettungsring hing. Gesicht und Brustraum waren bereits teilskelettiert, die übrigen Weichteile hatten sich unter Wasser teils zu Fettwachs *(Adipocire)* umgebildet. Nirgendwo fanden sich aber die normalerweise an Leichen vorhandenen Larven oder Puppen von Schmeißfliegen *(Calliphoridae)*. Stattdessen lagen reichlich zehn bis elf Millimeter lange Fliegenlarven der Seetangfliege *Coelopa frigida* vor (vgl. Abb. 28, S. 59). Diese Fliege lebt nur an Stränden, dort allerdings oft in Massen.

Die Frage war, ob es sich in Anbetracht des vergleichsweise gut erhaltenen Körperzustandes um die Leiche eines vermissten Seemanns handeln konnte, der bei einem weiter entfernten Schiffsuntergang schon zu Beginn des Jahres ums Leben gekommen war.

Der Entomologe Pekka Nuorteva schaute sich die Tiere näher an und stellte fest, dass die *Coelopa*-Larven bei der zur Fundzeit kühlen Witterung erst etwa zwei Wochen alt sein konnten. So jung war die Leiche aber keinesfalls, denn die Bildung von Fettwachs dauert erheblich länger, im kühlen Wasser mindestens einige Monate. Das bedeutete, dass die Leiche zum Zeitpunkt der Eiablage schon länger im Rettungsring getrieben sein musste. Die erst zwei Wochen alten Seetangfliegen mussten aber irgendwie an die Leiche gelangt sein. Folglich war der Körper am bevorzugten Lebensraum der Tiere, einem Strand oder Küstenstreifen, vorbeigetrieben: *Coelopa* fliegt nicht aufs offene Meer hinaus und legt dort erst recht keine Eier ab.

Die Leiche musste aber nicht unbedingt auf den Strand gelangt und dann wieder fortgespült worden sein. Hin und wieder schwemmen Wellen lagenweise Larven der Seetangfliege ins Meer. So hatten sie wohl auch den treibenden Seemann erreicht. Allerdings musste dies in Strandnähe geschehen sein, denn die auf dem Wasser treibenden Larven kommen meist nicht sehr weit. Selbst wenn sie die Verdriftung ins Wasser überleben, sind sie rasch eine willkommene Nahrung für Fischschwärme.

Da auf der Seemannsleiche keine Schmeißfliegen zu finden waren, kombinierte der Insektenkundler Nuorteva zusammen mit den Rechtsmedizinern, dass der Tod im vergangenen Winter oder zu Anfang des folgenden Frühjahrs eingetreten sein musste. Zu allen anderen Jahreszeiten hätten Schmeißfliegen die Leiche angeflogen und sich gegen die Seetangfliegen als Zufallsgäste durch schnelleres und massenhaftes Wachstum behauptet. Kälte musste die Schmeißfliegen daran gehindert haben.

Weitere Ermittlungen ergaben zuletzt, dass es sich wirklich um den Körper des Seemanns von einem Schiff handelte, das viereinhalb Monate vor dem Fund der Leiche gesunken war. Seitdem war der tote Körper mit den Strömungen durchs Meer getrieben und hatte schließlich einen Strand passiert. Von dort aus konnten ihn erwachsene Seetangfliegen entweder fliegend erreichen, oder, was wahrscheinlicher ist, sie waren als küstennaher Insektenteppich zufällig an die Leiche getrieben.

KÖCHERFLIEGEN UND ROTE SOCKEN

Über Insekten, die an Wasserleichen zu finden sind, ist – wie gesagt – nur wenig bekannt. Ausnahmen gibt es am ehesten bei Süßwasserinsekten, weil Flüsse und Bäche oft als Trinkwasserquellen dienen. Daher werden sie vergleichsweise gut überwacht. So kam es, dass der Gewässerzoologe Hubert Caspers 1952 einen Fall lösen konnte, der auch heute noch viele Biologen auf eine harte Probe stellen würde. Caspers berichtete damals im *Archiv für Hydrobiologie* über den Fund einer Köcherfliege, die ihm ohne Puppenhülle von einem Kollegen übergeben wurde (vgl. Abb. 29, S. 63). Sie stammte von einer Leiche, die in einem Sack in einem Mühlenwehr gefunden worden war. Caspers berichtete:

»Es sollte nach einem Anhalt gesucht werden, ob die Leiche nach dem Mord gleich hier versenkt oder erst anderweitig verborgen worden war. Sie hatte an ihren Füßen Strümpfe aus leuchtender Schafwolle, und an diesen wurde die Puppe einer *Trichoptere* gefunden, in deren Gehäuse rote Wollfäden versponnen waren, zweifellos aus dem Material der Strümpfe stammend. Es handelt sich um eine *Limnophilus*-Art, wahrscheinlich *L. flavicornis*, die ja dafür bekannt ist, dass ihre eruciformen [schmetterlingsraupenartigen] Larven in der Wahl ihres Baumaterials einen weiten Spielraum besitzen.

Das Grundmaterial bei dem vorliegenden Gehäuse bestand aus kleinen Holz- und Schilfstückchen, wie es bei der Art die Regel ist. Die Wollfäden (zirka 30 µm Dicke) sind nun nur an den beiden Enden des Köchers vorhanden. Die langen Fäden am Vorderende sind in einem Längenbereich von drei Millimeter versponnen, die Fäden am Hinterende stellen eine Art Pfropf dar, mit welchem sich die Larve an dem Strumpf angesetzt hatte.

Wir bekamen danach folgende Vorstellung: Die Larve hatte, bevor sie in den Sack eindrang, ihren Gehäusebau fast vollendet. Zunächst verwendete sie noch Material des Strumpfs für den Ausbau der vorderen Köcheröffnung, mit welchem sie auch das Gehäuse verschloss und wahrscheinlich am Strumpf befestigte. Hauptsächlich der Festheftung diente jedoch der dichte Wollpfropf am Köcherhinterende. Die Larve hat sich dann verpuppt.

Für diesen Vorgang des Anspinnens sind mehrere Tage anzusetzen. Offen bleibt, wie lange der Sack im Wasser lag, bevor die Larve eingedrungen ist, und wie lange diese dann im Sackraum umhergekrochen ist, ohne das Wollmaterial zu benutzen. Es ist andererseits wahrscheinlich, dass die Puppe schon eine gewisse Zeit am Strumpf versponnen war, ehe der Sack gefunden wurde. Aus allen diesen Umständen war zu vermuten, dass der Sack mit der Leiche bereits mindestens eine Woche im Wasser gelegen hatte und nicht erst ein bis zwei Tage, worauf

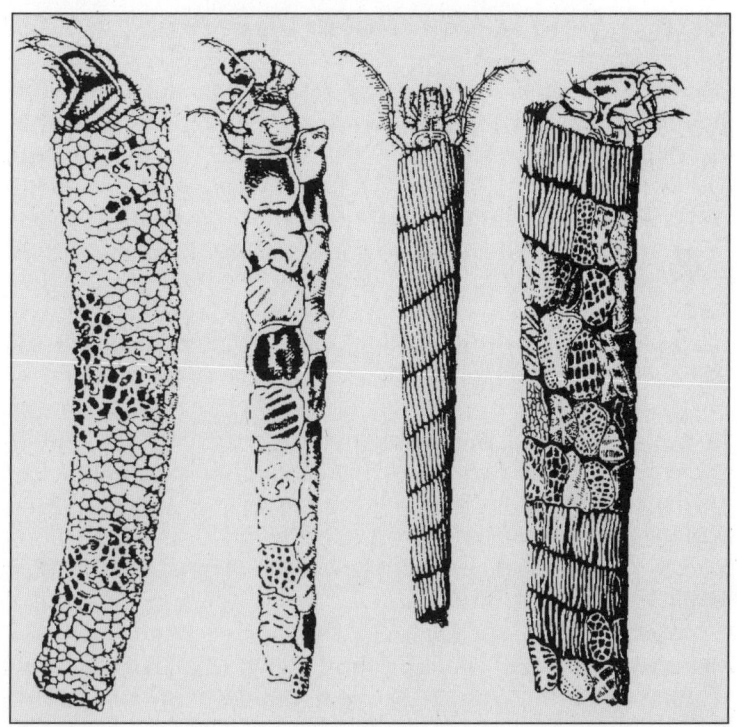

Abb. 29: Eine Hilfe beim Ermitteln – Köcherfliegen
Gehäuse von Köcherfliegen *(Trichoptera)* können dazu dienen, eine Besiedlungs- oder Liegezeitschätzung im Süßwasser durchzuführen. Die Tiere fressen nicht an der Leiche, bauen aber manchmal Kleidungsbestandteile in ihre Gehäuse mit ein. V.l.n.r.: *Sericostoma spec., Lepidostoma hirtum, Triaenodes spec., Phyganea spec.* (nach: Wolfgang Engelhardt, *Was lebt in Tümpel, Bach und Weiher?*, 14. Aufl., Stuttgart 1996).

zunächst eine kriminalistische Spur zu deuten schien. So konnte die biologische Untersuchung der Larve für die weitere kriminalistische Ermittlung als wichtige Grundlage verwertet werden, und es ergab sich später bei der Feststellung des Mörders die Bestätigung des oben geschilderten Tatbestandes.«

DER LUNGENSCHNECKEN-FALL

Dieser Fall ist einer meiner interessantesten Fälle, bei dem die Leiche scheinbar verbracht oder verdriftet wurde. Eine Zeit lang dachten wir, dass – wie im Fall des toten Seemanns – der von uns untersuchte Körper aus dem Wasser auf eine Wiese gespült worden sei. Das Dumme war nur, dass im gesamten Fundgelände weit und breit kein Wasser zu sehen war.

Die stark zersetzte Frauenleiche lag in einem geschützten Gebiet in sehr hohem Gras. Eigentlich wurden wir als Biologen nur hinzugerufen, um wie üblich die Besiedlungszeit anhand des Alters von Insektenlarven zu bestimmen. Es fanden sich aber kaum Maden, und die Suche nach Tönnchenpuppen war im sehr hohen Gras mit zerfurchtem Untergrund auch schwierig. Wir versuchten daher, den ungefähren Ablagezeitpunkt der Leiche zu bestimmen, indem wir das Alter von einigen Nachtschattengewächsen errechneten, die über die Leiche gewachsen waren. Es ergab sich, dass die Leiche im vergangenen Winter abgelegt worden sein musste.

Insgesamt kam uns die Sache aber doch seltsam vor. Denn es waren, wie gesagt, kaum Insekten an der Leiche zu finden, ja noch nicht einmal Spuren von Füchsen, die in dieser Gegend leben. Stattdessen war die gesamte Leiche in eine Art Fettwachs umgewandelt. Dabei sieht der Körper so aus, als hätten sich die weichen Gewebeteile in alte Seife oder Gips verwandelt. Das kann geschehen, wenn eine Leiche feucht und unter Luftabschluss gelagert wird, etwa in einer verschlossenen Tonne oder, wie im Seemanns-Fall, in kühlem Wasser. Weder eine Umhüllung noch Wasser waren aber in unserem aktuellen Fall zu sehen.

Hinzu kam, dass es so wirkte, als hätte sich unsere Leiche zum Schlafen ausgestreckt und die Schuhe ordentlich neben sich gestellt. Dass der Körper also jemals in einer verschlossenen Tonne lag, erschien wegen der Körperhaltung und der ordentlich abgestellten Schuhe unwahrscheinlich. Vielleicht handelte es sich um einen sozial verwahrlosten, älteren Mann, der im Freien gelebt hatte und, wie üblich, an seinen vielen Erkrankungen gestorben war. Allerdings stellten die Rechtsmediziner anhand der Knochen und die Polizisten anhand der Kleidungsreste fest, dass es sich nicht um einen Landstreicher handelte, sondern um die Leiche einer jungen Frau. Dass sie sich in der kalten Jahreszeit an die – ansonsten durchaus zum Schlafen geeignete – Stelle im Freien gelegt haben sollte, erschien uns zumindest unwahrscheinlich. Warum sollte sie in der Eiseskälte auch noch die Schuhe ausgezogen haben?

Der Polizei war zum Glück noch etwas aufgefallen. Überall auf der Wiese lagen, jeweils im Abstand von etwa 15 Metern, Häufchen mit leeren Schneckengehäusen. Bei näherem Hinsehen fanden wir zahlreiche weitere Gehäuse, nicht nur auf der Wiese, sondern auch in den Taschen der Leiche. Noch überraschter waren wir, als wir das Fettwachs im Labor unter besserer Beleuchtung und Vergrößerung betrachteten: Auch direkt am und im Leichengewebe fanden sich Schneckengehäuse (vgl. Abb. 30, S. 67).

Wir dachten uns zunächst wenig dabei, da in fast jedem Wiesengelände Schnecken leben können. Je länger wir darüber nachdachten, umso weniger verstanden wir aber, warum die von uns gesammelten Tiere alle tot waren. Meine schneckenkundige Kollegin Heike Kappes, der ich die Tiere beim sogleich anberaumten Abendessen zeigte, konnte helfen. Auf den ersten Blick erkannte sie, dass es sich um Lungenschnecken handelte. Diese Tiere haben eine Besonderheit: Sie leben im Wasser. Zum Atmen schwimmen oder kriechen die Lungenschnecken aber an die Oberfläche, atmen durch und bewegen sich dann wieder unter Wasser. (Neben einigen wirbellosen Tieren wie eben Lungenschnecken oder Wasserspinnen können auch Wirbeltiere wie Wale oder Robben auf diese Weise unter Wasser leben, obwohl sie zwischendurch über Wasser »richtige« Luft einatmen müssen.)

Das Problem in unserem Fall war nun, dass am Fundort weit und breit kein Fleckchen Wasser, erst recht kein Fluss oder großer Teich zu sehen war. Wir vermuteten deshalb, dass die Leiche zunächst woanders im Wasser gelegen haben musste. Dort waren die Schnecken in die Taschen der Leiche gekrochen. Später hatte jemand die Leiche aus dem Gewässer gefischt und zur Fundstelle auf die Wiese gebracht. Wenn das stimmte, gab es vielleicht Zeugen – endlich ein Ansatzpunkt für Befragungen.

Schon am nächsten Tag klingelte allerdings das Telefon. Meine schneckenkundliche Kollegin war vom Fahndungsfieber angesteckt worden und hatte bereits beim Umweltamt Luftaufnahmen des Fundortes aufgestöbert. Hier fand sich nun die wahre Erklärung für unsere Schneckenhaufen. Das Wiesengebiet lag auf einer alten Flussschleife, die zur Begradigung des Rheins vor gut 100 Jahren zugeschüttet worden war. Zugleich hatten sich die umliegenden Orte so ausgedehnt, dass nichts mehr an den einstigen Flussverlauf erinnerte.

Der alte Flussarm stand aber unterirdisch immer noch mit den Wasserquellen der Umgebung in Verbindung. Daher drückte einmal im Jahr das Grundwasser von unten durch die Wiese und überschwemmte sie. Im hohen Gras und Gesträuch wirkte diese Überschwemmung aber eher wie jahreszeitlich typischer Matsch. Daher war niemand auf die Idee gekommen, dass es sich um eine echte Überflutung handelte, die den Schnecken das Überleben erlaubte. Die Anwohner wussten weder vom Matsch noch von der Überflutung etwas, denn ihnen war das Ganze egal: Zur Überschwemmungszeit war es kühl und das Gelände ohnehin so unwegsam, dass kaum jemand sich dorthin verirrte. Zudem gab es rings um das Gebiet »ordentliche« Spazierwege, auf denen man gepflegt und unbeschmutzt mit dem Hund ausgehen konnte.

Und so löste sich das Rätsel der Lungenschnecken. Einmal im Jahr, während der Überschwemmung, vermehren sie sich auf dem Wiesengelände. Wenn das Wasser wieder sinkt, ziehen sie sich dorthin zurück, wo Pfützen entstehen. Das sind entweder die tiefsten Stellen der Wiese (dort lagen unsere »Ge-

Abb. 30: Lungenschnecken
An einer Fettwachsleiche, die auf einer trockenen Wiese angetroffen wurde, fanden sich zahlreiche Gehäuse von Lungenschnecken. Diese Weichtiere leben nur im Wasser. Die Leiche musste also überflutet worden sein. Foto: © Mark Benecke.

häusehaufen«) oder eben eine Fettwachsleiche mit vielen wasserhaltigen Hohlräumen.

Das bedeutete zugleich, dass die Leiche schon vor und während der letzten Überschwemmungszeit auf der Wiese gelegen haben musste. Sie war also nicht von einer Stelle an die andere verbracht worden.

Durch die Zusammenarbeit von Rechtsmedizinern, Polizisten, Kriminalbiologen, dem Umweltamt und meiner schneckenkundlichen Kollegin konnten die Ermittlungen in eine sinnvolle Richtung gelenkt werden. Wie der Fall dann ausgegangen ist, weiß ich nicht. Es ist mir auch egal. Denn Kriminalbiologen interessiert berufsbedingt nur die objektive Spur – hier Lungenschnecken und Nachtschattengewächse –, nicht aber das Opfer, der Täter oder die Irrungen des Schicksals.

FALSCHE SPUREN

Es kommt immer häufiger vor, dass Sozialeinrichtungen sich
mit forensischen Insektenkundlern in Verbindung setzen müssen. Dabei geht es meistens um die Frage, welche Schlussfolgerungen aus den Tieren an einer Kinderleiche oder alten Person
gezogen werden können. Finden sich beispielsweise Maden
im Afterbereich, so kann dies bedeuten, dass die Person nicht
gut gepflegt wurde, auch wenn sich die Umgebung (Wohnung,
Bett) ansonsten in gutem Zustand befinden sollte: In diesen
Fällen wurde zwar die Umgebung gepflegt, aber offenbar nicht
der Mensch.

In wärmeren Ländern oder verarmten Gegenden können an
sehr schwachen, lebenden Menschen auch Kakerlaken (Schaben) oder Ameisen Verletzungen erzeugen. Diese Tiere vergrö-
ßern meist bestehende Hautblasen, Druckstellen oder ähnliche
Bereiche, an denen die Haut dünn oder beschädigt ist. Seeleu-
ten und Naturkundlern war dieses heute unübliche Problem
schon lange bekannt. Sie wurden auf den Schiffen häufig von
Kakerlaken, seltener auch Ameisen geplagt, die sich nachts über
ihre wunden Hände und Füße hermachten (einer der Gründe dafür, in Hängematten zu schlafen!). Weil oberflächliche
Verletzungen durch Tiere manchmal wie Schürfwunden aussehen können, geraten heutige Krankenpfleger und -schwestern
schlimmstenfalls in den falschen Verdacht, die betreute Person nicht nur vernachlässigt, sondern misshandelt zu haben.
Besonders wenn die Wunden nach längerem Benagen durch
Gliedertiere auch noch bluten, kann sich der falsche Verdacht
der Gewaltausübung leicht, aber zu Unrecht erhärten.

Bei Leichen kommen solche Irrtümer seltener auf, weil die
Tiere hier länger fressen können. Ameisen verursachen dabei
manchmal »Ätzspuren«, die ein Muster bilden ähnlich den
Straßen auf einer Landkarte. Bei diesen gewundenen Pfaden
handelt es sich aber nicht um Verätzungen durch Ameisensäure,
sondern bloße Fressstraßen der Tiere.

In Zentraleuropa finden sich Ameisen- und Schabenbisse an Lebenden so gut wie nicht mehr, weil der allgemeine Hygienestandard im Vergleich zu großen Teilen der übrigen Welt sehr hoch ist. Kollegen aus anderen Ländern berichten aber leider davon.

NÄCHTLICHE »SCHWABEN«

Als Schwefelsäure noch ohne größere Nachfragen in der Apotheke zu beschaffen war, kamen Eltern leicht in Verdacht, ihre Kinder durch zwangsweises Einflößen dieses »Sirups« getötet zu haben. Zwar wurde die Säure eher als grauenhaftes Mittel zum Selbstmord verwendet, aber gerade sozial schwachen Familien traute man auch zu, die Flüssigkeit anderen einzuflößen. Kreisphysikus Klingelhöffer aus Frankfurt am Main berichtete von einem solchen Fall, in dem ein neun Monate altes Kind eines »in großer Bedürftigkeit lebenden niedrigen Postbediensteten« starb. Es war am 17. Mai 1889 erkrankt, und obwohl man ihm zuletzt als Medizin Opiumtropfen in Cognac verabreichte, starb der kleine Patient nach neun Tagen.

Der Vater des Kindes war unbeliebt. Seine Kollegen beschrieben ihn als einen gefühllosen Trinker, der zu Gewalt neige. Trotzdem hatte der Mann sechs Kinder, die zum Zeitpunkt des Vorfalls alle jünger als zwölf Jahre alt waren. Um das kranke Kind hatte der angeblich rohe Mann sich durchaus gekümmert. Er war auch einer der letzten Menschen, die mit ihm allein gesehen wurden.

Nach dem Tod halfen Nachbarn der trauernden Mutter, die Kinderleiche zu waschen. Dabei fiel niemandem etwas Besonderes auf. Das änderte sich allerdings, als der Armenarzt des Viertels die Leiche später untersuchte. Er beobachtete eigentümliche Flecken auf Gesicht, Brust und Händen des Kindes. Deshalb wurde es am 29. Mai obduziert. Die Flecken waren nun tiefgelb gefärbt, und zwei dicke, ebenfalls verfärbte Streifen zogen links und rechts von den Mundwinkeln nach unten – als wäre etwas aus dem Mund gelaufen. Zudem fanden sich kleine, runde Wundstellen überall am Körper.

Sofort stand der Verdacht eines Mordes mit Schwefelsäure im Raum. Die Sektionsärzte vermuteten daher – obwohl sie es selbst für »ungeheuerlich« hielten –, dass dem Kind nicht nur Säure verabreicht, sondern es zudem noch damit bespritzt worden sei. Kriminalistisch belastete das vor allem den Vater, denn zusätzlich zu seinem schlechten Leumund hatte er während seiner Dienste nicht nur mit Briefen, sondern auch mit technischer Ausrüstung, darunter säurehaltige Batterien, zu tun. Er hätte sich den tödlichen Sirup also noch nicht einmal in der Apotheke besorgen müssen.

Um nun objektiv zu beweisen, dass dem Kind Schwefelsäure verabreicht worden war, wurden Gewebeproben der Leiche an einen Chemiker übergeben. Der fand wirklich in der Haut des Kindes einen gegenüber der Haut von Erwachsenen dreifach erhöhten Gehalt an Schwefel.

Der Vater bestritt die Tat heftig. Er berichtete stattdessen davon, dass ihm nachts an der Leiche seines an Krankheit verstorbenen Kindes viele »schwarzbraune Käfer«, die er »Schwaben« (Schaben) nannte, aufgefallen seien. Er selbst habe sie verscheucht und die Leiche dann auf den Tisch gelegt in der Hoffnung, dass die Tiere diesen nicht erklimmen könnten. Gegen eine Säurebeibringung sprach auch, dass die Innenseiten der Speise- und Luftröhre des Kindes überhaupt nicht verfärbt bzw. verätzt waren. Nur die Zungenspitze war angegriffen und blutete leicht.

Zum Glück wurde durch ein Obergutachten Klingelhöffers nun klar, dass alle Verletzungen problemlos durch die Einwirkung der »Schwaben« möglich gewesen waren. Die Tiere hatten die obere Haut sowie die für sie leicht erreichbare Zungenspitze des Kindes angenagt, bis der Vater sie verscheucht hatte. Der erste Arzt sah keine Verfärbungen der Haut, weil die Tiere so rasch gestört worden waren. Sie hatten daher nicht viel Haut abgenagt.

Im Laufe der folgenden Tage trocknete die Haut an den oberflächlich angenagten Stellen aber schneller aus als die übrige Haut. So kam es, dass die gelblich-braunen, scheinbaren Abrinnspuren der Säure zu sehen waren. Diese so genannten Vertrocknungen entstehen immer, wenn Haut austrocknet; wie schon bei den Mumien erwähnt, färbt sich die Haut dabei oft dunkel.

Nun kam allerdings der Chemiker ins Schleudern, der den erhöhten Schwefelgehalt der vertrockneten Haut und damit einen Hinweis auf Schwefelsäure festgestellt hatte. Er räumte nun ein, dass der Vergleich der Haut eines Kindes aus verarmten Verhältnissen mit der Haut von gesunden Erwachsenen, die er zur Kontrolle verwendet hatte, nicht zwingende Schlussfolgerungen über ihren normalen Schwefelgehalt zulasse.

»Ich glaube«, schließt Klingelhöffer seinen Bericht, »dass durch diese Beobachtungen bewiesen ist, dass zu den Insekten, welche die Haut der Leichen benagen und hier makroskopische [mit bloßem Auge erkennbare] Veränderungen machen, auch die *Blatta*[Schaben]-Arten gehören, die in unseren Häusern nur allzu häufig vorkommen.« Nach dreiwöchiger Untersuchungshaft wurde der Vater wieder entlassen und konnte weiter seinem Dienst als »niedriger Postbediensteter« nachgehen.

SCHEINBARE SCHÜSSE

Während Schaben und Ameisen in Zentraleuropa nur noch selten an Leichen gelangen, geben uns erwachsene Käfer doch immer noch Rätsel auf. Sie sind zwar häufig scheu und verlassen die Leiche oder verstecken sich zumindest, sobald die Untersuchung beginnt. Besonders bei Leichen, die längere Zeit in Wäldern liegen, können sie aber kreisrunde Löcher in den Körper fressen, die auf den ersten Blick wie Einschüsse aussehen.[2]

Da die Arbeitsbedingungen an Waldfundorten meist nicht optimal sind – schnelle Entscheidungen müssen bei manchmal wenig Licht getroffen werden –, wird ein Fall mit solchen Löchern in der Regel sicherheitshalber als mögliches Tötungsdelikt untersucht. Das ist für alle Beteiligten, vor allem die Polizisten, äußerst arbeitsintensiv, doch gerade bei möglichen Schussverletzungen gibt es natürlich keine Alternative.

Die Überraschung ist besonders groß, wenn die Käfer nicht nur, wie im Fall der »Schwaben«, oberflächlich die Haut abgenagt haben, sondern im Laufe von mehreren Sommertagen bereits Brutkammern im Körper angelegt haben. Was von außen wie eine Schussverletzung erscheint, zeigt sich in der Leichenschau dann als bereits komplett umgewandelter Lebensraum: als Eingangsloch zu einer Bruthöhle für die nächste Käfergeneration (vgl. Abb. 31).

Finden sich in diesen Brutkammern Larven, so ist es trotz der Fäulnis möglich, die Liegezeit ungefähr einzugrenzen. Das funktioniert, weil die Lebensgewohnheiten von Aaskäfern teils recht gut untersucht sind (vgl. Abb. 48, S. 104). Warum die Menschen sich übrigens vor diesen Tieren weniger ekeln als vor vielen anderen Insekten, weiß ich nicht. Die Mistkäfer der Familie der *Scarabaeidae* (dunkel gefärbt und rundlich) haben es sogar zu künstlerischer Beachtung gebracht, obwohl die »Pillen«, die sie drehen, aus Kot oder Aas bestehen (vgl. Abb. 32).

Aussagekräftiger sind für uns allerdings die Totengräberkäfer, oft aus den Gattungen *Nicrophorus* oder *Necrodes*, weil sie Wirbeltierleichen richtiggehend besiedeln und nicht nur Gewebe abnagen wie die Pillendreher. Erwachsene *Nicrophorus*-Käfer sind an den orangefarbenen Streifen auf ihren Flügel-

---

2 Vgl. dazu Benecke, M. (2004), »Forensic Entomology: Arthropods and Corpses«. In: Tsokos, M. (Hg.), *Forensic Pathology Reviews*, Bd. 2, Totowa (NJ), S. 207–240.

Abb. 31: Brutpflege
Ein *Nicrophorus*-Käfer bei der Brutpflege in seinem Bau in einem toten Wirbeltier.
Gut zu erkennen: die auffällige orangefarbene Streifung auf den Flügeldecken.

Abb. 32: Mistkäfer
Diese Käfer graben Kot ab und drehen daraus Kügelchen oder »Pillen«. Manche
Arten versuchen sich aber auch an Leichengewebe (vgl. Abb. 33, S. 74). Foto:
© Mark Benecke.

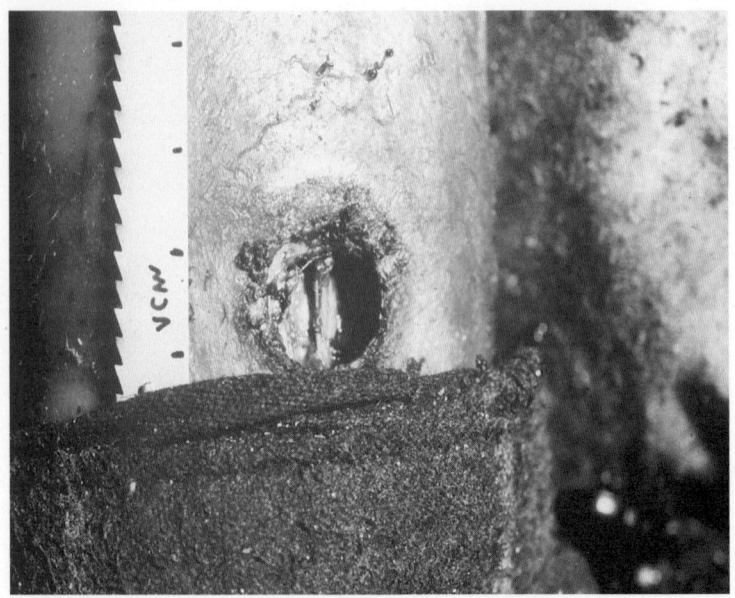

Abb. 33: Schussverletzung oder Mistkäfer?
Mehrere Mistkäfer *(Geotrupes)* gruben hier im Sommer Gewebe an einer austrocknenden Leiche ab. Auf den ersten Blick könnte man – auch wegen des scheinbaren Schmauchsaums – zu Unrecht an eine Schussverletzung denken. Foto: © Mark Benecke.

decken leicht zu erkennen. Außerdem können sie, falls sie zum Schrecken der im Sektionssaal Anwesenden zwischen Kleiderlagen hervorkriechen, auch deutlich hörbar fauchen oder zirpen. Bei kleineren Wirbeltieren, beispielsweise toten Mäusen, versucht jeweils ein *Nicrophorus*-Pärchen, eine Leiche zu verscharren, und verteidigt sie dann bitter gegen andere Käfer. Bei größeren Leichen gelingt ihnen das nicht mehr, und sie graben stattdessen Kammern in die Leiche.

Auch andere Aaskäfer wie der Mistkäfer *Geotrupes* können an teilmumifizierten Leichen kreisrunde Löcher verursachen. Ich selbst habe mehrere *Geotrupes* dabei beobachtet, wie sie sich an geeigneten Hautstellen wie um ein Wasserloch versammelten und Gewebe für ihre Brutanlagen abtrugen (vgl. Abb. 33).

Normalerweise kommen Aaskäfer aber nicht gegen die viel schnelleren Leichenerstbesiedlerinnen, die Schmeißfliegen, an. Einige erwachsene Käfer können zwar sogar Maden jagen und töten, doch in einem rasch wachsenden, beweglichen, dicken Teppich aus Zehntausenden Maden bleibt weder Zeit noch Raum zum Bau einer Bruthöhle.

MADENTHERAPIE

Es kommt vor, dass Maden sich auch in den Wunden von lebenden, stark verwahrlosten Personen finden. Die Tiere verursachen aber nicht die Verletzung, sondern fressen an schon bestehenden Hautdefekten, wie sie bei unbehandelten Raucher- oder Diabetesbeinen häufig vorkommen. Dabei nützen die Fliegenlarven dem Träger mehr, als dass sie schaden, denn sie reinigen die Wunde mit ihren Ausscheidungen (darunter Harnstoff) und auch dadurch, dass sie faules Gewebe einfach auffressen.

Viele Menschen, die sich nicht pflegen und grundsätzlich nicht zum Arzt gehen, verdanken also wortwörtlich ihr Leben den Maden. Würden die Tiere nicht die Wunden an den Beinen oder in ihren (seit Wochen nicht gewechselten) Stiefeln von Bakterien weitgehend freihalten, dann würden diese Menschen rasch einer Entzündung erliegen. Probleme mit den Maden haben eher die Rettungssanitäter, die den verwahrlosten Menschen irgendwann entkleiden müssen. In Großstädten gibt es kaum ein Rettungsteam, das nicht schon einen solchen geruchlich wie optisch eindrucksvollen Fall erlebt hat.

Heutzutage werden kompliziert infizierte Wunden, gegen die keine Medikamente mehr helfen, auch in Krankenhäusern mit Maden behandelt. Die Tiere fressen nur schwärendes, nicht aber gesundes Fleisch und bewirken erstaunliche Erfolge auch

bei kaum oder gar nicht mehr heilenden Wunden. Einige Klinik-
abteilungen haben sich auf den Einsatz dieser Tiere regelrecht
spezialisiert.

Neben Wunden, die an Raucher- und Diabetesbeinen entstehen, werden auch offene, anhaltende Oberschenkelknochen-
Entzündungen und entzündete Bauchwunden erfolgreich behandelt. Wie gesagt, werden Keime, die gegen alle Antibiotika
unempfindlich geworden sind, von den Maden beseitigt, indem die Larven die Bakterien einfach auffressen. Die in Krankenhäusern besonders gefürchteten, gegen alle Medikamente
unempfindlich gewordenen »multiresistenten Staphylokokken«
sind dafür ein Beispiel.

In Europa hatte sich spätestens in den Weltkriegen gezeigt,
dass besonders beim Austreten von inneren Organen nach
Bauchschüssen diejenigen Soldaten überlebten, deren Wunden im Feld von Schmeißfliegenlarven befallen waren. Am bekanntesten ist der vom Arzt William Baer geschilderte Fall; Baer
arbeitete im Ersten Weltkrieg (1914–1918) in französischen Laza-
retten. Er behandelte zwei Soldaten, die sieben Tage im Feld
gelegen hatten. Schmeißfliegenweibchen hatten ihre Eier vermutlich schon nach wenigen Stunden in den frischen Wunden
der Männer abgelegt. Die geschlüpften Maden verhinderten die
eitrige Entzündung, an der zwei Drittel der verletzten Soldaten
damals starben.

Aus dem amerikanischen Bürgerkrieg (1861–1865) sind
ebenfalls mehrere Berichte überliefert, in denen Ärzte Maden
mit Absicht in den Wunden beließen oder sogar als Wundreiniger einsetzten. Sehr früh wurden auch schon Knochenwunden
mit Maden behandelt.

Soldaten und Schmeißfliegen sind aber schon seit Jahrtausenden miteinander verbunden. Der höchste altägyptische
Tapferkeitsorden für Soldaten war eine goldene Kette mit An-
hängern, die angesichts der deutlich erkennbaren Streifen vermutlich Fleischfliegen darstellen (vgl. Abb. 34; siehe ferner
Abb. 7, S. 25). Ob man sich für diese uns heute eigentümlich

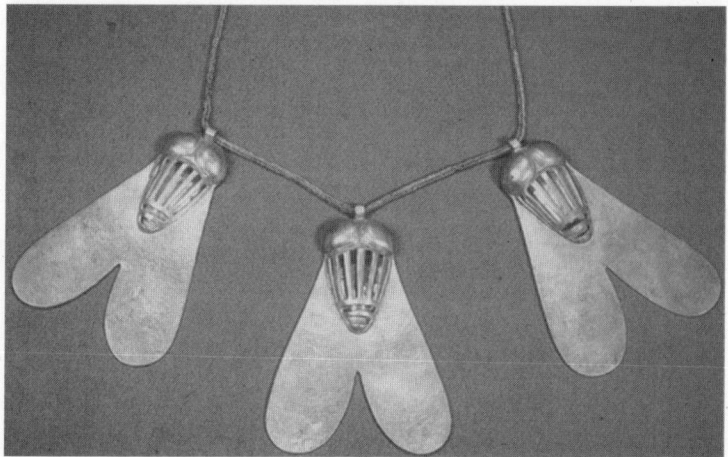

Abb. 34: Altägyptischer Militärorden
Höchster militärischer Orden (ausgestellt im Ägyptischen Museum in Kairo).
Die auffällige Streifung der Tiere spricht dafür, dass es sich um Fleischfliegen
handelt. Foto © Ägyptisches Museum, Kairo.

erscheinende Motivwahl entschieden hat, weil Soldaten so un-
beirrbar wie Fliegen oder von Fliegen unbeirrt sein sollten, wissen wir nicht.

Im großen Stil gelangten die Maden als Wundreiniger allerdings erst wieder in den Blick der Ärzte, als 1996 in Stuttgart ein
Kongress zum Thema Wundbehandlung stattfand. Besonders
schädlich war lange Zeit die Annahme gewesen, dass Maden
»schmutzig« seien, weil sie in faulem Gewebe leben. Dass sie
aber gerade deshalb besonders gut an faulende Umgebungen
angepasst sind und diese schlichtweg verzehren, wollte sich
niemand vorstellen. Besonders nach den Arbeiten von Pasteur,
Semmelweis und Koch war Zentraleuropäern eingetrichtert
worden, dass Sauberkeit, die Bekämpfung von Keimen und allgemeine Hygiene die besten Mittel gegen Erkrankungen seien.
Es dauerte fast ein Jahrhundert, bis die Menschen begriffen,
dass übertriebene Sauberkeit nicht zu mehr Gesundheit führt.

Der Ausbruch vieler Allergien und von Erkrankungen wie dem
Pfeiffer'schen Drüsenfieber scheint unter anderem auf übertrieben saubere Umgebungen zurückzuführen zu sein, in denen
Kinder weniger Abwehrkräfte erwerben. Als Erwachsene sind
sie dann Umwelteinflüssen umso stärker ausgeliefert.

Auch die ebenso unausrottbare wie falsche Meinung, dass
Leichen ein besonderes Gift enthielten, spielt hier eine Rolle. Die Zersetzungsstadien einer Leiche sind dieselben wie die
aller eiweiß- und fetthaltigen Lebensmittel. Niemand wird auf
die Idee kommen, faules Fleisch zu essen, da es natürlich gif-
tige Stoffe und Bakterien enthält. Gäbe es tatsächlich ein zu-
sätzliches, echtes Leichengift, dann dürfte man aber auch keine
Koteletts oder Steaks mehr essen, da diese ja auch Leichenteile
sind. Dasselbe gilt bei einem Waldspaziergang: Auch hier wird
niemand, der eine blutende Wunde hat, auf die Idee kommen,
Erde hineinzureiben, denn sie enthält Erreger. Dennoch fürch-
tet hier niemand Leichengift, obwohl der Waldboden aus wenig anderem als toten Pflanzen und Tieren besteht. Man sieht:
Ein spezielles Leichengift kann es nicht geben.

Maden, die aus faulem Gewebe gesammelt werden, tragen
aber durchaus Bakterien an sich, die man nicht in eine Wunde
übertragen möchte, doch eben kein Leichengift. Für die Madentherapie lassen sich Fliegeneier und Larven ohnehin leicht reinigen, bevor man sie in die zu reinigende Wunde setzt. Um auf
Nummer Sicher zu gehen, züchtet man die Tiere aber gleich von
vornherein keimarm im Labor auf nahezu sterilen Nahrungs-
mischungen. Übrigens: Die zur Wundreinigung verwendeten
Tiere sind meist die Larven der schon erwähnten Schmeißfliegengattungen *Lucilia* und *Calliphora*, das heißt zweier grüner oder
blauer Brummer (vgl. Abb. 35).

Ein großer Fortschritt der Madentherapie in den letzten Jahren war neben der eigentlich schon in den 1930er-Jahren er-
dachten keimarmen Aufzucht der Larven die Entwicklung eines
Säckchens, in das die Tiere eingenäht werden (»Biobag«). Auf
diese Weise können die Maden zwar ihren Kopf zum Fressen

Abb. 35: Schmeißfliegen auf einer Schweineleiche
Erwachsene schwangere Schmeißfliegenweibchen der Gattung *Lucilia* auf einer Schweineleiche nahe dem Auge – einem bevorzugten Ablageplatz für die Eipakete, da dort weiches Gewebe schnell verfügbar ist. Foto © Mark Benecke.

durchstecken und keimtötende Substanzen abgeben, sich aber nicht beliebig in der Wunde verteilen. Das wäre zwar nicht weiter schlimm, erscheint den Patienten und Angehörigen aber oft als abstoßend. (Wo keine Biobags verfügbar sind und die Maden frei in der Wunde herumkriechen, lassen sie sich dennoch problemlos mit einer Pinzette einsammeln.)

Bei sehr tiefen Wunden muss man Acht geben, dass die Tiere nicht in der Tiefe des Gewebes eingeklemmt werden. Zum Offenhalten wird daher ein Schwämmchen eingesetzt. Diese Behandlung kann aber nur von Ärzten vorgenommen werden, während die normale Madentherapie bei einfachen Verletzungen im Grunde auch als Selbstbehandlung möglich ist. In westlichen Ländern wird man aber stets einen Arzt hinzuziehen.

Die Heilungserfolge der Methode sind beeindruckend, und wer sich nicht von den Bildern abgestoßen fühlt, sollte zum Büchlein *Erfolgreiche Wundheilung durch Madentherapie* von Wim Fleischmann und Martin Grassberger greifen. Ansprechpartner in Deutschland ist die unfallchirurgische Abteilung des Krankenhauses Bietigheim bei Stuttgart.

BUCKELFLIEGEN, PFERDELEICHEN UND UMGEWÜHLTE FRIEDHÖFE

Dass sich bestimmte Insektenarten von Leichen ernähren, war schon immer klar. Der schwedische Biologe Carl von Linné, der die moderne Benennung von Pflanzen und Tieren einführte, schrieb 1767 unter Bezug auf deren rasche Vermehrung und Fresslust, dass drei Fliegen einen Pferdeleichnam ebenso schnell zerstören könnten wie ein Löwe. Damit meinte er wohl, dass für jede Made, die man auf der Oberfläche einer Leiche sieht, oft noch Hunderte weitere im Gewebe sitzen.

Dass Maden erhebliche Leichenzerstörungen hervorrufen, ist auch auf vielen alten Bildern dargestellt, beispielsweise in den Totentänzen des 16. Jahrhunderts. Dort sind unter anderem musizierende oder tanzende Leichen zu sehen, die von Maden befallen sind. Auch andere Darstellungen wie Grabplatten, Holzschnitte oder Gemälde geben gelegentlich einen erstaunlich präzisen Einblick in die Besiedlungsmuster von Maden auf menschlichen Leichen (vgl. Abb. 36, Abb. 37, S. 82, und Abb. 38, S. 83). Im Kölner Schnütgen-Museum findet sich eine kleine Elfenbeinleiche, das »Skelett in der Tumba« (16. Jahrhundert), deren spätes Zersetzungsstadium derart naturgetreu herausgearbeitet ist, dass die geschnitzten Schmeißfliegenmaden mit einiger Wahrscheinlichkeit noch heute bestimmbar sind (vgl. Abb. 39, S. 85).

Auch in Berichten über Massenexhumierungen auf Friedhöfen im 18. und frühen 19. Jahrhundert, die dazu dienten, Platz für neue Leichen zu schaffen, bemerkten französische und deutsche Gerichtsärzte, wie stark die insektenbedingten Leichenschäden sein können. Damals war man sich aber noch nicht sicher, ob nicht die Wachstumsgeschwindigkeit von Wurzeln (durch die Leichen hindurch) eine bessere Methode zur Liegezeitbestimmung Begrabener sein könnte. Diese Idee war zwar gut, aber die Frage des Begräbniszeitpunktes stellt sich in der Praxis kaum, denn meist finden sich Leichen von

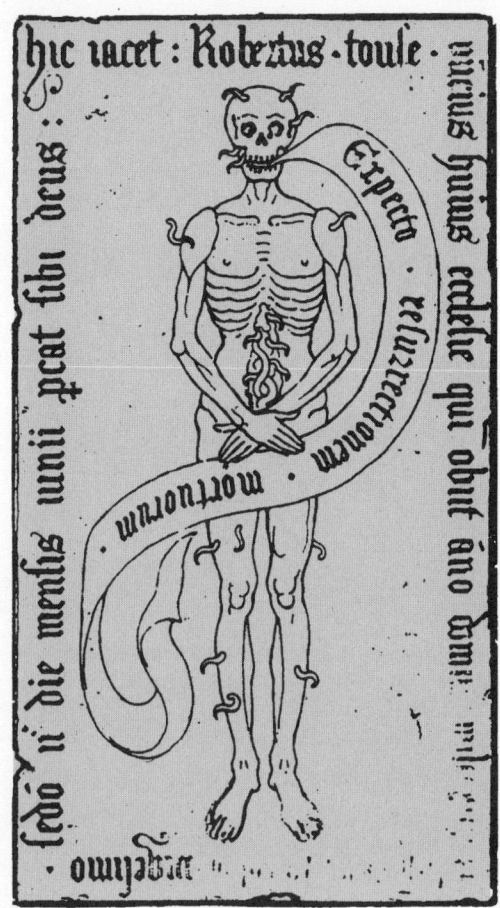

Abb. 36: Grabplatte mit Madenleiche
Grabplatte mit vermutlich spätmittelalterlicher Abbildung einer Leiche. Detailgenau sind die von Maden angerichteten Zerstörungen dargestellt: Der Kopf ist bereits skelettiert, und in den Organen tummeln sich massenweise weitere Larven. Im Spruchband steht: »Ich erwarte die Wiederauferstehung von den Toten« (expecto resurrectionem mortuorum), und am Rand ist zu lesen, dass der Tote Robert Touse hieß. Aus: E. H. Langlois, 1852, Tafel 37.

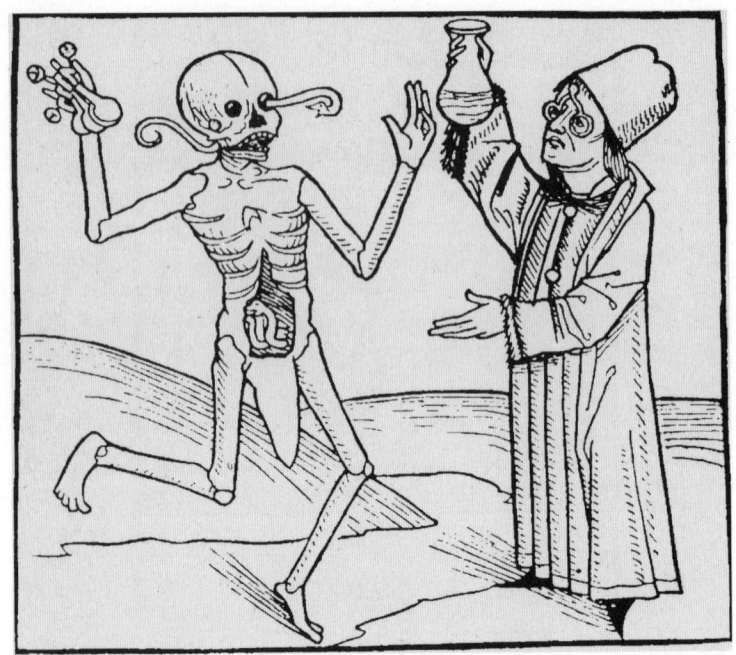

Abb. 37: Mittelalterliche Totentanz-Darstellung, um 1495
Der Arzt macht eine Urinschau, um die Krankheit festzustellen; die Faulleiche
(mit Warnklapper) ist völlig richtig dargestellt: Kopf durch Maden skelettiert, innerer Bauchraum ebenfalls durch Maden freigeräumt, Haut ausgetrocknet und
daher für die Larven zu hart geworden. Die »Schlangen« sind zu groß geratene
Maden. Repro: Mark Benecke.

Verbrechen im Freien. Dort werden sie aber ganz anders besiedelt als unter der Erde und auch fast nie von Wurzeln durch-
wachsen.

Es dauerte einige Zeit, bis die ersten Forscher auf die Idee kamen, die Tiere als stille Assistenten einzusetzen. In Frankreich
und Deutschland tauchen ab etwa 1855 erste rechtsmedizinische Fallberichte auf, in denen Insekten eine Rolle spielen. An einer Neugeborenenleiche aus dem französischen Arbois wurden
beispielsweise im Jahr 1850 Fliegenpuppen und Mottenlarven

Abb. 38: Gemälde *Les amants trépassés*, um 1470
Es handelt sich um Leichen, die stark eingetrocknet (mumifiziert) und daher für
Fliegenlarven (Maden) zu hart geworden sind. Einige Tiere sind symbolisch zu ver-
stehen, so die Kröte. Die Schlange mag einerseits eine Anspielung auf Adam und
Eva sein, sie könnte aber auch – wie im Totentanz – wegen ihrer Form auf Maden
und damit Zersetzung sowie Vergänglichkeit hindeuten. (Dank an Burkhard
Madea für den Hinweis; aus dem Musée de l'Œuvre Notre-Dame, Straßburg.)

beobachtet und zu einer groben Liegezeitbestimmung eingesetzt. Das Ergebnis: Das Kind musste wesentlich länger tot gewesen sein als zunächst angenommen (man hatte ursprünglich
auf »frisch tot« getippt), weil die Tiere mehrere Wochen oder
Monate benötigen, um sich zu verpuppen. 1879 berichtete
der damalige Vorsitzende der französischen Gesellschaft für
Rechtsmedizin über den Fall einer Säuglingsleiche, auf der er
erwachsene Milben* (Acari) vorfand.

Den Schritt von der reinen Fallbetrachtung zur wissen-
schaftlich-systematischen Untersuchung und Anwendung der
Insektenkunde in der Rechtsmedizin vollzog 1881 der Dresd-
ner Arzt Reinhard, der mit dem Wiener Insektenkundler Brauer
eine Massenexhumierung in Sachsen untersuchte. Die beiden
fanden an den ausgegrabenen Leichen häufig zwei Millimeter
lange, erwachsene Buckelfliegen (Phoridae), die sich im unter-
irdischen Lebensraum fortentwickelt und offenbar auch vermehrt hatten. Die lateinische Bezeichnung des Insekts, Conicera
tibialis, lautet seither im deutschen Sprachraum »Grabfliege«
(vgl. Abb. 40).

Wie die Buckelfliegen in die Erde gelangen, ist noch nicht
ganz klar. Am wahrscheinlichsten ist, dass sie sich ihren Weg
durch selbst gegrabene Tunnel bahnen. Ein Kollege des Autors
hat das zumindest an der begrabenen Leiche seines Hundes
beobachtet. Die Grabfliegen wanderten durch tunnelartige
Bahnen an die Oberfläche, paarten sich dort und stiegen dann
wieder in das Erdgrab.

Auch parasitische Schlupfwespen, die aus Eiern stammen,
die in Fliegenmaden abgelegt werden, wurden bei Friedhofs-
umgrabungen sogar in einem Zinnsarg mit zugeschraubtem
Deckel gefunden. Daneben lagen Tausendfüßer und Käfer, die
allesamt schon vor dem Begräbnis an der Leiche gelebt haben
mussten. Selbst an Leichen, die schon über zehn Jahre begra-
ben und deren Knochen zum Teil bereits von Baumwurzeln
umschlossen waren, wurden noch Insekten gefunden. Es war
aber lange unklar, ob sich diese Tiere wirklich von den Toten

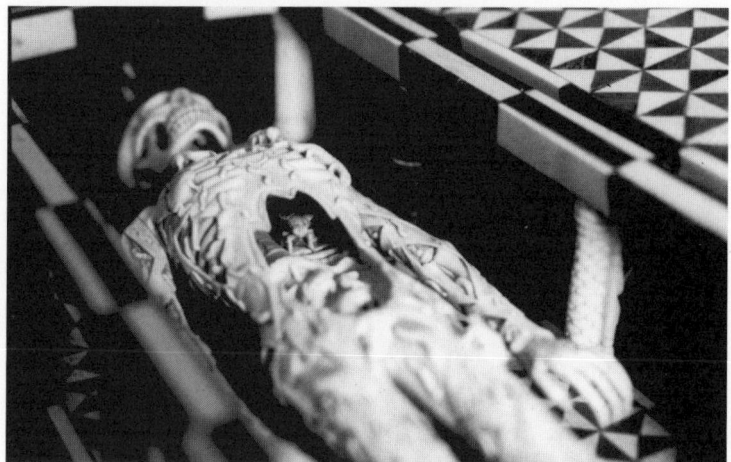

Abb. 39: Elfenbeinskelett in der Tumba
»Skelett in der Tumba« (16. Jahrhundert, hergestellt in der Westschweiz oder in Frankreich), von Schmeißfliegen *(Lucilia spec.)* durchzogenes und von etlichen Fliegen bevölkertes Elfenbeinskelett in einem Sarg. Das Herz, das als Sitz des Lebens angesehen wurde, ist durch eine Schmeißfliege ersetzt. Schnütgen-Museum, Köln. Foto: © Mark Benecke.

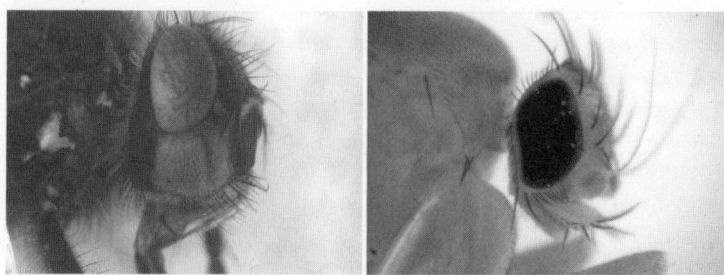

Abb. 40: Fliegenkopfvergleich
Die Art erwachsener Fliegen ist oft leichter zu unterscheiden als deren Larven. Links eine der häufigen Leichenerstbesiedlerinnen, die metallisch blau glänzende *Calliphora* mit leuchtend orangefarbenen Wangen. Rechts eine Buckelfliege; der Name leitet sich von der deutlich erkennbaren Rückenwölbung ab. Eine Buckelfliegenart kann auch kurze Gänge in die Erde graben und lebt dann auf verscharrten Leichen. Foto: © Mark Benecke.

ernährt oder ob sie schlicht Jagd auf Pilze und Würmer gemacht hatten. Letzteres wird wohl stimmen.

Etwa zeitgleich mit Reinhard und Brauer begann der damals 60-jährige französische Mediziner Jean-Pierre Mégnin damit, die Besiedlung der von ihm untersuchten Leichen in so genannte Besiedlungswellen* einzuteilen. Sein Buch *La Faune des cadavres* (Die Fauna der Leichen) war so erfolgreich, dass die Methode in Frankreich noch heute Beachtung findet (vgl. Abb. 41) und sogar die Staatspolizei ein insektenkundliches Labor unterhält.

Mégnins Leichen stammten nicht nur aus Gräbern (etwa vom Friedhof Paris-Ivry), sondern er untersuchte auch aktuelle, ungeklärte Todesfälle. Dabei fand er heraus, dass verschiedene Insektenarten ganz bestimmte Zersetzungsstadien bevorzugen. Er teilte diese Besiedlungswellen für freiliegende Körper so ein: »frisch tot – beginnende Fäulnis – fettartig – käseartige Produkte – ammoniakalische Fäulnis und Schwärzung – beginnende Vertrocknung – starke Vertrocknung – Skelettierung«. Jedem dieser Stadien ordnete er eine bestimmte Insektenpopulation zu.

Heute wissen wir, dass solche starren Zuordnungen nicht möglich sind. Der Grund dafür ist, dass erstens die Leiche selbst – auch ohne Insekten – starken Umwelteinflüssen unterliegt. Ist es beispielsweise zugig und warm, so trocknet sie schnell aus und mumifiziert (vgl. Abb. 42, S. 88). Außerdem beeinflusst auch die Lage der Leiche – zum Beispiel im Schatten oder in der Sonne – deren Temperatur und damit die Art der Besiedlung.

Mégnin wusste auch, dass sich an begrabenen Leichen und Wasserleichen sehr verschiedene Tiere finden, vor allem im Vergleich zu freiliegenden Leichen. Das größte Problem war damals aber, dass noch unklar war, welche der vielen Gliedertiergruppen sich am besten zur Liegezeitschätzung eignen würden. Untersucht und beschrieben wurden daher auch Milben *(Acari)*, Schleim- und Schimmelpilze und Krebstiere

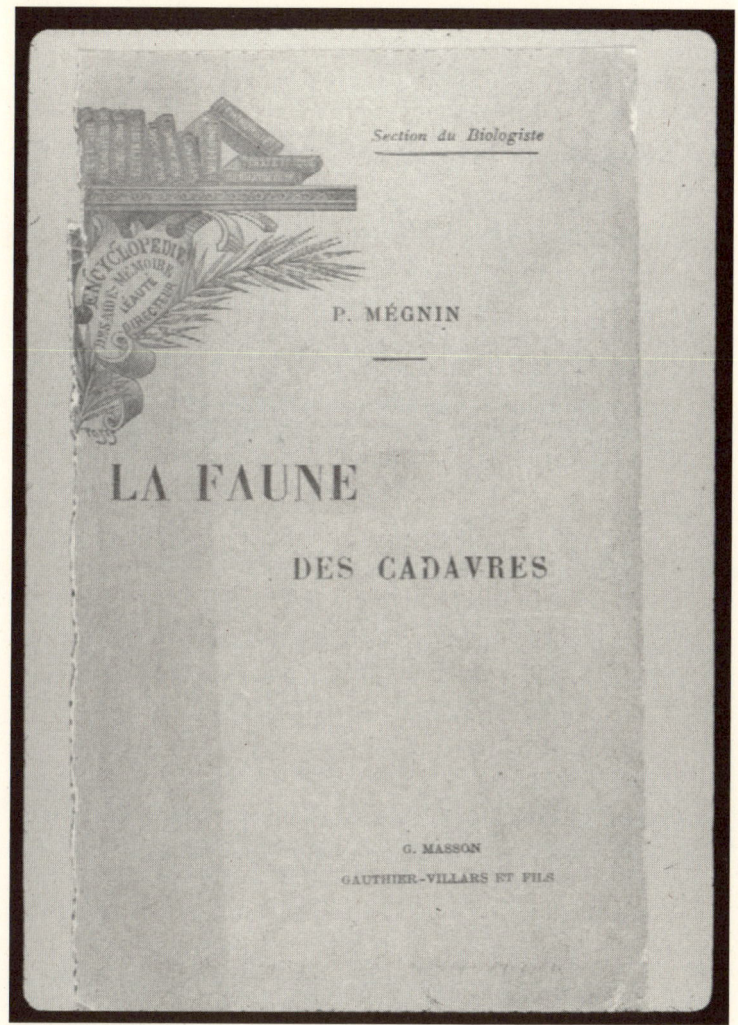

Abb. 41: Die Fauna der Leichen
Ein Meilenstein der forensischen Entomologie: Jean-Pierre Mégnins *La Faune des cadavres, application de l'entomologie à la médecine légale*, Paris 1894.

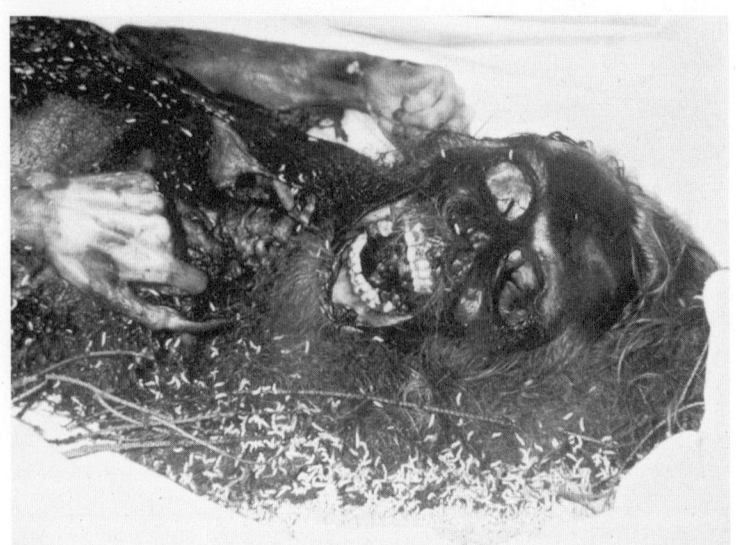

Abb. 42: Mumie
Mit der Austrocknung des Gewebes kann eine starke Schwarzfärbung einher-
gehen. Gut zu erkennen ist, dass Maden zuerst noch fressen konnten (leere
Augenhöhlen), dann aber die Vertrocknung überhand nahm. An frischeren
Leichen sind auch andere Verfärbungen zu beobachten, beispielsweise grüne
oder rote Töne. Foto: © Mark Benecke.

(Crustacea), die heute fast gar nicht mehr verwendet werden.
Stattdessen konzentrieren sich die vergleichsweise wenigen fo-
rensischen Entomologen heute auf Fliegenmaden, weil deren
Wachstum am besten sichtbar und untersucht ist.

Die Beschreibung des reinen Fäulniszustandes der Leiche
dient uns mittlerweile kaum noch zur Liegezeitbestimmung.
Rechtsmediziner können zwar in den ersten Tagen nach dem
Tod die Todeszeit mit aufwändigen Verfahren sehr gut eingren-
zen. Je länger jedoch die Liegezeit, also das »postmortale Inter-
vall«, andauert, desto eher bietet sich die Besiedlungsdauer mit
Insekten zur Liegezeitschätzung an.

DIE MUMIE IM WOHNZIMMERSCHRANK

Schon die ersten Fälle der französischen Pioniere der forensischen Entomologie waren sehr spannend. Insektenkundliche Gutachten wurden zudem von Anfang an vor Gericht zugelassen, wie die folgende Schilderung des Krankenhausarztes Bergeret zeigt.

Er hatte bereits an mehreren Friedhofs-»Aushebungen«, also Massenexhumierungen, teilgenommen. Diese wurden zwar nicht aus wissenschaftlichen Gründen vorgenommen, sondern wie heute auch noch im Rahmen größerer städtebaulicher Eingriffe. Da Bergeret die zahlreichen Leichen aber dennoch untersucht hatte, kannte er sich mit Begrabenen, noch dazu aus warmen und trockenen Gegenden wie um Toulouse herum, gut aus.

1850 wurde ihm die Untersuchung einer vertrockneten Kinderleiche aus einem Wohnzimmerschrank angetragen. Die Frage war, um wessen Kind es sich handelte. In Verdacht waren nämlich mehrere Mietparteien, die nacheinander in der Wohnung gelebt hatten. Genetische Fingerabdrücke oder vergleichbare Zuordnungsmethoden gab es damals nicht. Daher sollte festgestellt werden, seit wann sich das Kind im Schrank befand. Damit würde nach Meinung der Untersucher klar werden, um wessen Kind es sich handelte.

Am 28. März 1850 schrieb Bergeret an das Gericht:

»Ich wurde zur Vermieterin Mme. Saillard in die Rue du Citoyen 4 gebracht, um die Leiche eines Kindes von 46 Zentimeter Länge zu untersuchen. In den letzten drei Jahren wohnten drei verschiedene Parteien in der untersuchten Wohnung. Die erste Familie zog im Dezember 1848 aus, und die von Ihnen angeklagte Person lebte seit 1844 dort.

Die sich ergebenden Fragen waren folgende: Erstens: Wurde das Kind auf normale Weise geboren? Zweitens: Lebte es, als es geboren wurde? Drittens: Wie lange lebte es? Viertens:

Wodurch starb es? Fünftens: Wie viel Zeit verging zwischen dem Tod und dem Auffinden der Leiche?«

Während Bergeret die ersten vier Fragen mittels einer Leichenschau, also der rechtsmedizinischen Untersuchung des Körpers, beantworten konnte, hatte er zur Lösung der fünften Frage eine andere Idee. Er schrieb: »Um dies zu beantworten, muss der Rechtsmediziner mit einer anderen Wissenschaft, der Naturwissenschaft, zusammenarbeiten.«

Bergeret hatte Insekten auf der Leiche gefunden! Wohl von der oft sehr langsamen Leichenzersetzung begrabener Leichen fehlgeleitet, nahm er aber an, dass es ein ganzes Jahr dauern müsse, bis sich ein Insekt vom Ei zum erwachsenen Tier entwickelt. Er glaubte auch, dass alle Eier im Sommer gelegt und dann bis zum kommenden Frühjahr als Larven weiterwachsen würden. Erst dann würden sie sich verpuppen und schlüpfen. Seine Liegezeitberechnung begründete er wie folgt:

»Die Larven wurden im März 1850 an der Leiche angetroffen. Also müssen die Eier Mitte 1849 abgelegt worden sein. Darum muss die Person mindestens seitdem verstorben sein. Da wir neben den lebenden Larven aber auch viele Tönnchen gefunden haben, müssen diese von einer früheren Ablage stammen, beispielsweise im Jahr 1848.

Die Fliege, die aus den angetroffenen Larven schlüpft, ist die Fleischfliege *Musca carnaria*. Sie legt ihre Eier nicht auf ausgetrocknetes Gewebe.

Wir fanden zudem Puppen von kleinen Nachtschmetterlingen (Motten), die sich nur an ausgetrockneten Leichen finden. Falls die Leiche schon seit 1846 oder 1847 dort gelegen hätte, hätten wir deren Larven nicht mehr gefunden.

Insgesamt haben also zwei Insekten-Besiedlungswellen auf der Leiche stattgefunden, was eine zweijährige Liegezeit bedeutet: Die Fleischfliegen legten ihre Eier 1848 auf der frischen Leiche ab und die Motten ihre Eier 1849 auf der vertrockneten Leiche.«

Nach heutigen Maßstäben ist die insektenkundliche Seite von Bergerets Stellungnahme wackelig. Da er die Berechnungen aber sehr eng mit rechtsmedizinischen und kriminalistischen Befunden koppelte, war sein Ergebnis trotzdem richtig.

Solche etwas krummen Gutachten – auch wenn sie am Ende ein richtiges Ergebnis liefern können – möchten wir heute allerdings nicht mehr erstellen. Hier helfen dem Sachverständigen nur Bescheidenheit und die Erkenntnis, eben nicht alles zu wissen. Das bedeutet, dass wir manche Fälle nicht bearbeiten können, beispielsweise wenn eine Wachstumskurve für die angetroffenen Tiere fehlt.

Gut ist es übrigens auch, wie ich freche Assistentinnen zu haben, die mir nichts glauben und das auch sagen. So bin ich auch als gerichts- und fallerprobter Gutachter gezwungen, jede Aussage wirklich zu belegen – und nicht nur so zu tun, als wüsste ich Bescheid. Ein weiterer guter Grund, so viel wie möglich mit Studenten und Kollegen aus anderen Fachbereichen zu sprechen. Denn gemeinsames Überlegen macht stark – und führt zum richtigen Ergebnis mit der richtigen Herleitung.

DER ERSTE MODERNE INSEKTEN-FALL

Auch der nächste Fall handelt von einer Kinderleiche. Es ist der erste überlieferte Fall, in dem nicht ein Arzt, sondern ein Biologe sein Wissen beisteuerte.

1879 wurde der Präsident der französischen Gesellschaft für Rechtsmedizin, Paul Camille Hippolyte Brouardel, gebeten, die Leiche eines Neugeborenen zu untersuchen. Das Kind war am 15. Januar 1878 von ihm obduziert worden. Dabei hatte er Milben und Schmetterlingslarven (wohl Motten) gefunden und eingesammelt. Anders als Bergeret wandte sich Brouardel nun an seinen insektenkundlichen Kollegen Perier vom Naturkundemuseum in Paris, und auch dem Tierarzt Mégnin, der später *La Faune des cadavres* verfasste, zeigte er die Spuren.

Die beiden befanden, dass die Leiche mumifiziert gewesen sein musste, weil sich wie schon bei Bergeret keine Reste früher Leichenbesiedler (also Schmeißfliegen) fanden, sondern bloß an trockenes Gewebe angepasste Tiere. Es handelte sich bei den »Schmetterlingen« wirklich um Motten der Gattung *Aglossa* (Familie *Pyralidae*), und Perier meinte, dass deren Anwesenheit und Entwicklungsdauer auf einen Tod im vergangenen Sommer deuten könne. Das entsprach einer Leichenliegezeit von etwa sieben Monaten.

Mégnin schlug einen etwas anderen Weg vor. Er fand es interessanter, dass die vielen angetroffenen Larvenhäute und auch der Kot von derselben Milbenart stammten. Er nahm daher an, dass nur wenige geschlechtsreife Milben den Körper besiedelt hätten und die nun sichtbaren Reste von Nachkommen dieser Gründerpaare abstammten. Die Gesamtzahl der lebenden und toten Milben auf der Leiche schätzte er auf 2,4 Millionen.

Aus den von ihm angenommenen Entwicklungszeiten ergab sich, dass nach 15 Tagen etwa zehn Weibchen und fünf Männchen gelebt haben könnten, nach 30 Tagen 100 Weibchen und 50 Männchen, nach 45 Tagen 1000 Weibchen und 500 Männchen und so weiter. Bei dieser steigenden Geschwindigkeit kam Mégnin für eine Besiedlungszeit von eineinhalb Monaten auf eine Million Weibchen und ein halbe Million Männchen. Wegen möglicherweise schlechter Lebensbedingungen verdoppelte er diese Zeit und kam so auf eine ungefähr dreimonatige Milben-Besiedlungszeit.

Da die Tiere erst nach der völligen Austrocknung der Leiche zu fressen begonnen hatten, rechnete er weitere drei Monate für die Mumifizierung hinzu. So kam auch Mégnin auf eine Gesamtliegezeit, die auf den vergangenen Sommer hindeutete.

Obwohl auch diese weltweit erste echte forensisch-entomologische Berechnung noch kleine Schwächen hat, erinnerte ich mich später an den schönen Fall und konnte mir dadurch eine schwere Blamage ersparen, wie der folgende Fall zeigt.

DAS HORRORHAUS IN KALK

Obwohl die Miete schon lange nicht mehr bezahlt wurde und obwohl die Stadtwerke bereits Strom und Wasser abgestellt hatten, kam niemand auf die Idee, dass in der Eckwohnung in der ersten Etage des etwas heruntergekommenen Hauses in Köln-Kalk etwas nicht stimmen könnte. Eines Tages wurde es der Hausverwaltung aber doch zu bunt, und sie ließ die Tür aufbrechen. Man staunte nicht schlecht: In der bis auf einen Tisch und eine Couch absolut leer geräumten Wohnung lag eine teils mumifizierte, teils skelettierte Leiche (vgl. Abb. 43, S. 95).

Die Nachbarn erinnerten sich, dass der Mieter der Wohnung einen langen grauen Bart gehabt hatte. Ein solcher war auch an der Leiche deutlich zu sehen. Wie schon im Lungenschnecken-Fall (vgl. Text, S. 64–67) dachten wir an einen sozial verwahrlosten Menschen, der eben einsam daheim gestorben war. Die Nachbarn berichteten damit übereinstimmend, dass der Mann häufig »auf der Platte«, also im Freien, gelebt hätte. Nur wenn es ihm zu kalt wurde, kehrte er in die Wohnung zurück.

Das war auch der Grund, warum sich niemand bei seinem Verschwinden etwas gedacht hatte: Er war öfter längere Zeit fortgeblieben. Auch als es aus der Wohnung stärker roch, fiel das niemandem weiter auf. Die Nachbarn erzählten, dass sie es schon längst aufgegeben hätten, sich um die Gerüche zu kümmern, die seit Jahren aus der Wohnung des Mannes kamen. Er war unordentlich gewesen und hatte auch Lebensmittel sehr lange in seiner Wohnung stehen lassen, bis sie verdarben. Zudem befand sich in der Wohnung kein richtiges Badezimmer, nicht mal eine Dusche – nur eine winzige Toilette.

Hinzu kam zuletzt, dass seine Wohnung an der Ecke des Hauses lag, das durchgehende, begehbare Außenbalkone hatte. Wenn Gerüche aus der Wohnung drangen, wurden sie also recht rasch verweht: entweder durch die an der Schmalseite des

Hauses – also ganz außen – liegenden Fenster oder durch den langen Balkon. Einen echten Hausflur gab es nicht, in dem sich die Gerüche sonst sicher gefangen hätten.

Zurück im Labor berichtete ich meiner Assistentin, woher die eingesammelten Tiere stammten. Schon während des Redens fiel uns der Fehler in der Geschichte auf. Die meisten Wohnungs-Faulleichen werden nämlich sowieso nicht wegen des Geruchs gefunden, sondern wegen der Maden, die unter der Haustür hindurchkriechen. Wie konnte es sein, dass den Nachbarn die Dutzenden, wenn nicht Hunderten von Maden nicht aufgefallen waren? Denn selbst hemdsärmlig-robuste Menschen können den Anblick von Maden im Mietshaus weder übersehen noch ertragen.

Konnte es also sein, dass nie Maden an der Leiche gefressen hatten? Dafür gibt es normalerweise zwei Erklärungen: Entweder ist die Leiche vollkommen von der Umwelt abgeschlossen, beispielsweise in einem zugelöteten Sarg, in den eine insektenfreie Leiche gelegt wurde. Oder es ist so kalt, dass Insekten grundsätzlich keine Eier ablegen können.

Da die Wohnung in einem baulich schlechten Zustand war und weil wir an den Fenstern auch ein paar tote Schmeißfliegen und deren Kotspuren fanden, wussten wir, dass zumindest einige Tiere durch den Spalt unter der Tür in die Wohnung gelangt waren. Von einer für Insekten unzugänglichen Lage konnte also nicht die Rede sein, obwohl die Fenster allerdings geschlossen waren.

Wäre der Mann im Winter verstorben, so hätten bei abgedrehter Heizung anfangs vielleicht keine Schmeißfliegenmaden an der Leiche fressen können. Doch auch das erschien in einem Mietshaus im Rheinland sehr unwahrscheinlich. Erstens ist es im Inneren rheinischer Großstädte selten so kalt, dass überhaupt keine Fliegen mehr zu beobachten sind. Und zweitens heizten ja die Nachbarn ihre angrenzenden Wohnungen, sodass die Wohnung der Leiche nicht extrem auskühlen konnte.

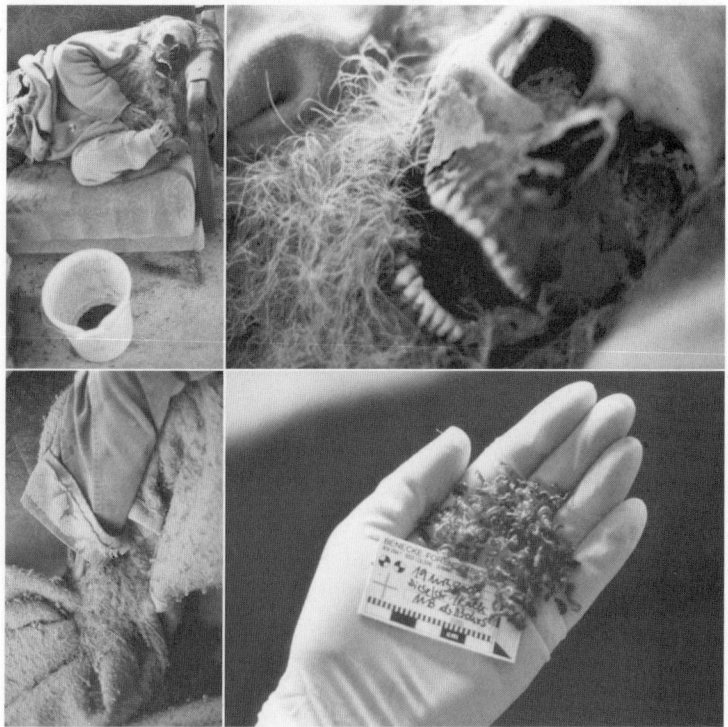

Abb. 43: Leiche auf Couch
Zur Schätzung der Liegezeit dieser Leiche lagen uns nur Häute und Kot von *Dermestiden* (Speckkäfern) vor. In den Augenhöhlen ist deutlich Käferkot sichtbar, der auch aus dem Hosenbein quillt. Auf der Couch fanden sich Larvenhäute (in der Hand; Bild unten rechts). Foto: © Mark Benecke.-

Es blieb nur eine Erklärung, die aber merkwürdig klang. Aus irgendeinem Grund musste die Leiche so stark ausgetrocknet sein, dass zwar einige Fliegen angezogen wurden, diese dann aber keine Eier ablegten oder die frisch geschlüpften Maden starben, weil ihnen das Gewebe zu hart und trocken war. Doch wie sollte das so schnell geschehen, dass noch nicht einmal die weichen Teile des Gesichts des Toten den Maden als Nahrung gedient haben könnten? Denn selbst diese von Fliegenweibchen zur Eiablage bevorzugten Regionen waren nur von Käfern freigefressen worden. Das erkannten wir erstens am Käferkot in den Augenhöhlen und zweitens daran, dass Bart und Kopfhaare noch dort waren, wo sie hingehören. Wenn Maden einen Schädel skelettieren, fallen die Haare aber mit Sicherheit herunter. Die wesentlich kleineren Käfer (vgl. Abb. 4, S. 23), die zudem keine dicken Schichten bilden, können trockenes Gewebe hingegen so »vorsichtig« fressen, dass die Kopfhaare nicht herunterfallen.

Die Leiche musste also aus irgendeinem Grund vertrocknet, das heißt mumifiziert sein, obwohl weder ein Luftzug durch die Wohnung strich (Fenster geschlossen, Tür nur einen Spalt offen) noch die Leiche frei in einer Schlinge hing, sodass sie leichter hätte austrocknen können. Noch nicht einmal das Sofa, auf dem die Leiche lag, war stark mit Leichenflüssigkeit durchtränkt.

Wir sahen uns nun immer wieder meine Fotos durch, auf denen ich alle Details so gut wie möglich mit Nahaufnahmen festgehalten hatte. Nichts. Fast wollten wir aufgeben, als mir die Polizisten, die als Erste am Fundort gewesen waren (so genannter »erster Angriff«), einige Fotos übergaben. Die Bilder seien sehr schlecht, sagten sie mir, aber vielleicht würde ich doch etwas darauf erkennen können. Und in der Tat: Der polizeiliche Blick brachte die Lösung. Anstatt, wie ich, nur auf die Details zu achten, hatten die Polizisten den Überblick bewahrt. Auf einem ihrer Umgebungsfotos war der Grund der raschen Mumifizierung zu erkennen. Es war ein Heizlüfter, der so lange warme Luft auf die Leiche geblasen hatte, dass große Teile der Körperflüssigkeit schnell abtranspiriert wurden – so schnell, dass die auf weiches Gewebe angewiesenen Schmeißfliegen nicht mehr zu ihrem Zerstörungswerk kamen (vgl. Abb. 44). Dass nicht einmal die Lieblings-Eiablagestelle der Tiere – der Kopf der Leiche – von Maden besiedelt werden konnte, war kein Zufall: Der sterbende Mann hatte das Heizgerät genau am Kopfende seines Krankenlagers aufgebaut.

Abb. 44: Dieser Heizlüfter war schuld
Ein Heizlüfter brachte unsere Liegezeitschätzung durcheinander. Schmeißfliegen konnten das trockene Leichengewebe nicht fressen; stattdessen fanden sich
schon früh zahlreiche Speckkäfer *(Dermestiden)*. Foto: © Mark Benecke.

Der Fall hatte übrigens noch eine weitere Pointe: Obwohl der
Heizlüfter über Monate gelaufen war, bis der Strom abgestellt
wurde, hatten sich weder der vertrocknete Unrat noch das Gerät
selbst entzündet. Kein Wunder, es trug das deutsche GS-Siegel
»Geprüfte Sicherheit«.

MIT SPINNEN LEBEN

Es stellte sich schließlich heraus, dass der tote Mann fast ein
Jahr unbemerkt in seiner Wohnung gelegen hatte. Die Zeitun-
gen tauften das Gebäude daher »Horrorhaus von Kalk«. Wie
recht die Journalisten mit diesem Namen hatten, wussten sie
allerdings nicht.

Abb. 45: Spinnweben total
Diese Wohnung war vollkommen von rußgeschwärzten Spinnweben durchzogen. Das war unerklärlich, weil die Spinnen normalerweise ihr Revier verteidigen; es hätten dort also – abgesehen von Hygienefragen – viel weniger Tiere
leben sollen. Foto: © Polizei, Köln.

Ein weiterer Fall, der im selben Haus spielte, hat es nämlich
nie an die Öffentlichkeit geschafft. Diese Untersuchung war wirklich schrecklich – vor allem, wenn man, wie alle Beteiligten
einschließlich mir, Spinnen nicht leiden kann.

Nach einem kleineren Schwelbrand war die Feuerwehr aus-
gerückt und hatte an die Tür der qualmenden Wohnung ge-
klopft. Da ein Mann öffnete, der den Brand schon gelöscht hatte und zudem der Mieter war, schien so weit alles in Ordnung
zu sein. Allerdings zeigte ein kurzer Blick in die Wohnung, dass
diese über und über von rußgeschwärzten, vorhangartigen Spinnweben durchzogen war (vgl. Abb. 45).

Weil niemand die verwobene Wohnung betreten wollte, wurde der Mann gebeten, die Geschichte zu den Spinnen im Büro
zu erzählen, falls er dazu einmal Lust haben sollte. Eines Tages

Abb. 46: Die Spinnenwohnung
Obwohl niemand es gewagt hatte, eine Spinne einzusammeln oder zu fotografieren, zeigte uns das Foto des Spinnennetzes, dass hier keine Radnetz-Spinne am Werk war. Foto: © Polizei, Köln.

kam er tatsächlich und berichtete, er habe aus Friedensliebe
ursprünglich nur die großen schwarzen Spinnen in seiner Toilette nicht stören wollen. Wann und warum sie dort eingewan-
dert waren, wusste er nicht mehr; er hatte jedenfalls nichts daran
auszusetzen. Fortan benutzte er seinen Wohnzimmerboden als
Toilette.

Wie schon in anderen Fällen dachten wir nun vorschnell,
eine schlüssige Erklärung für die vielen Spinnen gefunden zu
haben: Kot und Urin auf dem Boden ziehen Schmeißfliegen
an, diese werden von den Spinnen gefressen. Neuer Kot gelangt
auf den Boden, neue Fliegen steuern ihn an, und so ernähren
sich immer mehr Achtbeiner, bis eine Spinnenflut das Zimmer
durchwogt.

Dieser völlig logischen Erklärung vertrauend, schickte ich
die Fotos, die ein mutiger Polizist doch noch gemacht hatte, an
zwei Kolleginnen, die etwas von Spinnen verstehen. Besonders
interessierte mich, ob es möglich sei, die Spinnenart anhand
einer Nahaufnahme des Netzes zu bestimmen. Wie man in der
Abbildung (vgl. Abb. 46, S. 99) erkennt, handelte es sich nicht
um das schöne, gleichmäßige Netz der Radnetz-Spinnen, die
man aus dem Garten kennt. Das Netz auf dem Foto ist stattdessen eher verworren und zerrupft, das heißt, es ist mit Stolper-,
Klebe- und Alarmierungsfäden gesponnen.

Es wäre natürlich leichter gewesen, die Spinnen selbst zu bestimmen, wenn jemand einige Tiere eingesammelt hätte. Doch
das fanden alle Beteiligten – Feuerwehrmänner wie Polizisten –
zu ekelig. Zum Glück erfuhr ich erst später von diesem Fall,
denn auch ich kann Spinnen nicht leiden und hätte mich vielleicht selbst nicht getraut, sie aus dem Gewühl zu ziehen.

Die verblüffende Antwort meiner Kolleginnen lautete, dass
es sich um Keller- oder vielleicht Baldachinspinnen handeln
müsse. Diese sind aber oft territorial, verteidigen also ein Gebiet. Das bedeutet, dass eine so hohe Dichte der Spinnen wie in
der Wohnung undenkbar ist, weil sich die Tiere normalerweise auffressen würden. Wieder einmal war also eine Einladung

zum Abendessen fällig. Wir schauten uns dabei noch einmal die wenigen Fotos an, die es vom Fall gab. Nach der Erfahrung mit dem Heizlüfter-Fall beschränkten wir uns dabei nicht nur auf die Detailaufnahmen, sondern sahen uns auch die Übersichtsbilder an. Und plötzlich ging uns ein Licht auf.

Die hier untersuchten Spinnen lebten nicht in ihren Netzen, sondern benutzten die an die Wand geklebten Illustriertenseiten als Wohnstätten (vgl. Abb. 45, S. 98)! Die Seiten zeigten im Wohnzimmer Szenen aus Spanien und Griechenland, im Schlafzimmer leicht bekleidete Damen. Da sie aber nicht mit Tapetenkleister festgemacht, sondern nur mit Kreppband vergleichsweise lose angeheftet waren, konnten sich die Spinnen problemlos in diese Täschchen als ihr Revier zurückziehen. So störten sie sich gegenseitig wenig und teilten die reichliche Nahrung mehr oder weniger friedlich.

STALLFLIEGEN UND STRUKTURPROBLEME

Noch einmal kurz zurück zu den Wurzeln unseres Faches. Von Frankreich und Deutschland aus schwappte die forensische Entomologie 1895 nach Kanada über, und bis heute finden sich im deutschsprachigen und franko-belgischen Raum sowie in Kanada und den USA die führenden Experten. Das ist kein Wunder, denn im französischen und deutschen Sprachgebiet herrschte schon immer das weltweit größte Interesse an Gliedertieren, und das nicht nur bei Biologen. Daran hatte das hierzulande noch heute bekannte, von Alfred Brehm begründete, vielbändige *Brehms Thierleben* einen großen Anteil: Es rückte Ende des 19. Jahrhunderts wirbellose Tiere nicht nur ins Bewusstsein der Forscher, sondern auch der übrigen Bevölkerung. Im französischsprachigen Raum bewirkten das die wunderbaren Tierbeschreibungen des Insektenkundlers Fabre mit dem Titel

Souvenirs entomologiques. Sowohl Ernst Ludwig Taschenberg im
»Brehm« als auch Fabre sind durch ihre liebevollen und leben-
digen Beschreibungen der Insektenwelt in den jeweiligen Län-
dern noch immer bekannt. Sie kannten sich auch gut mit den
Bewohnern von Leichen aus und popularisierten das Thema.
In Fabres deutschen Ausgaben brachten es die Leicheninsekten
sogar zweimal auf die Titelseite (vgl. Abb. 4, S. 23, Abb. 47 und
Abb. 48, S. 104).

Mittlerweile ist die forensische Entomologie einer der wenigen wissenschaftlichen Zweige, in denen Naturwissenschaftler,
Ärzte und Ermittler aus ganz unterschiedlichen Disziplinen eng
zusammenarbeiten. In den verschiedenen Ländern läuft die
Kooperation aber je nach Rechtssystem ganz unterschiedlich
ab. In Kolumbien, wo ich manchmal arbeite, müssen sich die
Labors beispielsweise mit zwei Arten von Polizeieinrichtungen
arrangieren, die sich gegenseitig nicht leiden können: den Ermittlern der Staatsanwaltschaft und denen der normalen Polizei. In Bogotá, der Hauptstadt Kolumbiens, haben die rechtsmedizinischen Kollegen daher eine interessante Lösung gefunden:
Sie haben eine dritte Ermittlergruppe, die »Eulen«, gebildet, die
nach Möglichkeit stets selbst an den Fundort fahren.

In Deutschland haben wir es da besser. Nicht nur sind die
Fahrtwege kürzer und die Klimabedingungen besser (das heißt
hier kühler: langsamere Zersetzung der Leichen). Es gibt in
Zentraleuropa auch nur eine, eben »die« Polizei. Ich selbst arbeite am häufigsten mit der im Kino so genannten »Spurensicherung« (Kriminaltechnik [KT] und Erkennungsdienst [ED])
zusammen (vgl. S. 126). Diese Zusammenarbeit erlaubt es, am
Leichenfundort die biologische Situation gut zu erfassen und
die Tiere vor Ort optimal zu sammeln (vgl. Abb. 9, S. 27).
Gern gehe ich auch in Instituten für Rechtsmedizin auf Spu-
rensuche. Es lohnt sich aber immer, notfalls auch später, zum
Fundort zu fahren, um die Besonderheiten der Natur oder des
Wohnungsaufbaus zu verstehen. So kann es in Wohnungen
zum Beispiel zu ungewöhnlichen Bedingungen kommen, auf

Aasinsekten an einem Maulwurfe.

Abb. 47: »Aasinsekten an einem Maulwurfe«
Es fällt auf, dass die völlig richtig zugeordneten Insekten alle sehr steif wirken. Das kommt daher, dass sie von genadelten Museumsexemplaren abgezeichnet wurden. (Aus: *Brehms Thierleben*, Bd. 9, 1892.)

Abb. 48: Jean-Henri Fabres *Souvenirs entomologiques*
Auf den deutschen Ausgaben von *Bilder aus der Insektenwelt* brachten es Leicheninsekten zweimal auf die Umschlagseite. Repro: Mark Benecke.

die kaum jemand achtet bzw. nach denen man gar nicht erst
fragen würde. Dazu ein Beispiel.

In einer ansonsten sauberen Wohnung fanden sich zahlreiche Stallfliegen *(Muscina stabulans)*, die alle tot am Nordwestfenster der Wohnung lagen (vgl. Abb. 49). Daran ist vieles
merkwürdig .

Erstens werden hierzulande auch Wohnungsleichen normalerweise zuerst von den Larven zweier anderer Schmeißfliegengattungen, nämlich *Lucilia* und *Calliphora*, besiedelt (vgl.
Abb. 50, S. 107). Stallfliegen finden sich hingegen eher bei vernachlässigten Personen. Dort besiedeln sie die verschmutzten,
feuchten Bereiche der Menschen bzw. Leichen.

Die Wohnung der alten Dame war aber, abgesehen von
einer dünnen Staubschicht, tipptopp in Schuss. Auch das Badezimmer war sauber; nirgendwo fanden sich Fäkalien oder
schmutzige, herumliegende Wäsche.

Abb. 49: Rätsel der Stallfliegen
Zahlreiche Stallfliegen *(Muscina stabulans)* in einer ansonsten sauberen Wohnung, sämtlich tot am lichtarmen Nordwestfenster liegend. Foto: © Mark Benecke.

Zweitens fragten wir uns, warum die Fliegen alle zur dunkelsten Seite der Wohnung geflogen waren, nicht wie sonst üblich nach Süden, wo die Sonne am längsten steht.

Drittens behauptete die Pflegerin, die dafür bezahlt wurde, einmal pro Woche nach der alten Dame zu sehen, sie sei erst »vor kurzem« bei ihrer nun toten Klientin gewesen. Weil die Dame aber zu »zickig« gewesen sei, wäre die Pflegerin nicht in die Wohnung gegangen. Der Dame sei es aber so gut gegangen, dass die Ansprache durch die Tür ausgereicht hätte.

Um zu prüfen, wie alt die Stallfliegen wirklich waren, suchte ich in Fachartikeln von Kollegen nach den Entwicklungszeiten dieser Tiere. Das war nicht ganz einfach, denn Stallfliegen leben, wie gesagt, nicht oft auf Leichen und wurden auch früher kaum wissenschaftlich beachtet. Zwei Kollegen, Pekka Nuorteva aus Finnland und Martschenko aus Russland, hatten aber im Zuge von kriminalbiologischen Untersuchungen einige Daten gewonnen, die zumindest ungefähren Aufschluss über die Entwicklung der Tiere gaben. Martschenko berichtete, dass Stallfliegen von der Eiablage bis zum Schlüpfen aus dem Tönnchen bei Temperaturen um 20 Grad Celsius recht genau drei Wochen benötigen. Der finnische Kollege beobachtete damit übereinstimmend bei 16 Grad Celsius eine Entwicklungsdauer von vier Wochen.

Zwar kannten wir die genaue Temperatur in der Wohnung nicht. Wir wussten aber, dass kein einziges Tier mehr lebte. Das bedeutete, dass mindestens einige Tage zwischen Schlupf der erwachsenen Tiere aus dem Tönnchen und ihrem Versterben vergangen waren. Selbst bei einer angenehmen Raumtemperatur ergab sich damit ein Alter der Fliegen von mindestens drei Wochen: Entwicklungszeit im Ei, als Puppe und als erwachsenes Tier.

Das wiederum konnte aber nur eines bedeuten, selbst wenn man annahm, dass die Frau noch nicht lange tot war: Die Pflegerin war entweder seit mindestens drei Wochen nicht mehr bei ihrer Patientin gewesen, und die Tiere hatten sich in der

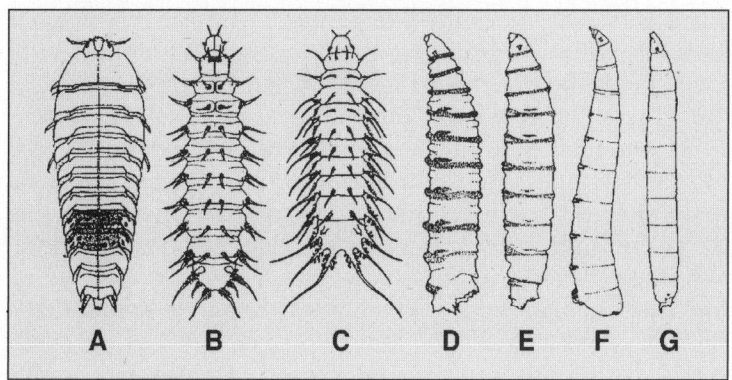

Abb. 50: Madenformen
Leichen besiedelnde Tiere – unter dem Vergrößerungsgerät sind die Unterschiede ihrer Form gut erkennbar. Larven von (a) »Silphe« (*Silphidae*, Aaskäfer, 17 mm); (b) Stubenfliege (*Fannia*, 6 mm); (c) Latrinenfliege (*Fannia*, 6 mm); (d–e) Schmeißfliegen (*Calliphoridae*, 15 mm); (f) »Echte« Fliege (*Muscidae*, 11 mm); (g) Käsefliege (*Piophila*, 7 mm). Quelle: Benecke, M., »Leichenbesiedlung durch Gliedertiere«. In: Brinkmann, B./B. Madea (Hg.), *Handbuch gerichtliche Medizin*, Berlin, New York, Tokio 2003, S. 170–187.

stark verschmutzten Unterwäsche der Frau entwickelt. Oder die Pflegerin war zwar in der Wohnung, hatte aber nichts dagegen getan, dass die Frau sich so stark einschmutzte. Beides sprach nicht für die pflegerischen Fähigkeiten der bezahlten Kraft.

Übereinstimmend mit diesem Befund war auch das Aussehen der Leiche, als wir die Kleidung aufschnitten: Genau unterhalb der Gürtellinie war die Leiche viel stärker zersetzt als oberhalb. Dort hatten sich also Kot und Urin befunden und die Zersetzung beschleunigt. Jetzt war endgültig klar, dass eine Pflegevernachlässigung vorlag.

Wie der Fall ausgegangen ist, weiß ich nicht. Meines Wissens wurde die Tat nie angeklagt, da der überlastete Staatsanwalt die Sache nicht zu hoch hängen wollte und konnte. Es verblüfft mich in diesem Zusammenhang immer wieder, wie unterschiedlich derartige Fälle in verschiedenen Städten gehandhabt werden. Bei einer vergleichbaren Vernachlässigung in einem Fall, den ich in einer nur eine halbe Stunde entfernten Stadt vor Gericht vertrat, wurde die Tat nicht nur angeklagt, sondern der Richter verhängte auch eine für meine Begriffe recht drastische Strafe.

Ich bin nach solchen Gerichtsverhandlungen immer froh, wenn ich in mein Labor zurückkehren und dort wieder friedlich in die Welt der Sachbeweise eintauchen kann. Hier zählt – so gut es eben geht – nur die reine Wahrheit, die nicht veränderlich ist. Die Rechtsprechung hängt hingegen von ebenso vielen Einflüssen ab wie die Entwicklung eines Insekts in einem wechselhaften Lebensraum.

EINIGE WEITERE INSEKTEN-FÄLLE

Es gibt keinen Koffer und keine Liste, in der alle notwendigen Arbeitsschritte vorgegeben sind. Einige Fallbeispiele sollen verdeutlichen, wie hilfreich stattdessen Teamwork und Ideenreichtum sind, wenn es um die Enträtselung unklarer Todesfälle geht.

Das Hinwegwaschen von Ungerechtem

Der erste niedergeschriebene Fall zur kriminalistisch angewandten Insektenkunde stammt aus dem 13. Jahrhundert. In seinem rechtsmedizinischen Lehrbuch *Hsi yüan lu* (dt. etwa: »Das Hinwegwaschen von Ungerechtem«) schildert der chinesische Jurist Sung Tz'u, wie ein Ermittler zur Aufklärung eines Mordes gerufen wurde, der nahe eines Reisfeldes stattgefunden hatte (vgl. Abb. 51). Die Ehefrau des Ermordeten sagte aus, dass ihr Mann keine Feinde, sondern nur einen allerdings unverdächtigen Schuldner gehabt hätte. Brauchbare Tatortspuren oder Hinweise gab es nicht.

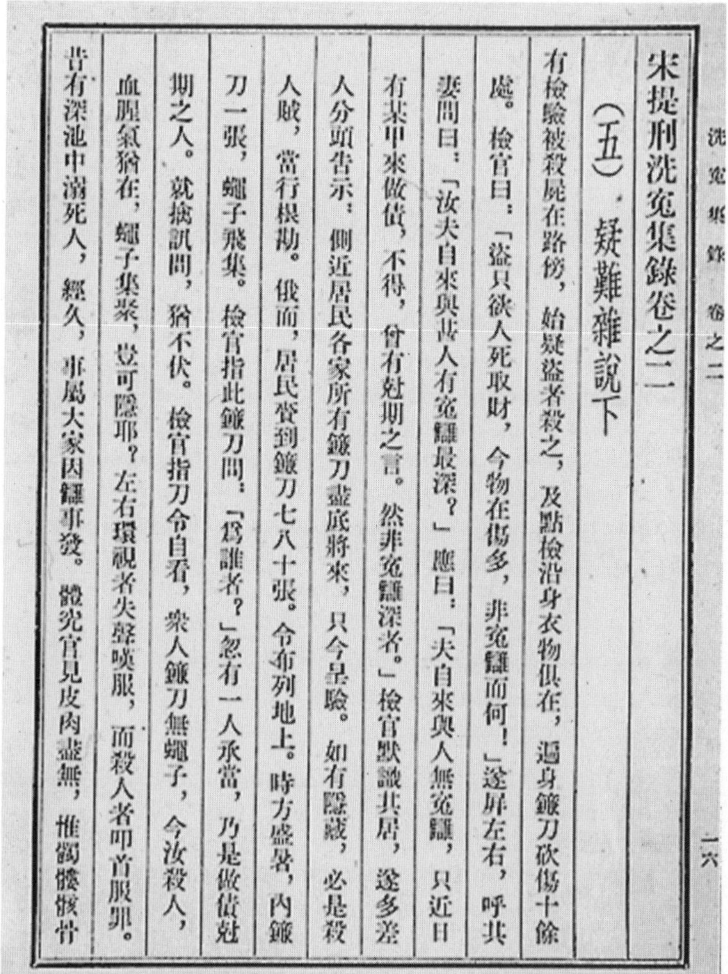

宋提刑洗冤集錄卷之二

（五）· 疑難雜說下

有檢驗被殺屍在路傍，始疑盜者殺之，及點檢沿身衣物俱在，遍身鐮刀砍傷十餘處。檢官曰：「盜只欲人死取財，今物在傷多，非冤讎而何！」遂屏左右，呼其妻問曰：「汝夫自來與甚人有冤讎最深？」應曰：「夫自來與人無冤讎，只近日有某甲來做債，不得，曾有剋期之言。然非冤讎深者。」檢官默識其居，遂多差人分頭告示：側近居民各家所有鐮刀盡底將來，只令呈驗。如有隱藏，必是殺人賊，當行根勘。俄頃，居民齎到鐮刀七八十張。令布列地上。時方盛暑，內鐮刀一張，蠅子飛集。檢官指此鐮刀問：「為誰者？」忽有一人承當，乃是做債剋期之人。就擒訊問，猶不伏。檢官指刀令自看，衆人鐮刀無蠅子，今汝殺人，血腥氣猶在，蠅子集聚，豈可隱耶？左右環視者失聲嘆服，而殺人者叩首服罪。

昔有深池中溺死人，經久，非屬大家因讎事發。體究官見皮肉盡無，惟髑髏骸骨

Abb. 51: Der Mord im Reisfeld
Erste Schilderung eines mittels Insekten aufgeklärten Verbrechens; der Mord im Reisfeld. Das Original befindet sich in der University of Michigan. Repro: Mark Benecke

Da die tödlichen Stichwunden an der Leiche von einer Sichel
herrühren mussten – andere Stechwerkzeuge gab es im Dorf
nicht –, rief der Ermittler am folgenden Tag alle Arbeiter zusammen und ließ sie ihre Sicheln vor sich hinlegen. Auf eine
der Sicheln setzten sich Schmeißfliegen und enttarnten damit
das Tatwerkzeug und dessen Besitzer, den Mörder. Die Tiere
hatten für Menschen nicht mehr sichtbare Blutreste gerochen.

Der Täter brach an Ort und Stelle zusammen, »schlug den Kopf
auf den Boden und gestand«: Er war ein Schuldner des Toten.

Dieser Fall wurde 1974 von einem der Gründer der modernen forensischen Entomologie, Marcel Leclercq aus Belgien,
und seinem Kollegen Lambert noch einmal nachuntersucht
und bestätigt. An einer von ihnen im Juni aufgefundenen Leiche flogen trächtige Weibchen der blau glänzenden Schmeißfliege *Calliphora vomitoria* sechs Stunden nach Todeseintritt das
aus dem Körper geflossene Blut des Verstorbenen an, nicht aber
die sonst stets zuerst als Eiablagestätte gewählten Körperöffnungen. Blut ist zumindest für diese Fliege demnach ein stärke-
rer Reiz als bloßes Fleisch. Das erklärt auch, warum die Fliegen
das Blut auf der ansonsten unnahrhaften Sichel anflogen und
damit den Hinweis auf das Tatwerkzeug lieferten.

Käsefliegen

Im nächsten Fall ging es nicht darum, einen Täter zu finden,
sondern darum, den Todeszeitpunkt zu bestimmen. Ein Bahn-
streckengänger hatte im November die skelettierten Überreste
einer Leiche ohne Kopf gefunden. Der Haarschopf und die herumliegende Jeansbekleidung waren noch intakt. Eine erste gro-
be Schätzung ergab eine mögliche Liegezeit von zwei bis drei
Monaten. Unter den Haaren fanden sich Käfer- und Fliegenpuppen (vgl. Abb. 12, S. 31), auf der übrigen Leiche Zehntau-
sende etwa acht Millimeter große, längliche, springende Maden
der Käsefliege *Piophila casei Linné* (vgl. Abb. 52 und Abb. 53)
sowie ein dichter Teppich von Käsefliegeneiern.

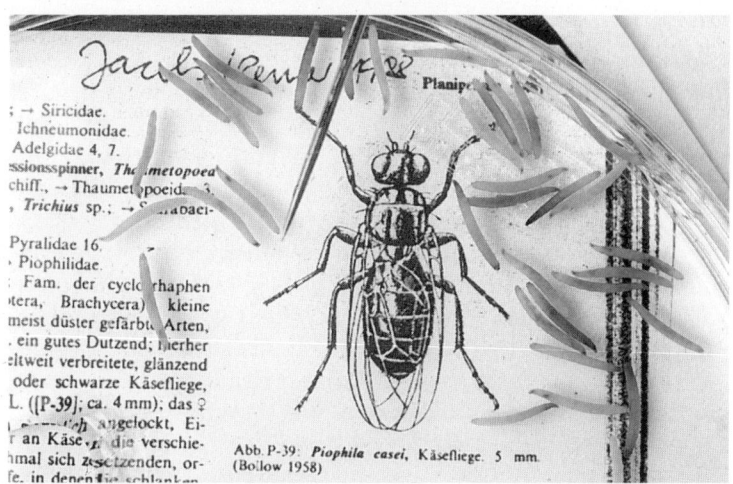

Partial text visible alongside figure:

; → Siricidae.
Ichneumonidae.
Adelgidae 4, 7.
ssionsspinner, *The..metopoea*
chiff., → Thaumet..poeid.. 3.
, *Trichius* sp.; → S..abaci-

Pyralidae 16.
· Piophilidae.
Fam. der cycl.. rhaphen
..tera, Brachycera) kleine
meist düster gefärbt.. Arten,
. ein gutes Dutzend; ..ierher
..ltweit verbreitete, glänzend
oder schwarze Käsefliege,
L. ([P-39]; ca. 4 mm); das ♀
..angelockt, Ei-
r an Käse.... die verschie-
..mal sich zusetzenden, or-
..e. in denen....schlanken

Abb. P-39: *Piophila casei*, Käsefliege. 5 mm.
(Bollow 1958)

Abb. 52: Die Käsefliege *Piophila*
Die springenden Larven der Käsefliege *(Piophila casei)* besiedeln Leichen, deren
Weichteile sich bereits in einen breiigen Zustand verwandelt haben. Foto:
© Wolfram Scheible.

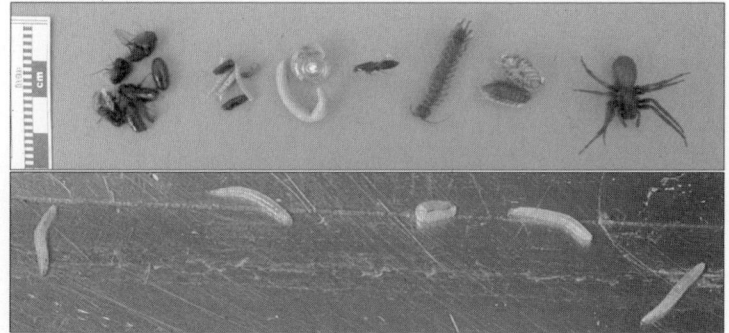

Abb. 53: Leichenbesiedlung in Abhängigkeit von der Umwelt
Tiere von Leichen aus dem Rheinland. Oben: Leiche unter Müllsäcken in einer
Stadt mit ländlicher Anbindung gefunden – zahlreiche Arten von Fliegen, auch
Schnecken, Spinnen und Würmer. Unten: Großstadtleiche offen im Freien, ohne
ländliche Anbindung, nur Käsefliegenlarven. Die Liegezeit betrug in beiden
Fällen zirka drei Monate im Sommer. Foto: © Mark Benecke.

Folgendes war für die anschließende insektenkundliche Liegezeitbestimmung bekannt: Erstens benötigen Käsefliegenmaden unter den gegebenen Bedingungen etwa zwei bis drei Wochen, um zu erwachsenen Tieren heranzuwachsen. Zweitens handelte es sich mindestens um die zweite Generation von Käsefliegen, weil nicht nur Eier und Maden, sondern auch tote erwachsene Tiere gefunden wurden. Drittens fliegen trächtige Käsefliegen hierzulande erst nach etwa drei Monaten das erste Mal eine Leiche an, weil die Leiche erst dann den typisch käsigen Geruch entwickelt. Dieser Geruch signalisiert den Käsefliegen, dass das Leichengewebe sich mittlerweile in Substanzen verwandelt hat, die für die Ernährung ihrer Nachkommen am besten geeignet sind. Aus diesen Informationen ergab sich folgende Rechnung: Erste Besiedlung mit Käsefliegen zirka 90 Tage + zweimal (das heißt zweite Generation) elf bis 19 Tage Entwicklungszeit = zirka 112 bis 128 Tage Liegezeit im Freien. Diese Berechnung wurde später bestätigt: Es handelte sich um eine heroinabhängige Selbstmörderin, die seit vier Monaten als vermisst gemeldet war.

Hier zeigt sich, wie eine Leichenliegezeitbestimmung der Kriminalpolizei helfen kann, sich bei den Ermittlungen auf diejenigen Vermissten zu konzentrieren, die im berechneten Zeitraum verschwunden sind (und nicht Monate früher oder später). Je stärker zersetzt eine Leiche ist, desto schwieriger wird es für Rechtsmediziner, diesen Zeitraum zu bestimmen. Manchmal geben Insekten sogar den einzigen Hinweis darauf, ob ein Skelett die Überreste eines Menschen darstellt, der vor Wochen, Monaten oder Jahren verstorben ist. Der Grund: Bestimmte Insekten (meist Käfer) können die Feinzersetzung einer Leiche noch dann geschmacklich unterscheiden, wenn sie mit den technischen Methoden des Menschen schon nicht mehr messbar ist. Die langsame Veränderung von in Knochen eingelagerten Fetten ist dafür ein Beispiel – verschiedene Zersetzungsstadien ziehen jeweils verschiedene Aasfresser an.

Käsefliegenlarven sind übrigens, weil sie gerne und viel springen, bei Bestattern und Rechtsmedizinern unbeliebt. Anders ist das auf Korsika, wo die Tiere als Qualitätsmerkmal einer bestimmten Käsesorte gelten. Da die Tiere von stark käsig riechenden, zerfließenden Eiweißen angezogen werden, wundert es nicht, dass sie gerade auch zerfallenen Weichkäse anfliegen. Hier benutzt man die hoch angepassten chemischen Sinne der Tiere dafür, das Zersetzungsstadium des Käses (die »Reife«) genau zu bestimmen. Denn Käse ist nichts anderes als ein Batzen zersetzter Milcheiweiße – und eine zerflossene Leiche, zumindest für die Fliegen, nichts anderes als ein weiterer Batzen ebenfalls zersetzter Eiweiße.

Gescheiterter Versicherungsbetrug

Hier ging es darum, die Leichenliegezeit zu bestimmen, aber die Begleitumstände waren ungewöhnlich bizarr. Ein Mann meldete sich in Kanada bei der Lebensversicherung seiner Frau und forderte die Todesfallprämie ein. Weil die Frau aber erst seit drei Tagen vermisst gemeldet war, wurde der Versicherungsangestellte misstrauisch. Er erklärte dem Mann, dass der Tod seiner Frau unbewiesen sei, solange die Leiche oder ein eindeutig identifizierbares Leichenteil fehle.

Acht Tage später meldete sich der Mann erneut bei der Polizei. Er hatte den abgeschnittenen Kopf seiner Frau angeblich in einem Graben vor seinem Haus gefunden. Wie der Kopf auf einmal dorthin gelangt sei oder ob er bisher einfach übersehen worden sei, wisse er nicht.

Die Rechtsmediziner stellten anhand des Aussehens der Schnittwunde fest, dass der Kopf erst nach Eintritt des Todes abgetrennt worden war. Daher fragten sich die Ermittler, ob der Ehemann den Kopf nicht vielleicht selbst vom toten Körper abgetrennt hatte, um der Versicherung das gewünschte Leichenteil zu präsentieren. Auf diese Art hätte er gleichzeitig vermieden, dass die Todesursache erkannt würde, wenn es sich beispielsweise um Stiche in den Brustbereich gehandelt hätte. Denn wenn nur der Kopf vorläge, der Rest der Leiche aber verschwunden bliebe, könnten die Verletzungen natürlich nie bewiesen werden.

Andererseits: Wäre der Kopf schon vor dem eventuellen Versicherungsbetrug vom Rumpf getrennt worden, so würde das vielleicht gegen die Verschleierung sprechen. In diesem Fall käme ein Mord vielleicht eher infrage, bei dem die Täter den Ehemann bedrohen wollten, indem sie den Kopf seiner Frau über den Zaun in seinen Garten geworfen hätten.

Das Abschneiden nach dem Tod würde den Mann also aus Sicht der Polizei tatverdächtiger machen, während das Abschneiden vor seinem ersten Erscheinen bei der Versicherung ihn vielleicht entlasten könnte.

Die forensische Insektenkundlerin Gail Anderson fand nun bei näherem Hinsehen nur an der Schnittfläche des Halses – nicht aber an Augen, Nase und Ohren – Larven der Schmeißfliegenart *Calliphora vomitoria*. Das bedeutete, dass die Leiche samt Kopf zunächst an einem Ort gelegen hatte, an dem sie Insekten unzugänglich war. Andernfalls hätten schwangere Fliegenweibchen ihre Eier mit Sicherheit auf die Augen oder in die Nase der Leiche abgelegt. Hier war es aber offenbar so, dass die Tiere den Kopf erst erreichen konnten, als er abgeschnitten war und ins Freie gelegt wurde. In diesem Moment war aber die Schnittfläche für die Tiere viel attraktiver (das heißt für die Maden leichter anzufressen) als die Augen oder Ohren. Deshalb fanden sich die Larven auch nur dort.

Aus der Außentemperatur und der Länge der Maden ergab sich schließlich, dass der Kopf tatsächlich zu der Zeit abgetrennt und ins Freie gelegt wurde, als der Ehemann mit der Versicherung gesprochen hatte. Er wurde später zu lebenslanger Haft verurteilt. Eine Berufungsverhandlung war erfolglos, und die Lebensversicherung verweigerte die Zahlung der ersehnten Prämie.

Blutströpfchenbakterien

Nicht immer steckt ein Kriminalfall hinter einer Faulleiche. Manchmal ergeben sich mithilfe der Insektenkunde »nur« Ergebnisse, die zwar interessant sind, aber letztlich nur bestätigen, dass die untersuchte Leiche eines natürlichen Todes gestorben ist. Spannend kann es allerdings werden, wenn die Todesursache eine vollkommen andere ist als die zunächst angenommene. So wurde in einem warmen Sommer in einer Wohnung in Köln die Leiche eines Mannes gefunden, der seit fünf Tagen nicht mehr gesehen worden war. Der Körper war durch Fäulnisgase aufgebläht und die Haut grün verfärbt. Der Hausarzt des nun toten Mannes berichtete, dass sein Patient alkoholabhängig gewesen sei, unter Bluthochdruck gelitten und sich sehr vernachlässigt habe. Die Todesursache schien damit nahe liegend zu sein: allgemeine Organschwäche.

In Fäulnisblasen der Haut fanden sich zwei bis drei Millimeter große Fliegenmaden und in den Kopf- und Schamhaaren Eipakete und kleine Maden. Die Insekten waren allesamt sehr jung und konnten kaum Aufschluss über den Todeszeitpunkt geben, denn die Maden waren vor so kurzer Zeit geschlüpft, dass die Eier vermutlich erst während des Leichentransports oder im Sektionssaal abgelegt worden waren. Aufschlussreicher waren einige rote Tönnchenpuppen der Fliege *Muscina stabulans*, die unter der Kleidung auf der Haut der Leiche klebten.

Da *Muscina* je nach Temperatur mindestens ein bis zwei Wochen bis zur Verpuppung benötigt, die Leiche sich jedoch für diese Liegezeit noch nicht stark genug zersetzt hatte, war der Tote vermutlich schon vor seinem Ableben von Maden besiedelt. Damit übereinstimmend fanden sich in Bakterienausstrichen* einiger zerkleinerter Tönnchen viele rotfarbene Blutströpfchenbakterien *(Serratia marcescens)*. Diesen Namen haben die Bakterien erhalten, weil sie Kolonien bilden, die wie rote Tropfen aussehen – was im Übrigen auch die Ursache mancher vorgeblich Blut weinender Marienstatuen und Hostien ist (vgl. Abb. 54 und Text, S. 40). In diesem Fall erklärte sich so auch die auffällig rote Färbung der Tönnchen.

Bei immungeschwächten Menschen (Aids-Kranke, Verwahrloste usw.) können die ansonsten harmlosen Bakterien, die im Alltag praktisch überall vorkommen, zum Tod führen. Als Todesursache des Mannes kam demnach eine Bakterieninfektion infrage. Weil die Leiche schon zu sehr angefault war, konnten aber nur noch die Insekten, die sich zuvor vom infizierten Leichengewebe ernährt hatten, Spuren der Bakterien in sich tragen. In der Leiche selbst waren die Blutströpfchen nicht mehr zu finden, denn andere, grüne Fäulnisbakterien hatten sie bereits verdrängt.

Milbenbisse verraten den Täter

Dieser Fall stellt eine forensische Glanzleistung dar, bei der vor allem die Polizisten sehr geistesgegenwärtig handelten. Weil sie erkannten, dass hier ein ungewöhnlicher Befund vorlag, konnten die zum Fall hinzugezogenen Gliedertierkundler rechtzeitig helfen, einen ansonsten schwer zu beweisenden Sachverhalt klar und objektiv zu rekonstruieren.

In einer abgelegenen ländlichen Gegend in Südkalifornien wurde am 5. August unter Eukalyptusbäumen die Leiche einer 24-jährigen Frau gefunden. Sie war vergewaltigt und mit ihrer Bluse erdrosselt worden. Die Rechtsmediziner schätzten, dass der Tod etwa zwei Tage vor dem Fund eingetreten war.

Ein Polizeibeamter, der den Tatort von zehn Uhr abends bis zwei Uhr morgens bewachte, und auch fast alle übrigen Mitglieder des Tatortteams entdeckten am nächsten Morgen an ihren Körpern juckende, millimetergroße Punkte im Bauch- und Hüftbereich (vgl. Abb. 55, S. 119). Einer der Beamten fand das seltsam und meldete den Befund den Ermittlern. Die staunten noch mehr: Auf der Suche nach möglichen Tätern hatten sie die Akten von bekannten gewalttätigen Personen durchge-

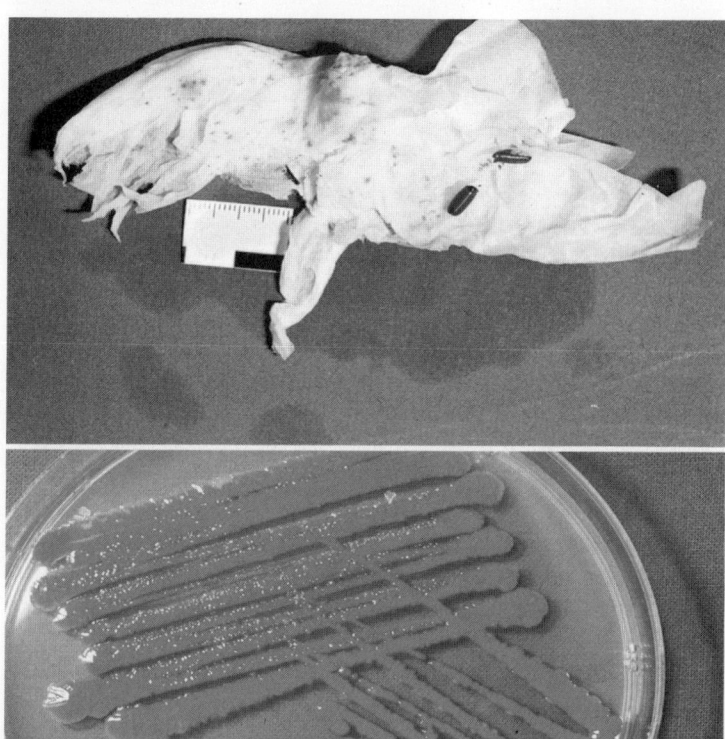

Abb. 54: *Serratia marcescens*, **von einer Fliege verschleppt**
Das wegen seiner Farbe und der kreisförmigen Ausbreitung der Kolonien so genannte Blutströpfchenbakterium *(Serratia marcescens)*. Die Bakterien wurden offenbar von einer Made gefressen, die auf einer mit Blutströpfchenbakterien durchsetzten Leiche gefressen hatte; vielleicht war eine Infektion mit dem Blutströpfchenbakterium auch die Todesursache des verwahrlosten Mannes. Oben: rot gefärbte Puppen und rote Spuren der daraus geschlüpften Fliegen. Unten: Die in den Puppen enthaltenen Bakterien sind ohne Färbung rot und auf dem Ausstrich auf der Bakterien-Wachstumsplatte gut sichtbar. Foto: © Mark Benecke.

sehen und einige von ihnen zum Verhör bestellt. Einer der Befragten wies rote, punktförmige Bisse am Körper auf.

Die sofortige Untersuchung des Befragten ergab, dass seine Bisse nicht nur genau die gleiche Form und Farbe hatten wie die der gebissenen Ermittler, sondern dass sie auch an denselben Stellen lagen – vorwiegend im Bauch- und Hüftbereich. An den Händen und im Gesicht hatten weder die Ermittler noch der Verdächtige Bissspuren. Die Tiere hatten sich offenbar geschützte Körperstellen gesucht, an denen sie in Ruhe beißen und saugen konnten.

Nun begann eine groß angelegte gliedertierkundliche Untersuchung. Ein Zoologenteam wurde zum Tatort geschickt, um zu prüfen, ob sich weitere Hinweise auf das Leben der Milbenlarven – denn um solche musste es sich handeln – ergäben. Gleichzeitig wurden von nun an in regelmäßigen Abständen Fotos der Bisse auf der Haut der Ermittler und des Verdächtigen gemacht. Die Zoologen fanden heraus, dass die Bisse von Jugendstadien der seltenen Milbenart *Eutrombicula belkini* stammten, die am Tatort in einem eng begrenzten Streifen an der Grenze zwischen einem Wildgrasfeld und einem brachliegenden Acker lebte. Viele der *Eutrombicula-belkini*-Jungtiere waren hungrig, und jedes Wirbeltier, das an ihnen vorbeilief, wurde befallen.

Das galt nicht nur für Menschen, sondern auch für Echsen und Vögel, welche die Zoologen eigens am Tatort einfingen und auf Milbenlarvenbefall untersuchten. In der weiteren Umgebung des Tatorts wurden hingegen nur sehr wenige oder gar keine Milbenlarven gefunden.

(Milben sind übrigens keine Insekten, sondern Spinnentiere*. Man kann die beiden Tiergruppen leicht auseinander halten, indem man ihre Beine zählt: Insekten haben immer sechs, Spinnen immer acht Beine [vgl. Abb. 56, S. 121]. Eigentlich sind Spinnen- und Insektenkunde zwei völlig getrennte Fachbereiche, aber die Experten arbeiten gern zusammen, wenn es sich so wie hier ergibt.)

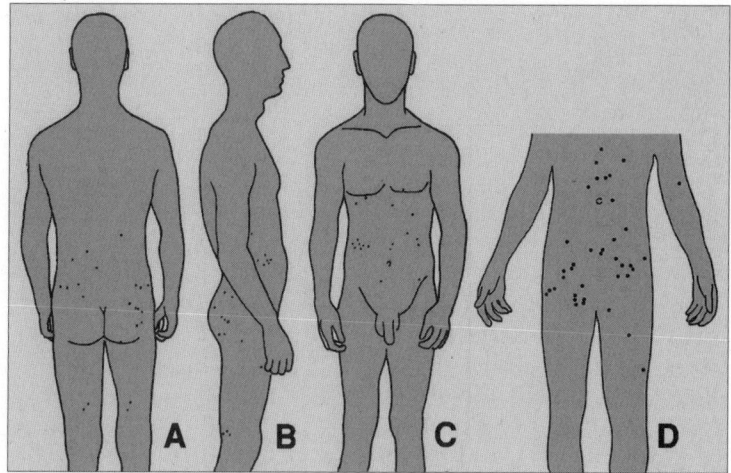

Abb. 55: Beißverhalten von Herbstgrasmilben-Larven
Das typische Beißverhalten überführte in den USA einen Täter: Er musste sich am Fundort der Leiche aufgehalten haben. Die linken drei Bilder sind Originale des Falles; rechts ein Eigenversuch des Autors aus dem Jahr 2003. Die im Gras und in niedrigem Gesträuch lebenden Tiere kriechen stets so lange aufwärts, bis sie besonders verschwitzte Körperpartien erreichen (unter Gürtel usw.). Bild aus: Benecke, M. (2004), »Forensic Entomology: Arthropods and Corpses«. In: Tsokos, M. (Hg.), *Forensic Pathology Reviews*, Bd. 2, Totowa (NJ), S. 207–240 (nach: Prichard et al., *Journal of Forensic Sciences*, 1986, Bd. 31, S. 301–306).

Durch die Jungtierfunde am Tatort wurde klar, dass der Verdächtige, obgleich er es bestritt, am Tatort gewesen sein musste, denn er war von genau derselben, nur am Tatort lebenden Milbenart gebissen worden wie die Ermittler. Außerdem ergab die Untersuchung der abheilenden Bissstellen des Verdächtigen, dass sie zu der Zeit entstanden sein mussten, als die Frau getötet worden war. Die Bisse des aufmerksamen Polizisten wurden hingegen für 48 Stunden jünger befunden als die des Verdächtigen. Das deckte sich mit der Annahme, dass der Mord zwei Tage vor dem Leichenfund geschehen war.

Das Gericht folgte den Schlüssen der entomologischen Begutachtung: Der Verdächtige musste zum Todeszeitpunkt der Frau längere Zeit am Tatort gewesen sein. Die Haut des Opfers wies keine roten Punkte auf, weil die Rötung nur dann eintreten kann, wenn der Körper auf den Biss reagiert. Die Frau war also entweder schon tot, als sie an den Fundort gebracht wurde, oder sie wurde nach kurzer Zeit dort getötet. Weil der Angeklagte zusätzlich zu allen übrigen Verdachtsmomenten den Abend des 3. August mit der Verstorbenen verbracht hatte, wurde er in den USA schuldig gesprochen und zu lebenslanger Haft ohne Bewährungsmöglichkeit verurteilt.

Dieser Fall zeigt, wie vielfältig die Informationen sind, die ein Kriminalbiologe aus Gliedertieren ableiten kann. Hier wurde nicht die Besiedlungszeit der Leiche ermittelt, sondern es wurde erstens gezeigt, dass und wann der Täter am Fundort war, und zweitens, dass das Opfer dort nicht oder nicht mehr lange lebte.

Gefüllte Zementsäcke

Der vorletzte Fall dieser kleinen Auswahl erfolgreich eingesetzter gliedertierkundlicher Untersuchungen stellt noch einmal die bekannteste forensisch-entomologische Untersuchung dar: das Errechnen der Leichenliegezeit, die auch »postmortales Liegeintervall« (engl. *post mortem interval*, PMI) genannt wird.

An einem 8. November wurde die stark verweste Leiche einer jungen Frau gefunden. Sie lag unter den Fußbodenplanken eines Hauses und war durch eine Nahschussverletzung aus einer kleinkalibrigen Pistole ums Leben gekommen. Bei der insektenkundlichen Untersuchung der Erde fand der forensische Entomologe 142 Larven der Fliegen *Calliphora vicina* und *Synthesiomyia nudesita*. Die Larven befanden sich alle im so genannten Vorverpuppungsstadium. Es ist daran erkennbar, dass die Tiere vergleichsweise groß sind und ihren Darm vollständig

Abb. 56: Unterschied zwischen Insekt und Spinnentier
Ameise und Fliege sind Insekten (erkennbar an den stets sechs Beinen), der
Frosch ist ein Amphib (und Wirbeltier), die Spinne bzw. Zecke ein Arachnid
(Spinnentier mit stets acht Beinen): ein Geschenk meiner New Yorker Kolle-
gen. Foto: © Mark Benecke.

geleert haben. Alle Tiere wurden vermessen und im Labor bei kontrollierter Temperatur und Luftfeuchtigkeit herangezüchtet.

Die ersten erwachsenen Fliegen schlüpften am 18. und 22. November. Aus der Entwicklungsdauer beider Arten und den Außentemperaturen ergab sich der späte 24. oder frühe 25. Oktober als Besiedlungsdatum. Mit größter Wahrscheinlichkeit wurde die Frau an einem dieser Tage getötet und in das nur lose bedeckte Grab unter dem Fußboden gelegt. Diese Information konnte die Tat zwar nicht direkt aufklären, aber beim Verhör verblüfften die Polizisten den Verdächtigen mit ihrem Zusatzwissen. Wie schon beim Mord am Reisfeld (vgl. S. 108 ff.) gestand der Täter unter dem Eindruck dieser für ihn unerklärlichen Information, und der Tathergang wurde endgültig aufgeklärt:

Die Frau war von ihrem Gatten am frühen Nachmittag des 24. Oktober erschossen worden und dann durch die Bodenbretter des gemeinsamen Hauses in ein Loch, das als Behelfsgrab dienen musste, versenkt worden. Um nicht aufzufallen, weil er Erde in das Haus hätte schaufeln müssen, bedeckte der Mann die Leiche nur locker mit im Haus verfügbaren Büchern und Papieren. Der Verwesungsgeruch nahm trotzdem zu, und um ihn zu mildern, warf der Täter einige Tage später Kalk- und Zementsäcke in das Grab. Das konnte die weitere Entwicklung der Leicheninsekten aber nicht hemmen, denn sie hatten nach wie vor genug zu fressen und wegen der großen Spalten zwischen den geschlossenen Säcken auch genügend Sauerstoff zum Atmen. So konnten die Tiere damit fortfahren, als stille Assistenten unbemerkt die Leichenliegezeit anzuzeigen.

Näher ran

Beenden möchte ich die Fallbeschreibungen mit einem Fall, der in einem Nachbarhaus meiner Wohnung stattfand. Als wir den innerstädtischen Fundort besichtigten, war die Leiche schon entfernt. Trotzdem sollte ich die Leichenliegezeit bestimmen – eine scheinbar unmögliche Aufgabe, denn die Leiche war ja nicht mehr vorhanden.

In einem kleinen See aus Fäulnisflüssigkeit, der noch zu erkennen war (vgl. Abb. 57, S. 124), vermuteten wir noch Maden, aus deren Entwicklungsstadium sich das Alter der Tiere abschätzen lassen sollte. Um Näheres zu erfahren, hilft hier wie in allen kriminalbiologischen Fällen nur eines: näher herangehen. Das hört sich einfach an, wer aber wie manche Kollegen mit frisch gebügeltem Anzug und geputzten Schuhen an den Tatort geht, wird sich überlegen, ob er nicht doch lieber aus der Entfernung arbeitet.

Wie man in der Nahaufnahme (vgl. Abb. 57, S. 124) sieht, fanden sich im Fäulnissee tatsächlich Maden. Da es sich um eine Art handelte, die ich gut kannte, und da auch die Temperatur in der Wohnung gut abschätzbar war und weil ich ja gleich um die Ecke meinen Datalogger in Betrieb hatte, hätte die Errechnung der Besiedlungszeit der Leiche eine rein routinemäßige Rechenaufgabe sein können.

Doch leider war die Grundannahme in diesem Fall bisher falsch. Auf dem Foto sind nämlich auch Madenkriechspuren zu sehen. Es mussten also Tiere aus der Flüssigkeit gekrochen sein. Das tun die Larven immer dann, wenn sie genügend Nahrung aufgenommen haben und sich zu Puppen umwandeln. Dann kriechen sie in Spalten, Ritzen, unter Teppiche und eben auch Decken, wie sie am Fundort herumlagen. Hier verstecken sie sich vor Feinden, welche die wehrlosen Puppen einfach nur aufzusammeln bräuchten. Wie ein Trapper Spuren von Tieren im Schnee folgt, folgte ich hier den Kriechspuren der Larven und entdeckte tatsächlich Tönnchen unter einer Decke am Boden.

Da das Puppenstadium aber auf das der Larven folgt, muss die Liegezeitschätzung auf den Puppen beruhen, nicht auf den Larven. Man weiß zwar oft nicht, wie lange die Tiere schon im Tönnchen stecken. Das lässt sich aber herausfinden: Die Puppen kommen lebend in ein Glas mit Stoffdeckel. Man wartet

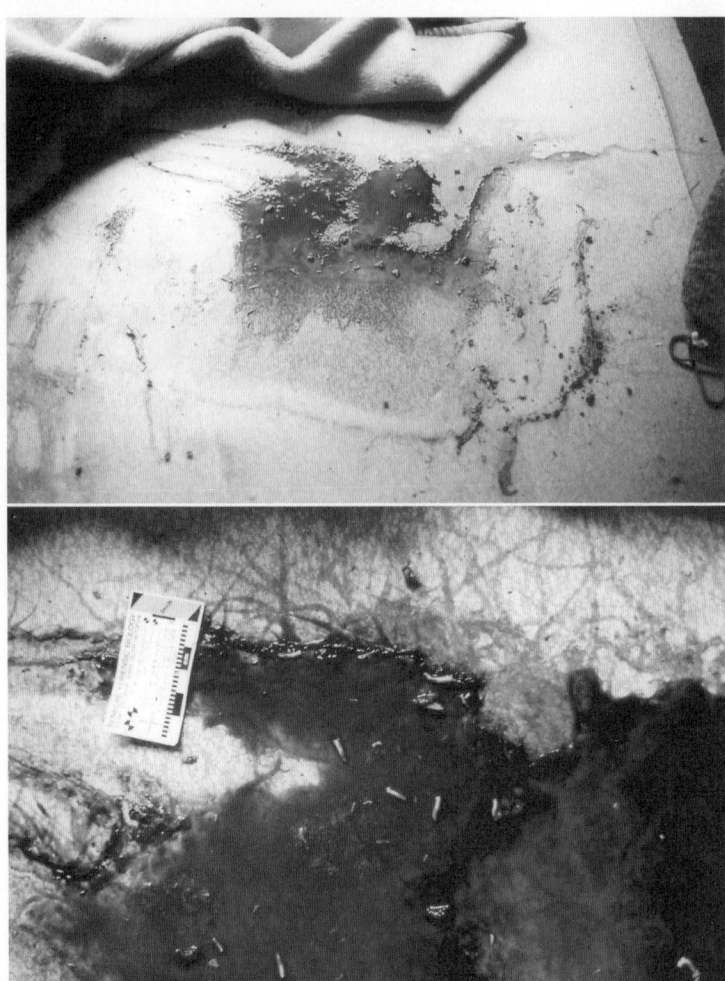

Abb. 57: Umriss einer Leiche
Fäulnisflüssigkeit zeichnet den Umriss einer Leiche auf dem Boden nach. Sie lag, vom Betrachter weggedreht, auf der Seite, also mit dem Rücken zur Kamera, der Kopf war links, die Beine befanden sich rechts. Foto: © Mark Benecke.

nun, bis die erwachsenen Fliegen schlüpfen. Wenn bekannt ist, wie lange es von der Eiablage bis zum Erreichen der einzelnen Entwicklungsstadien und damit auch bis zum Schlupf aus dem Tönnchen dauert, kann man also auch ohne Madenlängen das Alter der Tiere und damit die Besiedlungszeit der Leiche ermitteln. Man darf aber nie vergessen, nah heranzugehen, und muss sich immer wieder fragen, ob es nicht noch ältere Entwicklungsstadien der Tiere gibt.

Andernfalls könnte das für sich genommen völlig richtige Ergebnis (»die Maden sind fünf Tage alt«) auf einmal nicht nur einen falschen, sondern für einen Unschuldigen auch verheerenden Zusammenhang aufzeigen (»vor fünf Tagen wurde der fiese Herr Schmitz im Haus gesehen, er könnte also der Mörder sein«).

Die Frage war aber ohnehin nicht, wie alt die Maden waren, sondern seit wann die Leiche besiedelt war. Da die Puppen zeigen, dass die Leiche deutlich älter als fünf Tage ist, könnte der fiese Herr Schmitz damit aus dem Schneider sein, zumindest wenn es auch sonst keine Hinweise darauf gibt, dass er die Tat begangen hat. Vielleicht hat er im Hausflur nur herumgelungert. Das allein macht aber gewiss noch keinen Mörder aus. Ein schlechter Sachverständiger könnte aber durch eine zwar richtig errechnete, aber kriminalistisch trotzdem falsche Zeitangabe leicht dazu beitragen, dass er als solcher dasteht.

IST DAS NICHT EKELIG?

Nein, Kriminalbiologie ist nicht ekelig. Denn kein Kriminalbiologe muss am Tatort arbeiten, und viele haben noch nie eine Leiche aus der Nähe gesehen. Wer allerdings wie ich gerne am Fundort arbeitet, um dort alle Spuren im Zusammenhang anzusehen, muss eben auch die Begleitumstände in Kauf nehmen. Meine Arbeit ist eine Ausnahme. Die meisten Kriminalbiologen arbeiten im Labor und fernab von Leichen und Tatorten.

Um Kriminalbiologe zu werden, studiert man in Deutschland am besten Biologie mit dem an allen Universitäten vertretenen Schwerpunkt Genetik, fährt zu einigen Kongressen für forensische Genetik (das heißt für genetische Fingerabdrücke) und bewirbt sich dann bei einem Landeskriminalamt oder dem Bundeskriminalamt. Hier untersuchen Kriminalbiologen bei solidem Einkommen und normalen Arbeitszeiten Spuren von Tatorten, die aus dem gesamten Land von der Polizei eingesendet werden. Das sind beispielsweise Kleidungsstücke, an denen die Polizei Sperma oder Blut vermutet, oder auch kniffeligere Spuren wie Haare oder Kot, Gardinen, selten auch kleine Teile von Leichengewebe, meistens jedoch Abriebe von allen möglichen Oberflächen, an denen biologische Spuren hafteten.

Manche Mitarbeiter der Landeskriminalämter und des Bundeskriminalamtes werden vor Gericht geladen, um ihre Ergebnisse zu erklären. Hier darf man also weder Angst vor einem kleinen Vortrag noch vor strengen Worten der Prozessbeteiligten haben. Wichtig ist vor Gericht vor allem, dass man wirklich verstanden hat, was man im Labor getan hat, und das auch allgemein verständlich ausdrücken kann – wenn möglich, ohne Fremdwörter. Das ist übrigens eine der größten Herausforderungen – bislang hat es noch keine/r meiner StudentInnen geschafft, einen Vortrag ohne Fremd-wörter zu halten.

Eine andere Möglichkeit, Kriminalbiologe zu werden, bieten nach abgeschlossenem Studium Institute für Rechts-medizin, die entweder zur Universität oder zu den »städti-schen Einrichtungen« gehören. Dort ist man dann »der Bio-loge/die Biologin«, im Gegensatz zu den Ärzten, Physikern oder Chemikern, die dort ebenfalls arbeiten können.

Wegen der engen Anbindung an die Lehre kann man an Universitätsinstituten mit Studenten arbeiten und manch-mal auch etwas verrücktere Methoden erproben als in ei-ner Behörde. Als Angestellter einer Universität wird man in der Regel auf Kongressen neuere Techniken oder Berech-nungsmethoden vorstellen müssen, Vorträge halten und englischsprachige Veröffentlichungen lesen und schreiben. Das alles ist bei Behörden nicht immer notwendig. Es ist Geschmackssache, welche Arbeitsweise man bevorzugt.

Ein großer Nachteil an der Universität sind die fast im-mer auf wenige Jahre befristeten Verträge und die gelegent-liche Material- und Geldnot. Hier hilft nur Humor und die Ärmel hochzukrempeln. Das Improvisieren kann auch viel Spaß machen, und es ist gleichzeitig eine gute Schule für Auslandseinsätze, bei denen eigentlich immer alles drunter und drüber geht.

Eine weitere Möglichkeit ist die Ausbildung zum tech-nischen Angestellten (TA). Die DNA-Labors der Univer-sitätsinstitute stellen meist BTAs (biologisch-technische AssistentInnen) ein, aber auch MTAs (Medizin) oder CTAs (Chemie) können Glück haben. Gerade in Universitäts-labors, wo das wissenschaftliche Personal in der Regel relativ rasch wechselt, sind technische Angestellte die eigent-lichen Herrscher des Labors, weil sie manchmal als Einzige alle Methoden, Geräte und Schrankinhalte kennen.

Wer sich als TA für die Kriminalbiologie begeistert, kann auch zu Kongressen mitfahren. Die Vorträge sind ohne Studium zwar öfter schwer verständlich, dafür kann man aber spannende neue Techniken mit Forschern und anderen TAs austauschen. Es macht auch Spaß, sich durch die »Industrieausstellungen« auf Kongressen zu wühlen, auf denen die Geräteproduzenten vorstellen, was sie für interessant und brauchbar halten. Besonders in den USA können diese Ausstellungen so groß sein, dass man am besten einen Extratag nur für die Geräteschau einplant.

Mit oder ohne Studium oder TA-Ausbildung kann es auch lohnenswert sein, in den Polizeidienst einzutreten. Wer sich für biologische Spuren begeistert, wird mit einiger Wahrscheinlichkeit bei der im Kino so genannten »Spurensicherung« landen, also der Kriminaltechnik (KT) oder dem Erkennungsdienst (ED). Früher wurden dort auch Nichtpolizisten eingestellt. Wer heute zur Polizei möchte, muss aber in der Regel jünger als 35 Jahre alt sein, neuerdings Abitur haben und auf einer Polizei-Fachhochschule »für öffentliche Verwaltung« einige Jahre die Schulbank drücken, bevor es richtig losgeht – zunächst meist auf Streife oder in einer Einsatz-Hundertschaft.

Als letzte Möglichkeit kommt die selbstständige Arbeit als Sachverständiger in Betracht. Der Autor ist beispielsweise »von der Industrie- und Handelskammer Köln öffentlich bestellter und vereidigter Sachverständiger für kriminaltechnische Untersuchung, Sicherung und Auswertung biologischer Spuren«. Ein Vorteil der freien Arbeit ist, dass man, anders als Behörden, auch private Gutachten erstellen darf bzw. sogar muss. Diese sind oft sehr kniffelig, und es erfordert oft monatelanges Tüfteln, bis man einen Lösungsweg gefunden hat, der einen objektiven Sachbeweis erbringt. Auch Aufträge im Ausland sind für freie Sachverständige kein Problem, weil man nicht wie Behörden an komplizierte formelle Vorgaben gebunden ist, sondern einfach ins Flugzeug steigen und mit der Arbeit beginnen kann.

Weil man als Externer auch von der Polizei fast nur zu verzwickteren Fällen hinzugerufen wird, ist die freie Arbeit meist sehr spannend. Zudem lassen sich als »Freier« theoretisch-wissenschaftliche und handwerkliche Arbeit hervorragend miteinander verbinden.

Die freiberufliche Arbeit ist aber anstrengend und erfordert so viel Zeit und Energie, dass es weltweit nur eine Hand voll Experten gibt, die diesen Schritt gewagt haben. Zugleich ist die Bezahlung albtraumhaft schlecht, weil alle Menschen meinen, ihr kleines Problem könne man doch nebenbei und natürlich unbezahlt bearbeiten. Selbst viele Behörden verstehen nicht, dass ein Freiberufler Computer, Toner, Miete, Strom, Toilettenpapier, Chemikalien, Fachzeitschriften und Pinzetten selbst kaufen muss und daher nicht für die Fantasiegebühren arbeiten kann, die beispielsweise ein Gesundheitsamt berechnen würde – das aber durch Steuern finanziert ist und nicht selbst wirtschaften muss.

In den meisten Fällen sind die Klienten für freie Sachverständige auch knapp bei Kasse: die Polizei sowieso, aber auch die privaten Auftraggeber, die meist aus einem sozialen Umfeld stammen, das ihnen weder große noch sonst irgendwelche Sprünge erlaubt. Ein typischer Fall war der einer Familie, der ich eine symbolische Gebühr von 50 Euro berechnet hatte. Das Geld konnten die Klienten erst aufbringen, nachdem sie einige Bäume abgeholzt und an der Straßenecke als Weihnachtsbäume verhökert hatten.

Spätestens nach der jüngsten Gesetzesänderung zur Entschädigung von Sachverständigen (JVEG) aus dem Jahr

2004 kann ich meinem Kollegen, dem Ingenieur Frank Markmann, daher nur zustimmen, der sagt: »Eine hauptberufliche selbstständige Tätigkeit als gerichtlicher Sachverständiger ist zu den ruinösen Bedingungen des JVEG nicht mehr möglich.« Mein Kollege Lee Goff aus Hawaii jobbte aus ähnlichen Gründen früher nachts bei einem Juwelier, bevor er nach 30 Jahren nun eine eigene kleine kriminalbiologische Abteilung an der örtlichen Universität erhielt. Wen aber ein zwangsläufig niedriger Lebensstandard nicht weiter stört, hat als Freier neben erstklassigen Fällen einen weiteren Vorteil, der nicht käuflich (und zudem unbezahlbar) ist: Es gibt keinen Chef, und seine Kollegen sucht man sich selbst aus.

ECHTE FALSCHE BLUTSPUREN

Der Polizist Larry Barksdale aus Nebraska untersuchte im Juli 1997 die Tötung von zwei Menschen, die in einer Wohnung lagen. Sein Problem war, dass es Blutspritzer an einer Stelle nahe eines Lüftungsschachtes unter der Decke gab, die unerklärlich waren. Denn durch Gewalteinwirkung konnten sie nicht dorthin gelangt sein und erst recht nicht das beobachtete Muster erzeugt haben. Dennoch ergaben ein Bluttest und später der genetische Fingerabdruck, dass es sich zweifelsfrei um das Blut der Opfer handelte.

Da im untersuchten Zimmer erwachsene Fliegen herumschwirrten, hätte man in Deutschland wohl einfach angenommen, dass die Fliegen das Blut verschleppt haben müssten. Das ist auch gut möglich: Erwachsene Fliegen trinken durchaus Blut, wenn sonst keine wässrige Flüssigkeit vorhanden ist. Allerdings bevorzugen sie Blut nicht als Getränk, sondern suchen es meist nur auf, um Eier abzulegen. Wenn die Tiere ins Blut wandern, kann es jedenfalls passieren, dass an ihre »Füße« (Tarsen) ein wenig Blut gelangt. Dieses wird aber so gut wie gar nicht verschleppt, und es erklärte auch nicht die Form der Spuren im vorliegenden Fall. Die waren nämlich teils länglich ausgezogen wie schräg aufgetroffene Blutspritzer. Zudem waren sie viel zu groß.

Um dem üblichen Theater vor der Jury (»können Sie beweisen, dass das Blut von Fliegen verschleppt wurde?«) vorzubeugen, beschlossen wir, einige Versuche zu machen. Barksdale hatte am Fundort 32 der scheinbaren Tropfen mit einem normalen Lineal ausgemessen und sandte uns seine Daten. Meine Assistentin Saskia Reibe und ich fütterten derweil Dutzende von Schmeißfliegen mit rötlichem Futter und hängten Stücke von Raufasertapeten, glattem Papier und Holz in den Fliegenkäfig.

Als wir die Testflächen herausnahmen und 304 der kleinen roten Spuren, welche die Fliegen darauf erzeugt hatten, vermaßen, waren wir erstaunt: Länge und Breite stimmten mit denen vom Fundort aus Nebraska überein. Damit hatten wir den objektiven Beweis, dass das Blut in den USA tatsächlich von Fliegen verschleppt worden war. Die Frage war nur: Wie?

Die Tarsen der Tiere kamen dafür nicht infrage, denn daran haftet nicht genügend Blut. Genauere Beobachtungen der Fliegen verrieten uns das Geheimnis. Runde Spuren entstehen durch das Auswürgen von Flüssigkeit durch den stempelartigen Rüssel (Regurgitieren) der Fliegen. Die Tiere können mangels eines »Mundes« nur so fressen: Sie spucken auf eine Unterlage, lösen dort befindlichen Zucker oder Salze und schlürfen sie mit dem Rüssel wieder auf. Dabei können runde Spuren entstehen. Die länglichen ausgezogenen Spuren entstehen anders: Es handelt sich dabei um rot gefärbten Kot, der mit dem Hinterteil am Untergrund noch abgewischt und dadurch länglich ausgezogen wird (vgl. Abb. 58).

Wegen dieses Falles stellten wir fünf einfache Regeln auf, die nun (hoffentlich) weltweit dazu benutzt werden, um vor Gericht Fliegentupfer von Blutspritzern zu unterscheiden, auch wenn ein Test auf rote Blutzellen und der genetische Fingerabdruck richtig anzeigen, dass es sich um Blut handelt. Es handelt sich um Fliegenspuren, wenn

1. die ausgezogenen Spuren in viele Richtungen (nicht nur in eine oder wenige) zeigen,
2. die längliche Ausziehung wellenartig (und nicht gerade) verläuft,
3. die Ausziehungen (»Schwänze«) meist länger sind als der rundliche »Kopf« der Spur,
4. es kaum rundliche Spuren gibt, deren Durchmesser drei Millimeter überschreitet,
5. sich keine winzigen Sprühspuren finden.

Wenn alle fünf Punkte zutreffen, handelt es sich um Fliegenspuren. Die Jury kann dann nicht mehr verwirrt werden, indem die Verteidigung fragt: »Herr Sachverständiger – können Sie be-

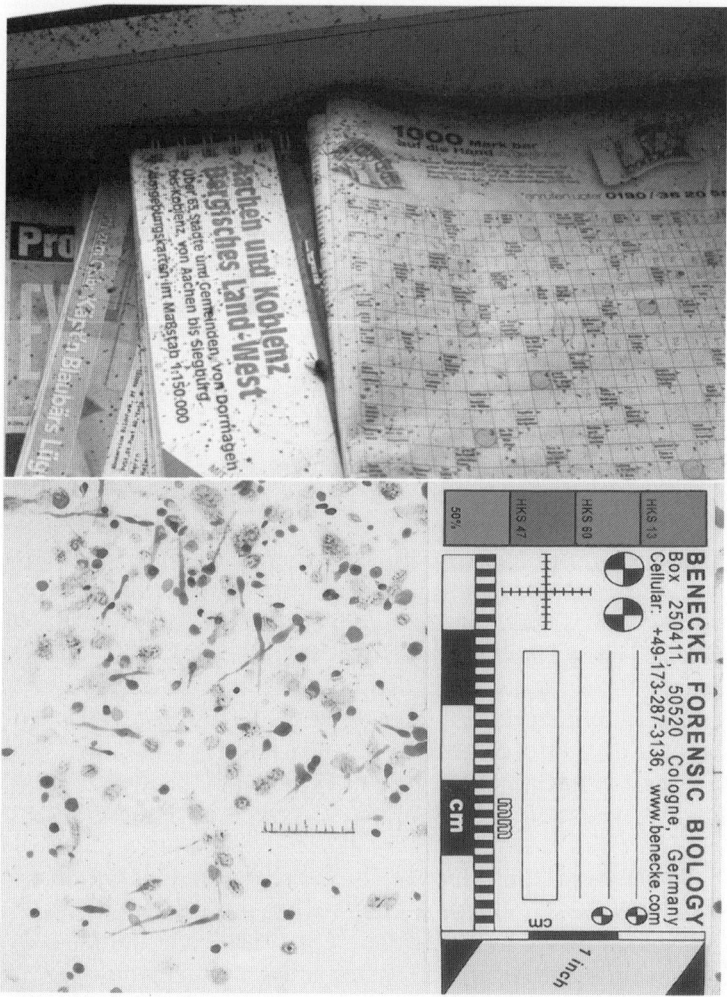

Abb. 58: Falsche Blutspritzer
Fliegen können echtes Blut verschleppen. Oben: Fundort in Köln; unten:
experimentell erzeugtes Muster mit Fliegen, die rote Nahrung fraßen. Foto:
© Mark Benecke.

weisen, dass das Blut der beiden Opfer wirklich von Fliegen verschleppt wurde und nicht von einer geheimnisvollen Person,
die in Wirklichkeit der Täter ist, die wir aber alle nicht kennen?«

Früher mussten wir darauf in den USA antworten: »Na ja,
beweisen können wir es zwar nicht, aber es werden wohl Fliegen gewesen sein.« Heute können wir stattdessen wesentlich
überzeugender sagen: »Wir haben in Experimenten herausgefunden, wie Fliegenspuren aussehen. Obwohl es sich um das
Blut der Opfer handelt, sind die Spurenleger keine Menschen,
sondern Schmeißfliegen.« Und das ist, besonders bei einer Jury,
die – wie ich es selbst in Manhattan schon erlebt habe – deutlich bessere Aussage.[3]

INSEKTEN ALS SYMBOLE

Je länger ich mit Insekten auf Leichen arbeite, desto deutlicher
empfinde ich, dass der Tod des Menschen und die durch Insekten bewirkte Verwandlung der Leiche von etwas Totem zu
neuem Leben kraftvolle Symbole sind. Das scheint auch vielen
meiner Studenten und Studentinnen so zu gehen. Zumindest
erlebe ich häufig, dass sie sich nicht wie Leichen, aber wie Maden im Laufe der folgenden Jahre gleichsam verpuppen und
dann als erwachsene Fliegen ins Leben starten. Vielleicht bin
ich aber schon zu tief in meinem Fach vergraben und bilde mir
das nur ein.

Die Verwandlung einer Leiche hat schon Charles Baudelaire
(vgl. Abb. 59) in einem seiner Gedichte aus dem Zyklus *Die
Blumen des Bösen* sehr schön dargestellt (hier in der Übersez-
zung von Terese Robinson). Besonders bemerkenswert sind die
Verse, in denen völlig richtig beschrieben wird, wie die Maden

---

[3]   Eine ausführliche Würdigung der Schwierigkeit von Jury-Verfahren findet
     sich in meinem Buch *Mordmethoden* (Bergisch Gladbach, 2002) am Beispiel
     des Falls O. J. Simpson.

Abb. 59: Baudelaire mit Fräulein an einer Leiche
Illustration zum Gedicht »Ein Aas«. Die Zeichnung stammt von der forensischen Entomologin Adriana Oliva, Naturkundemuseum Buenos Aires. Die Motten sind Symbole der den Körper verlassenden und nachts herumirrenden Seele, keine Leichenbesiedlerinnen. Zeichnung: © Adriana Oliva.

durch das Aneinanderreiben ihrer Körper eine »seltsame Musik« erzeugen. Dieses Rauschen entsteht tatsächlich; Baudelaire beschreibt die Zersetzungsstadien also nicht nur dichterisch, sondern auch sachlich richtig:

EIN AAS

Denkst du daran, mein Lieb, was jenen Sommermorgen
Wir sah'n im Sonnenschein?
Es war ein schändlich Aas, am Wegrand kaum geborgen
Auf Sand und Kieselstein.

Die Beine hochgestreckt nach Art lüsterner Frauen,
Von heißen Giften voll
Ließ es ganz ohne Scham und frech den Leib uns schauen,
Dem ekler Dunst entquoll.

Die Sonne brannte so auf dies verfaulte Leben,
als koche sie es gar
Und wolle der Natur in hundert Teilen geben,
Was die als eins gebar.

Der Himmel blickte still auf dies Gefaule nieder,
Wie er auf Blumen schaut.
So furchtbar war der Dunst, dir schauderten die Glieder
Von Ekel wild durchgraut.

Die Fliegen hörten wir summend das Aas umstreichen
Und sah'n das schwarze Heer
Der Larven dicht gedrängt den faulen Leib beschleichen,
Wie ein dickflüssig Meer.

Und alles stieg und fiel aufsprudelnd, vorwärts quellend
Nach Meereswogen Art,

Fast schien's, als ob dem Leib, von fremdem Leben
   schwellend
Tausendfach Leben ward.

Und seltsame Musik drang uns von da entgegen,
Wie Wind und Wasser singt,
Wie Korn, das in dem Sieb mit rhythmischem Bewegen
Die Hand des Landmanns schwingt.

Die Formen ausgelöscht wie Träume und Legenden,
Entwürfe stümperhaft,
Die halb verwischt die Hand des Künstlers muss vollenden
Aus der Erinnerung Kraft.

Und eine Hündin lief unruhig dort hinterm Steine,
Uns traf ihr böser Blick,
Erspähend den Moment, zu reißen vom Gebeine
Das aufgegebne Stück.

Und doch wirst einstmals du dem grausen Schmutz
   hier gleichen,
Dem Kehricht ekelhaft,
Du meiner Augen Licht, du Sonne ohnegleichen,
Stern meiner Leidenschaft.

Ja, so wirst du dereinst, o Königin der Güte,
Nach letzter Ölung sein,
Wenn du verwesend liegst tief unter Gras und Blüte
Bei schimmelndem Gebein.

Dann, Schönheit, sag' dem Wurm, der dich zerfleischt
   mit Küssen,
Wie treu ich sie gewahrt
Die Göttlichkeit des Wesens, das zersetzt, zerrissen
Von meiner Liebe ward.

INTERMEZZO: NICHT SCHULD IST DIE FRAGE, SONDERN WAHRHEIT

Den Übergang von den insektenkundlichen Fällen zu genetischen Fingerabdrücken soll eine Randbemerkung zur geistigen
Verfassung von Menschen bilden, die in den unerwarteten Tod
eines anderen verwickelt werden. In unserer Arbeit begegnen
wir solchen Menschen hin und wieder als Zeugen; es kann sich
auch um Nachbarn oder Mitbewohner handeln.

Zunächst verwundert es, dass manche Menschen lange Zeit
mit einer Leiche unter einem Dach verbringen können. Ist es
bisweilen die blanke Hilflosigkeit (»Wohin mit der Leiche,
ohne aufzufallen?«), die einen Täter dazu bringt, den Verwesungsgeruch zu ertragen, so werden Menschen in anderen
Fällen vom natürlichen Tod einer Person derart durcheinander
gebracht, dass sie sich nicht mehr zu helfen wissen. In einem
meiner Fälle gab ein Mann bei seiner Verhaftung wegen eines
kleineren Delikts zu Protokoll, dass übrigens seine Frau tot im
gemeinsamen Ehebett liege. Als die Ermittler das überprüften,
fanden sie tatsächlich die mit einem dicken Madenteppich bedeckte Tote im Ehebett (vgl. Abb. 60). Der Mann hatte seit 29
Nächten neben der Leiche geschlafen. Als er gefragt wurde, warum er den Tod seiner Frau so lange verschwiegen habe, sagte
er, dass er Angst gehabt habe, sein Mietvertrag würde von der
Genossenschaft gekündigt werden, wenn er nur noch allein in
der Wohnung lebe. Dass die Wohnungen nicht mehr wie nach
dem Krieg nach Personenzahl zugewiesen wurden, wusste der
Mann nicht.

Manchmal verschweigen Angehörige einen Todesfall auch
nur, um die Rente der verstorbenen Person zu kassieren. Ich selbst
hatte 2005 einen Fall zu bearbeiten, in dem der Großvater einer Familie nach deren Aussage drei Jahre in einer Biotonne
(für Gartenabfälle) gelegen hat. Die Tonne stand unmittelbar
vor dem Wohnzimmerfenster auf der Terrasse des Einfamilien-
hauses. Obwohl sich die Nachbarn über den Geruch beschwert

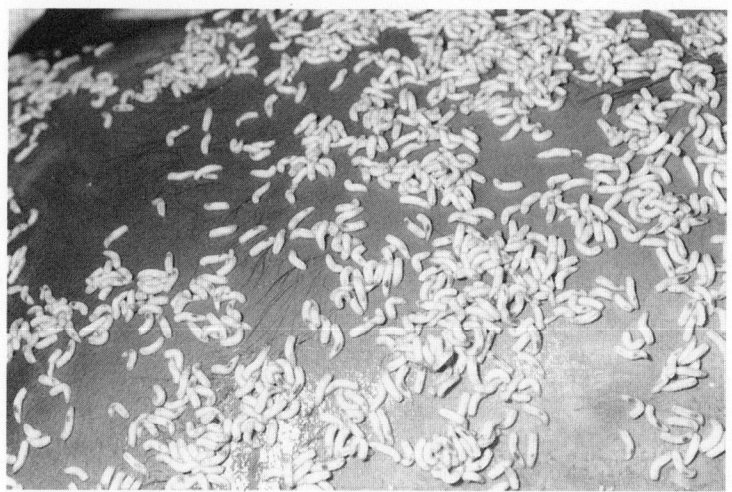

Abb. 60: Frühe Madenleiche
Madenbesiedlung einer Faulleiche: Tausende von Tieren verursachen einen raschen Zerfall des Körpers, indem sie mit Verdauungsflüssigkeit und winzigen Mundhaken das Gewebe auflösen und als Nahrung nutzen. Die Größe der Tiere kann Hinweise auf die Leichenliegezeit liefern. Foto: © Mark Benecke.

hatten und obwohl wir Tausende leerer Fliegenpuppen fanden, hatte sich zumindest die jüngere Generation angesichts der hereinkommenden Rente nicht am sich zersetzenden Großvater gestört.

Interessant ist für die Polizei, dass manche Täter ein Geständnis ablegen, sobald die Ermittler ihnen Informationen präsentieren, von denen sie nach Ansicht des Täters eigentlich nichts wissen können. Kriminalbiologische Untersuchungen können solche überraschenden Informationen liefern, weil kaum ein Täter die Möglichkeiten dieser Methoden bedenkt. Beispielsweise finden sich manchmal Stubenfliegen an einer Leiche, die im Freien angetroffen wurde. Stubenfliegen finden sich aber meist nur in der Nähe menschlicher Behausungen. In solchen Fällen kann ein Polizist den Verdächtigen fragen, warum die Leiche eine Zeit lang in der Wohnung gelagert wurde, obwohl darin keine Spuren gefunden wurden.

Dass Täter angesichts unabhängiger Sachbeweise manchmal zusammenbrechen, könnte auch daran liegen, dass sie besonders nach Beziehungstaten ihr Gewissen erleichtern möchten. Die unerwarteten und nicht selten »ekeligen« biologischen Beweise liefern ihnen einen letzten Anstoß zum Geständnis. Andere Menschen sind demgegenüber allerdings völlig unempfindlich und behaupten trotz einer erdrückenden Beweislast weiter, unschuldig zu sein.

Bekannte Beispiele für Taten, in denen Sachbeweise eine große Rolle spielten, sind der Fall O. J. Simpson sowie der des Beienroder Pastors Geyer. Beide wurden der Tötung ihrer jeweiligen Lebensgefährtinnen schuldig gesprochen (Simpson im zweiten, zivilrechtlichen Prozess, Geyer im Strafverfahren; vgl. Benecke, *Mordmethoden*), obwohl sie die Taten bis zuletzt abstritten.

Was ist ein Gutachter?

Wissenschaftliche Gutachter können, dürfen und wollen aber keine Entscheidung über Schuld oder Unschuld treffen – das ist allein Aufgabe des Richters (bzw. in den USA und einigen anderen Ländern der Jury). Mir selbst ist die Schuldfrage daher gleichgültig, denn als Wissenschaftler beleuchte ich stets nur Ausschnitte der Wirklichkeit – diese allerdings in recht grellem Licht.

Komplizierte Indizienprozesse, in denen ein wissenschaftliches Gutachten zur Verurteilung eines Angeklagten beiträgt, hinterlassen bei uns Forschern daher manchmal einen schalen Nachgeschmack, vor allem, wenn es kein Geständnis gibt. In unserer Welt der Wissenschaft kann nur dann entschieden werden, wenn ein eindeutiger Beweis eine Theorie bestätigt oder widerlegt. In der sozialen Wirklichkeit ist das oft anders. Hier wird oft »nach Gefühl« entschieden.

Auch nach 15 Jahren Arbeit mit biologischen Spuren frage ich mich noch immer nicht, wer in einem Kriminalfall gut oder böse ist. Das ist aus Sicht der Sachbeweise ohnehin nicht zu entscheiden. In Erinnerung geblieben ist mir in diesem Zusammenhang der Sohn, der seine Eltern in deren Ehebett umgebracht und dort (zugedeckt) liegen gelassen hatte. Als die stark verwesten Leichen gefunden wurden, schien jedem klar: Der Sohn war verrückt oder eine Bestie. Das umso mehr, als über dem Bett der beiden Toten ein selbst gemaltes Bild mit einem roten Herz hing, das der nun tote Mann seiner Frau mit erkennbarer Mühe gezeichnet hatte. Als ich allerdings den Wohnraum des Sohnes untersuchte, wunderte ich mich: Er lebte auf dem nackten Fußboden der Garage des Hauses in einem Schlafsack. Daneben lagen außer einem Fernseher nur reichlich leere Kekspackungen und ein umgestürzter Stapel Videospiele. Wer hatte hier wen schlecht behandelt, und wo lagen die Wurzeln der Tat? Ich habe es nie erfahren, und es geht mich auch nichts an.

In einem anderen Fall, der vier Jahre lang (von 2000 bis 2004) durch die gerichtlichen Instanzen ging, sollten Sozialarbeiter verurteilt werden, weil sie ein Kind nicht rechtzeitig gerettet hatten. Die bei der Festnahme 20 Jahre alte Mutter hatte als Straßenprostituierte gearbeitet und war drogenabhängig. Der Vater des gemeinsamen kleinen Kindes saß schon vorher im Gefängnis. Eines Tages verließ die Mutter die Wohnung für immer.

Die Staatsanwaltschaft erhob also auch Anklage gegen die Sozialarbeiter. Wir fragten uns derweil, ob die Grundannahme der Anklage richtig war. War es nicht möglich, dass das Kind so schnell gestorben war, dass niemand es rechtzeitig hätte retten können? Die Rechtsmediziner übersandten uns daher die Larven, die sie vom Gesicht des toten Kindes und aus der Windel gesammelt hatten. Zu unserem großen Erstaunen handelte es sich bei den Tieren in der Windel nicht um Leicheninsekten, sondern um Tiere, die sich von Kot und Urin angezogen fühlen. Im Gesicht fanden sich hingegen normale Leichenbesiedler. Auf der Leiche hatten also zwei postmortale Uhren getickt: eine, die uns anzeigte, wann das Kind verstorben war, und eine andere, die uns sagte, wie lange die Windel nicht mehr gewechselt worden war.

Der Zeitraum zwischen diesen beiden Besiedlungsanfängen war so lang, dass die Staatsanwaltschaft entschied, man hätte das Kind in dieser Zeit lebend gefunden haben müssen.

Der gesunde Menschenverstand lehnt sich dagegen allerdings auf: Sollen Sozialarbeiter etwa alle Türen aufbrechen, hinter denen sie *nichts* hören?

Hinzu kommt, dass die Mutter das Kind vielleicht längere Zeit nicht gesäubert hatte, bevor sie verschwand. Egal, wie es wirklich ablief: Es muss uns als Sachverständigen gleich sein, wie die rechtliche Entscheidung lautet oder lauten könnte. Wir sind nur für Wahrheit zuständig, nicht für Gerechtigkeit.

Solange sich ein Sachverständiger nicht überschätzt, sind die kriminalbiologischen Techniken heute so sicher, dass sie vor Gericht nicht nur zur Verurteilung von Menschen, sondern ebenso oft auch zu deren Entlastung und damit gegebenenfalls zur Freilassung von zu Unrecht Verurteilten führen. Die bekannteste Methode, die zu einer bis 1985 undenkbaren Sicherheit bei forensischen Ermittlungen führte, sind genetische Fingerabdrücke. In den USA sind bereits Dutzende von Menschen freigelassen worden, die – als es diese Methode noch nicht gab – nur anhand von Indizien verurteilt worden waren. In manchen Fällen, in denen biologische Spuren aufbewahrt worden waren (bei Morden in der Stadt New York beispielsweise zehn Jahre lang, in Deutschland oft Jahrzehnte lang), konnten diese ab etwa 1990 nachuntersucht werden, weil immer kleinere Spurenmengen untersuchbar wurden. Stammte beispielsweise eine Spermaspur bei einer Vergewaltigung nicht vom Verurteilten und gab es sonst keine überzeugenden Beweise für seine Tat, so war er entlastet.

Wo die Methode zu stürmisch eingeführt wurde, wurden allerdings auch Fehler gemacht. Diese lagen weniger in der

Technik begründet als in menschlicher Schwäche. Der meiner Meinung nach schlimmste Fall ist der des Kriminalbiologen Fred Zain. Er leitete von 1986 bis 1989 ein Polizeilabor in Texas. Zuvor hatte er seit 1979 in West Virginia für die Polizei Spuren untersucht.

Er kam in schwere Bedrängnis, als der Fall des Häftlings Glen Woodall mittels genetischer Fingerabdrücke nachuntersucht wurde. Dabei waren zwei Frauen von einem unbekannten Mann, der eine Skimaske trug, jeweils auf dem Parkplatz eines Supermarkts entführt worden. Mit dem Auto der ersten Frau fuhr der Entführer herum und vergewaltigte das Opfer darin mehrmals. Als er sie gehen ließ, musste sie ihm ihre goldene Uhr und fünf Dollar aushändigen. Der Täter hatte dem Opfer befohlen, die ganze Zeit die Augen zu schließen. Als sie doch einmal kurz linste, sah sie nur, dass er eine braune Unterhose trug und nicht beschnitten war. (Das ist in den USA ungewöhnlich; aus unerklärlichen Gründen sind dort fast alle Männer beschnitten.)

Die zweite Frau wurde ebenfalls mehrfach vergewaltigt, auch ihr stahl der Täter die goldene Armbanduhr. Auch dieses zweite Opfer konnte durch die nicht ganz geschlossenen Augen erkennen, dass der Täter nicht beschnitten war. Außerdem konnte sie Jacke, Schuhe und Haarfarbe des Täters erkennen.

Da es keine Zeugen, sondern nur Indizien gegen Woodall gab, hatte Fred Zains Aussage als Gutachter für die objektiven Sachbeweise besonderes Gewicht. Er sagte aus, dass die Spermaspuren an den zwei Opfern mit dem Sperma von Woodall übereinstimmten. Der Kriminalbiologe hatte dazu »nur« die heute nicht mehr verwendeten Blutgruppen, die sich auch im Sperma finden, sowie PGM (Phosphoglucomutase) und GLO (Glyoxalase) untersucht. Die Aussagekraft dieser Systeme ist nicht so hoch wie genetische Fingerabdrücke, doch die waren zum Zeitpunkt des Prozesses zumindest nach Ansicht des Richters noch im experimentellen Stadium und wurden deshalb nicht zugelassen.

Das Gericht nahm daher zu Recht an, dass die völlige Übereinstimmung der biologischen Spuren von den Opfern mit Woodalls Körperzellen kein Zufall sein konnte. Woodall wurde am 8. Juli 1987 zu einer Haftstrafe von insgesamt 203 Jahren verurteilt.

Was der Richter nicht ahnen konnte: Fred Zain hatte die Ergebnisse seiner Untersuchung »überbewertet«, genauer gesagt, er hatte sie sich eingebildet bzw. schlicht erfunden. Doch niemand kam auf die Idee, dass der erfahrene Experte einfach gelogen haben könnte. Welchen Grund sollte er haben, so etwas zu tun? Zudem passte alles: Ein Barthaar vom Tatort hatte äußerlich mit dem Bart des Angeklagten übereingestimmt, und eine der Frauen war sich sicher, Woodall trotz der Skimaske als Angreifer erkannt zu haben. Außerdem hatten beide Frauen einen Geruch am Täter beschrieben, der auch am Arbeitsplatz von Woodall herrschte.

Häftling Woodall hatte nun das sehr seltene Glück, mit aller Kraft gegen die Verurteilung kämpfen zu können, ohne daran psychisch zu zerbrechen. Normalerweise glaubt kein Mensch die Unschuldsbeteuerungen eines »Knackis«. In Woodalls Fall war das anders. Als sein Verfahren zum ersten Mal neu aufgerollt wurde, waren genetische Fingerabdrücke schon ein normaler gerichtlicher Sachbeweis geworden. Die Spermaspuren von den Opfern lagen allerdings in nur noch so geringer Menge vor, dass der West Virginia Supreme Court die ursprüngliche Verurteilung aufrechterhielt. Woodall blieb im Gefängnis – immer noch wegen Vergewaltigung, Entführung und Raub.

Erst 1991 zeigte sich im letzten gerichtlichen Anlauf, dass Woodalls genetischer Fingerabdruck nicht mit den Spermaspuren von den Opfern übereinstimmte. Mittlerweile konnten auch winzigste, alte biologische Spuren noch DNA-typisiert werden, und das führte am 15. Juli 1992 endlich zur Freilassung des unschuldigen Häftlings. Als kleine Entschädigung erhielt er 150 000 Dollar.

Die Sache schlug nun hohe Wellen. Bei der Suche nach der Wurzel des verkorksten Verfahrens stellte sich heraus, dass Kriminalbiologe Zain in mindestens 130 weiteren Fällen seine Laborergebnisse vor Gericht als »eindeutig und aussagekräftig« dargestellt hatte, obwohl sich in Wirklichkeit überhaupt nichts ergeben hatte (*inconclusive* = »ohne auswertbares Ergebnis«). Um mit seinen erfundenen Untersuchungen durchzukommen, hatte er sicherheitshalber auch noch die Laborbücher gefälscht.

Die Haftentschädigungen für die nun zahlreich freigelassenen Personen waren, wie in den USA üblich und anders als in Deutschland, gewaltig. Einer der zu Unrecht wegen Zains Gutachten Verurteilten, William Harris, erhielt eine gute Million Dollar für eine siebenjährige Freiheitsstrafe, die ursprünglich auf 20 Jahre gelautet hatte. Das Geld nützte ihm aber nichts, denn im Knast hatte er alle sozialen Bindungen verloren. Man hatte ihn als 17-Jährigen in ein als besonders streng bekanntes Gefängnis gesteckt.

Obwohl Gutachter Zain übrigens nie Details zu seinem totalen Versagen preisgab und sich zudem als Sündenbock der Staaten Texas und West Virginia darstellte, erschien es vielen Beteiligten so, als hätten seine Vorgesetzten wissen müssen, dass in seinem Labor etwas nicht stimmte. Weil Zain aber immer nur Ergebnisse lieferte, die den Ermittlern gut in den Kram passten, sah offenbar niemand einen Grund einzugreifen.

Es mag auch sein, dass Zain nicht nur geschlampt, sondern sich mit den Polizisten ganz direkt geeinigt hatte und ihnen stets die gewünschten Ergebnisse lieferte. Beide Versionen sind möglich, beide sind gleich fürchterlich. Wer seine Finger tatsächlich in diesem schmutzigen Spiel hatte, werden wir nie erfahren: Zain starb im Dezember 2002 im Alter von 52 Jahren als freier Mann. Das Gerichtsverfahren gegen ihn war wegen seiner Krebserkrankung ausgesetzt worden.

TEIL 2

GENETISCHE FINGERABDRÜCKE

ENTLARVENDES ERBGUT

Manche Kriminalfälle können Mordermittler und Richter an den Rand der Verzweiflung treiben, denn es gibt dabei einen Verdächtigen, ein Motiv und sogar Tatortspuren. Nur eines gibt es nicht: den unumstößlichen Beweis, dass die Tatortspuren vom Verdächtigen stammen.

Da unser Rechtssystem die sinnvolle Regelung birgt, im Zweifel zugunsten des Angeklagten zu entscheiden, können Täter bei solch unklarer Beweislage manchmal zu Unrecht freikommen. Genauer gesagt, sie konnten. Denn seit 1985 ist es möglich, biologische Spuren, die ein Mensch am Ort des Verbrechens hinterlassen hat, mittels einer DNA-Typisierung* (genetischer Fingerabdruck) eindeutig zu identifizieren und zuzuordnen.

Mit echten Fingerabdrücken hat der Test zwar nichts zu tun, aber als der englische Humangenetiker Alec Jeffreys (vgl. Abb. 61) seine Entdeckung veröffentlichte, suchte er einen kurzen und einprägsamen Namen für die Methode. Weil er erkannte, dass sich die Technik zur Identifizierung von Personen eignet, nannte er sie in humorvoller Anlehnung an die echten Fingerabdrücke von Haut *genetic fingerprints*. Der Begriff setzte sich sofort durch, obwohl er eigentlich nicht ganz ernst gemeint und in der Originalveröffentlichung in Anführungszeichen gesetzt war.

Heute hat sich die kriminalbiologische Technik auf diesem Feld von der ursprünglichen Methode so weit fortentwickelt, dass zumindest Forscher nur noch von DNA-Typisierung sprechen. Damit ist eine Reihe von verschiedenen Untersuchungen gemeint, bei denen kurze Abschnitte der Erbsubstanz DNA dargestellt werden, um zu entscheiden, von wem diese DNA stammt. So können Täter zu Tatortspuren, Väter zu Kindern und Wale zu Dosenfleisch zugeordnet werden. Letztlich lässt sich jedes Gewebe untersuchen, und so gelangen auch Haare, abgetriebene Föten, Urin (beispielsweise zur Identifizierung von Doping-

Abb. 61: Der Erfinder des »genetischen Fingerabdrucks«
Der Genetiker Alec Jeffreys (rechts) erfand 1985 den »genetischen Fingerab-
druck«, um einen Einwanderungsfall zu klären. Hier zeigt er mit dem Autor
Längenunterschiede von Allelen. Foto: © Mark Benecke.

sündern), Briefmarkenrückseiten mit getrocknetem Speichel,
Haarbürsten mit biologischen Spuren von Vermissten oder
auch verfaulte Körperteile aus Leichenzerstückelungen zur DNA-
Typisierung.

KATZENHAAR KLÄRT MORD

Ein elegant aufgeklärter Mord soll die grundlegende Idee der
DNA-Typisierungstechnik veranschaulichen. Es handelt sich
um einen der erwähnten, für Ermittler besonders ärgerlichen
Fälle, in denen eigentlich alles klar, aber nichts bewiesen ist.

An einer blutigen Lederjacke, die in einem Wald nahe der Wohnung einer 32 Jahre alten, vermissten Person gefunden wurde, hafteten 27 weiße Haare, die aussahen, als könnten sie von einer Katze stammen. Die Kriminalbiologen wurden gebeten herauszufinden, was aus den biologischen Spuren – dem getrockneten Blut und den Haaren – zu erkennen sei und ob sich daraus Hinweise auf die Vermisste, den möglichen Täter oder den Tathergang ergeben könnten.

Das Blut und die Haare wurden daraufhin mit feuchten Tupfern voneinander getrennt eingesammelt (asserviert) und gereinigt. In menschlichem Blut finden sich nicht nur rote Blutzellen (Erythrozyten), die ihren Zellkern* verlieren und daher keine DNA enthalten, sondern auch weiße Blutzellen (Leukozyten), die einen normalen Zellkern mit DNA besitzen. An diese DNA gelangt man sehr leicht, indem man alle Proteine, aus denen die Zelle besteht, über Nacht in einem warmen Wasserbad mit einem Eiweiße verdauenden Molekül, einer Protease, auflöst. Wäscht man die Proteinbruchstücke dann fort, bleibt reine DNA übrig. Man kann die DNA manchmal sogar für das bloße Auge sichtbar machen, indem man Alkohol auf die Lösung gießt. Die Erbsubstanz schnurrt dabei zusammen, und man kann sie dann mit einem Glas- oder Metallhäkchen als milchigfarbenen Faden aus dem Reagiergefäß ziehen (vgl. Abb. 70, S. 172).

Weil die auf der DNA aller Körperzellen einer Person gespeicherte Information dieselbe ist, konnte man im Katzenhaar-Fall ermitteln, dass die Zellen aus dem Blut an der Jacke von der vermissten Person stammten. Als ihre Leiche gefunden wurde, entnahm man ihr eine kleine Gewebeprobe, löste sie auf und verglich die Leichen-DNA mit der aus dem Blutfleck. Sie stimmte überein. Damit wurde gezeigt, dass die blutende Frau höchstwahrscheinlich mit der Jacke in Berührung gekommen war.

Weil sich die Blutspuren an der Außenseite der Jacke befanden, konnte es also sein, dass das Kleidungsstück dem Täter gehörte und dass er es bei der Tat getragen und danach weggeworfen hatte.

Auf der Suche nach einem Verdächtigen stießen die Ermittler auf einen Mann, der die Tote gekannt hatte und dem die Jacke passte. Er bestritt jedoch, die Jacke jemals gesehen oder irgendetwas mit dem Fall zu tun zu haben. Bei den Ermittlungen kam aber heraus, dass der Verdächtige eine weiße Katze mit dem Namen Snowball hatte. Die Haare dieses Tieres konnte selbst unter dem Mikroskop niemand von denen an der Jacke unterscheiden. Dennoch war das kein endgültiger Beweis, denn wie viele andere Katzen mochten ein ebensolches Fell haben wie Snowball?

Hier half eine weitere DNA-Typisierung, doch es erforderte einige Mühe, die geeigneten Experten dafür zu finden. Nur ein einziges Forscherteam – im Labor für genetische Vielfalt am National Cancer Institute in Maryland – hatte damals diejenigen Abschnitte von Katzen-DNA untersucht, die bei einer DNA-Typisierung dargestellt und miteinander verglichen werden können. Das Forscherteam extrahierte daraufhin DNA aus den Wurzeln der weißen Haare, die an der Jacke geklebt hatten, und verglich sie mit DNA aus dem Blut der lebenden Katze. Das Ergebnis: Die Erbsubstanz aus Tatorthaaren und Katzenblut stimmte überein. Jacke, Opfer und Täter standen damit in einem beweisbaren Zusammenhang.

Es galt nun allerdings noch eine letzte Hürde zu überwinden. Niemand wusste, ob nicht auch andere weiße Katzen denselben DNA-Typ wie Snowball haben könnten. Denn solange das nicht geklärt war, wäre die Übereinstimmung zwischen den Haaren von der Jacke und Snowballs Blut haarig geblieben. Die weißen Haare hätten ja auch von einer anderen Katze stammen können – zumindest müsste die Verteidigung das zugunsten ihres Mandanten behaupten.

Also untersuchten die Forscher weitere Katzen aus der Wohngegend des Verdächtigen, bis sie ganz sicher sein konnten, dass die DNA aus den weißen Haaren nur von Snowball stammen konnte. Alle anderen Katzen hatten einen anderen DNA-Typ. Erst jetzt gab es keine andere vernünftige Erklärung mehr: Die Haare von der Jacke stammten von der Katze des Tatverdächtigen.

Darüber hinaus wurde ermittelt, dass der Mann sehr wohl eine Jacke wie die gefundene besessen hatte. Zusammen mit dem getrockneten Blutfleck der Verstorbenen war das Bild endlich komplett. Die Jury des Obersten Gerichtshofes von Prince Edward Island sprach den Mann im Jahr 1997 des Mordes schuldig. (Details zur Mathematik der Methode, vgl. S. 170.)

TATORTSPUREN

In Kriminalfällen geht es meistens darum, die Spuren von einem Opfer oder Tatort einem Täter zuzuordnen. Um das Wort Täter zu vermeiden, sprechen wir aber von einem »Spurenleger«, denn wir wissen ja nicht, ob die Spur wirklich von einer Person stammt, die eine Tat begangen hat, oder von einer Person, die »berechtigt« ist. »Berechtigt« ist jeder, der einen guten Grund hat, am Tatort gewesen zu sein. In einer Wohnung wäre das die ganze Familie samt Freunden; in einem Auto wären das alle Menschen, die es benutzen und so weiter.

Die sehr häufigen Spuren Blut oder Sperma sind aber in vielen Situationen auch dann aussagekräftig, wenn sie von »Berechtigten« stammen. Findet sich etwa (ein echter Fall) das Sperma eines Mannes neben der Leiche seiner Stieftochter auf einem Waschlappen, so wird er dies schwer mit »berechtigtem Zugang« erklären können. Das soll nicht heißen, dass es nicht irgendeine harmlose Erklärung für diesen Fund geben könnte. Sie müsste aber polizeilicher oder richterlicher Prüfung standhalten.

Generell können biologische Täterspuren wie Blut oft nur dann gefunden werden, wenn der Angreifer sich selbst verletzt oder beispielsweise durch einen Kampf verletzt worden ist. Das ist aber natürlich nicht immer der Fall. Die Suche nach anderen

Spuren wie Haut oder Haaren ist im Vergleich zur Suche nach Blut wesentlich aufwändiger, da sie nicht so leicht zu entdecken sind.

Das größte spurenkundliche Glück ist für uns dabei, dass Blut rot ist. Rote Blutkörperchen enthalten allerdings keine DNA; wegen des fehlenden Zellkerns sehen sie auch aus wie ein Minzdrop, also rundlich mit einer tiefen beidseitigen Delle in der Mitte. Bestünde Blut nur aus roten Blutzellen, würden wir daraus keine genetischen Fingerabdrücke entwickeln können. Stattdessen markieren die roten Blutbestandteile aber die Spurenorte, an denen sich weiße Blutzellen befinden. Diese sind, wie alle anderen Körperzellen, DNA-haltig.

Eine klassische Regel der Kriminalistik* besagt, dass zwei Dinge (oder Menschen), die sich berühren, stets kleinere oder größere Mengen Materials austauschen (Locard-Regel). Das ist zwar richtig, leider waren diese Mengen aber bis etwa 1992, als STRs* für die Forensik entdeckt wurden, oft so klein, dass man sie entweder nicht fand oder nicht untersuchen konnte. Das ist heute anders, weil selbst ein Blutspritzer vom Durchmesser eines Mohnkörnchens noch genug DNA enthält, um eine umfangreiche Typisierung vorzunehmen.

Nicht immer kommt es allerdings darauf an, kleinste Spuren zu finden. Auch scheinbar sehr offensichtliche Spuren können versteckte Informationen erhalten (vgl. den Fall O. J. Simpson in: Benecke, *Kriminalbiologie*, 2. Aufl., S. 93 ff.). Es ist aber oft nicht leicht, in einem Meer aus Blut diejenigen Spritzer zu finden, die nicht vom Opfer, sondern vom Täter stammen. Hier hilft auch Nachdenken nur wenig; oft ist Fleiß – das von der Polizei so genannte »Abarbeiten« von vielen Spuren – der einzige Weg zum Ziel.

Bei Sexualdelikten findet sich anstelle von Blut oft Sperma, es sei denn, die Opfer wehren sich und verletzen den Täter vor der Ejakulation. Obwohl das nicht zwingend ein empfehlenswertes Verhalten ist, führt es aber dazu, eine eindeutige Spur zu gewinnen, die zum Spurenleger führt. Es ist für mich immer

wieder verblüffend, wie oft auch in solchen völlig eindeutigen
Fällen die Täter bestreiten, jemals am Fundort der Spur gewesen
zu sein. Liegt wirklich nur eine kleine Spur vor, dann ist es in
solchen Fällen schwer zu entscheiden, ob ein Angeklagter wirklich unschuldig ist oder die Tat bloß nicht zugeben möchte. Ich
selbst höre mir jede Version in Ruhe an und habe auch schon
selbst mehrere Fälle vertreten, in denen die Annahme des Ge-
richtes tatsächlich nicht haltbar war. Das ist aber die Ausnahme. In meinem Büro fließen vorwiegend deshalb Tränen, weil
Angehörige, die dem Verurteilten die Unschuld geglaubt hatten, nun die von ihnen selbst in Auftrag gegebenen Ergebnisse
der DNA-Nachuntersuchung sehen. Wenn diese beweisen, dass
der Täter beispielsweise ein Serienvergewaltiger ist, denken
manche Angehörige an Selbstmord, weil sie die Situation (ihr
Ehemann, Bruder, Lebensgefährte ist nicht nur ein Straftäter,
sondern belügt sie auch noch eiskalt) nicht ertragen können.

Den extremsten Fall der Selbstverleugnung habe ich 2003
mit einem Mann erlebt, der von allen Gästen und dem Wirt
einer Kneipe dabei beobachtet wurde, wie er seinen Theken-
nachbarn mit der mitgebrachten Pistole erschoss. Der Täter be-
auftragte mich allen Ernstes, die auf der Theke verteilten Blutspuren auszumessen, um seine Unschuld zu beweisen. Diesen
Auftrag habe ich abgelehnt, um dem Mann keine Illusionen
zu machen. Denn objektive Sachbeweise können zwar eine falsche kriminalistische Grundannahme widerlegen. Sie können
aber nicht das wirklich Geschehene in Form eines Wunders ändern. Dieser Unterschied zwischen objektivem Sachbeweis (eindeutig und für sich stehend) und sozialer Wirklichkeit (mehr-
deutig, vernetzt und auslegbar) ist vielen Menschen nicht klar.

Grundsätzlich hat die Polizei bei vielen Verbrechen bereits
einen Täter im Auge und kann ihn auch ohne kriminalbiologische Unterstützung verhören und überführen. Besonders
bei Überfällen legen es die Täter aber darauf an, unerkannt zu
bleiben, und oft gibt es auch keine kriminalistischen Hinweise
darauf, wer sie sein könnten. Daher werden diese so genannten

»anonymen« Tatortspuren sicherheitshalber untersucht oder aufbewahrt, bis sich weitere Hinweise ergeben.

Die Bezeichnung »anonyme Spur« bedeutet, dass unbekannt ist, von wem sie stammt. Der genetische Fingerabdruck solcher Spuren darf auch dann untersucht werden, wenn die Art des Verbrechens noch nicht endgültig geklärt ist. Doch auch eine Spur von einer der (wesentlich häufigeren) Vergewaltigungen, die als »sexueller Missbrauch von Verwandten« eingeordnet werden, kann »anonym« sein. Der Täter ist dem Opfer zwar bekannt, wird aber oft von allen Familienangehörigen einschließlich des Opfers gedeckt. Sehr oft bedrohen die Täter die ihnen gut bekannten Opfer, sodass die Betroffenen die Aussage verweigern. Besonders arglistig sind dabei indirekte Bedrohungen, die Väter gegenüber ihren von ihnen vergewaltigten Kindern äußern, beispielsweise, dass »Papi ins Gefängnis müsste« oder »Papi sich umbringen müsste«, falls die Kinder reden sollten. In all diesen Fällen ist es fast unmöglich, biologische Spuren zu finden, da die Betroffenen oft erst als Jugendliche, also nach Flucht aus der Familie, die Wahrheit berichten. Falls sich hier überhaupt noch Spermaspuren finden, die denselben DNA-Typ wie der probehalber untersuchte Speichel eines verdächtigen Verwandten aufweisen, so wäre das oft die einzige objektive Verbindung zwischen Opfer, Tat und Täter. Auch Mütter spielen bei dieser Verzögerung eine traurige Rolle, weil sie den Verwandten oft jahrelang decken, während er die Taten am eigenen Kind begeht. Man sieht daran, dass eine biologische Spur einen Fall zwar aufhellen, aber niemals die sozial richtige Erklärung dazu liefern kann.

Je besser Ärzte und Pfleger geschult sind, biologische Spuren gerade nach Sexualdelikten sicherzustellen, desto höher ist die Aufklärungsquote. Ich habe in New York an einem Training mit Tatopfern teilgenommen und bin seitdem froh, dass ich nur mit Spuren und Leichen, nicht aber mit Menschen arbeiten muss. Das Problem besteht für mich darin, die psychisch angeschlagenen Opfer möglichst detailliert nach dem Ablauf der Tat zu befragen, um herauszufinden, wo sich Spuren des Täters finden könnten. Beispielsweise kann es auch nach mehrmaligem Duschen des Opfers noch gelingen, biologische Spuren von dessen Körper zu sichern – man muss allerdings wissen, an welchen Körperbereichen die Spuren zu finden sein könnten. Je nach kulturellem Hintergrund ist es fast unmöglich, ein entsprechendes Gespräch sinnvoll zu führen – besonders wenn der Untersucher wie der Täter ein Mann ist.

Um die Zeit zwischen Tat und Spurensicherung möglichst kurz zu halten, werden daher in manchen Städten wie Manhattan routinemäßig alle Vergewaltigten so früh wie möglich um Unterstützung bei der Spurensammlung gebeten. Wenn die vergewaltigte Person zustimmt, sammelt eine ausgebildete Pflegeperson bereits in der Aufnahme des Krankenhauses – also nicht erst bei der Polizei oder im Institut für Rechtsmedizin – folgendes biologisches Material ein (vgl. Abb. 62, Abb. 63 und Abb. 64, S. 158):

1. Mit einem langen, sterilen Wattetupfer wird ein Scheiden-, ein Mund- und ein Afterabstrich gemacht und sofort an der Luft getrocknet. Sofern sich in diesen Körperöffnungen Sperma oder Speichel des Täters befindet, wird es dadurch sichergestellt.

2. Die Unterseite der Fingernägel wird sauber gekratzt. Hat sich die vergewaltigte Person gewehrt und dem Täter beispielsweise Haut abgeschürft, so finden sich seine Hautzellen unter dem Nagel.

3. Biss- oder »Kuss«-Stellen werden mit steriler Watte und sterilem Wasser abgetupft und an der Luft getrocknet. Es geschieht immer wieder, dass Vergewaltiger versuchen, ihre Opfer auf den Hals zu »küssen«. Dabei übertragen sie Speichel, der auf der Haut trocknet. Die darin befindlichen Schleimhautzellen aus dem Mund können ebenfalls zur DNA-Typisierung verwendet werden. Auch kleine oder große Bissspuren dienen diesem Zweck – immer vorausgesetzt, dass die Stellen nicht vorher gereinigt wurden.

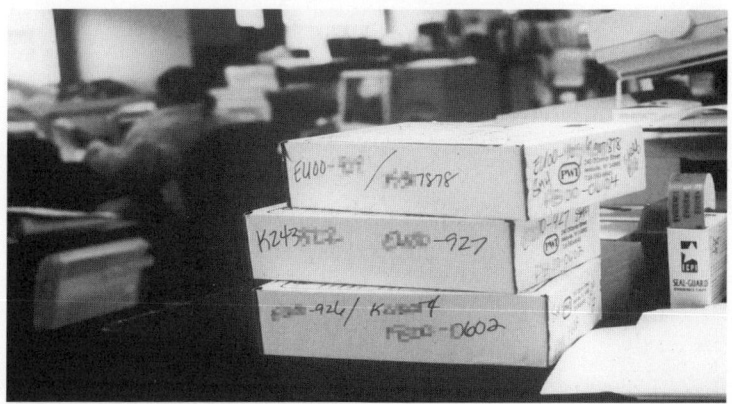

Abb. 62: Arbeitsplatz des Autors in Manhattan
Standardisierte »Rape Kits« enthalten die Spuren der Sexualdelikte des vorhergehenden Tages. Foto: © Mark Benecke.

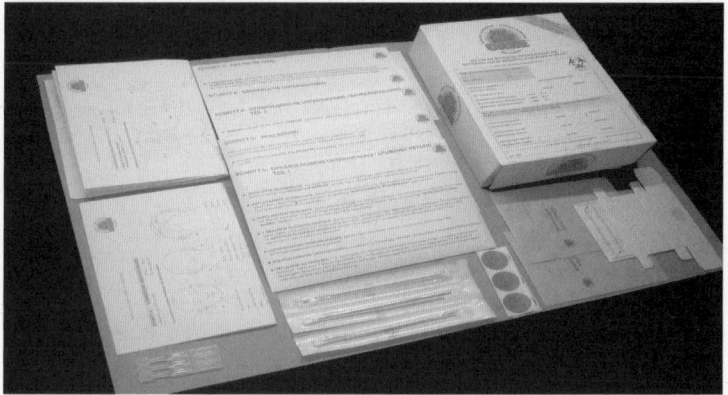

Abb. 63: So genanntes »Rape Kit«
In jedem Umschlag befinden sich alle benötigten Geräte für einen bestimmten Körperbereich (Kamm, Pipette, Markierungen usw.). Auf dem Umschlag stehen zudem die Anweisungen zur Spurensammlung, sodass bereits vom Pflegepersonal die Spuren gesammelt werden können. Dieses Verfahren wird in Deutschland kaum eingesetzt, da es eine kurze spurenkundliche Ausbildung des Pflegepersonals voraussetzt. (Mit Dank an Swissforensix; Foto: © Mark Benecke.)

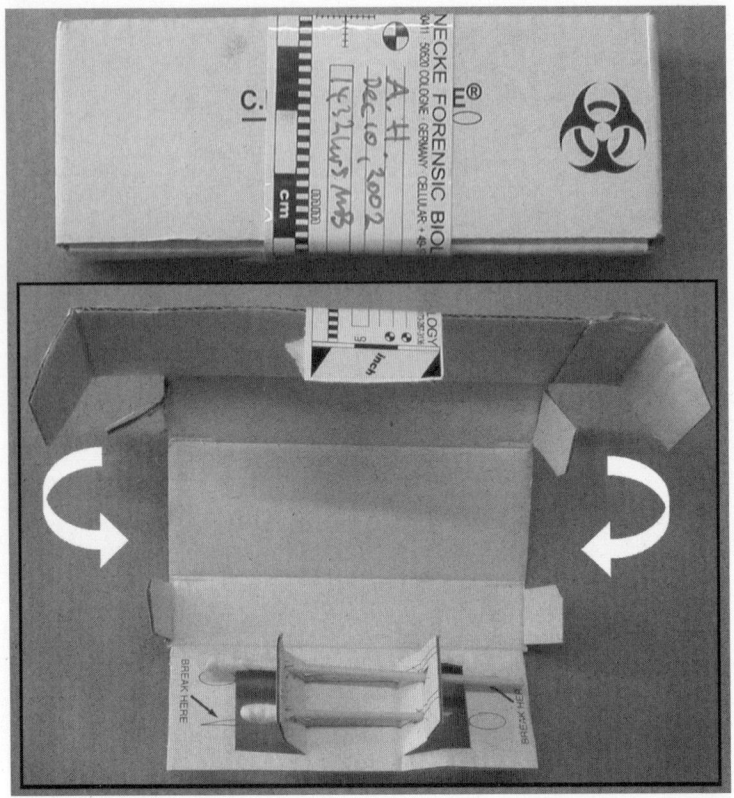

Abb. 64: Abriebstäbchen
Mit diesen Stäbchen werden Spuren abgerieben. Sie trocknen dann in einem
geschlossenen Pappkistchen, ohne mit der Wand Berührung zu haben. (Patent
bei Swissforensix; Foto: © Mark Benecke.)

4. Die Schamhaare werden ausgekämmt. Finden sich dabei
   Haare einer anderen Person, so können die Haarwurzeln
   DNA-typisiert werden.
5. Die Unterwäsche der Vergewaltigten wird auf Sperma
   (und Blut) hin untersucht.

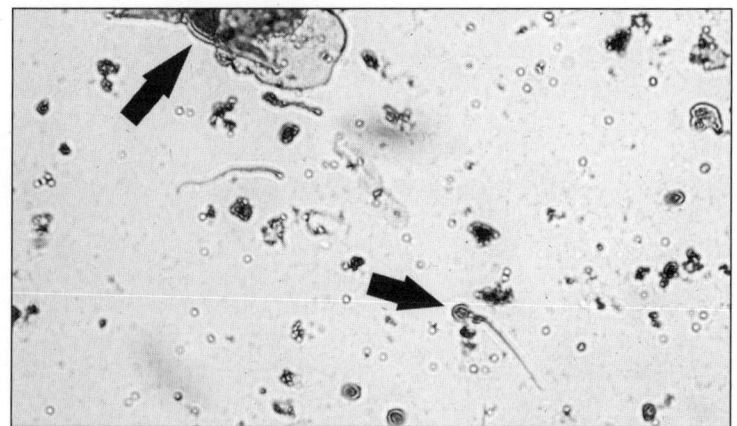

Abb. 65: Ausstrich nach einem Sexualdelikt
Diese Scheidenhautzellen, man sieht es deutlich, sind mit Spermien vermischt (Pfeile). Färbung mit »Christmas Tree Staining«*. Foto: © Mark Benecke.

Je länger die Tat zurückliegt, desto unwahrscheinlicher wird es, eine biologische Spur des Täters zu finden: Entweder wird das Material mit der Zeit weggewaschen, oder es beginnt, sich zu zersetzen. Im kriminaltechnischen Bestfall meldet sich das Opfer sofort bei einem Krankenhaus oder der Polizei, wo umgehend alle Spuren gesammelt werden. Glücklicherweise geschieht das seit einigen Jahren immer häufiger, weil die Opfer sich weniger schämen und weil sie wissen, dass die Täter dank genetischer Fingerabdrücke auch wirklich überführt werden. Es gibt auch einige Städte, in denen die Polizei besonders intensive Aufklärung betreibt, sodass dort besonders viele Taten gemeldet werden. Das hat für die Politiker aber den Nachteil, dass scheinbar die Zahl der Delikte in den jeweiligen Städten sehr hoch ist. Das stimmt aber nicht: Es werden bloß mehr Meldungen gemacht, wo andernorts großes Schweigen herrscht.

In denjenigen Städten, in denen das Pflegepersonal eigens für die Arbeit mit Vergewaltigten ausgebildet ist, bedeutet die rasche Bearbeitung des Falles für das Opfer zudem einen ersten wichtigen Schritt hin zur psychischen Heilung. In Deutschland ist eine solche Spezialausbildung für Pflegepersonal leider noch sehr selten.

Sperma

Warum sind Spermaspuren so aufschlussreich? Das frische Ejakulat besteht zum Großteil aus der Flüssigkeit der Prostata sowie aus Millionen von Spermienzellen. Weil die reine Prostataflüssigkeit höchstens einige Harnleiter-Hautzellen, aber keine Spermien enthält, eignet sie sich nicht gut für DNA-Untersuchungen (vgl. Abb. 65, S. 159). Die DNA der Spermien ist aber umso geeigneter, und das nicht nur, weil im Ejakulat so viele Spermien und damit so viel DNA vorliegen, sondern weil die DNA in den Spermienköpfen auch noch sicher und dicht verpackt ist. Selbst Vertrocknung oder ultraviolettes Sonnenlicht können der Erbsubstanz in Spermienköpfen lange Zeit nichts anhaben. Das bedeutet, dass auch ein Spermafleck, der monatelang unberührt auf einem Pullover trocknet, meist noch problemlos zu untersuchen ist. Mithilfe der DNA-Typisierung kann dieser Fleck dem Erzeuger der Spur (dem Spurenleger) zugeordnet werden.

Ein blaues Kleid

Das vielleicht bekannteste Beispiel für die Haltbarkeit von Spermaspuren und die Bedeutung von Sachbeweisen ist das marineblaue Mantelkleid der Praktikantin Monica Lewinsky (vgl. Abb. 66). Sie hatte mit dem damaligen US-Präsidenten Bill Clinton am 28. Februar 1997 eine geschlechtliche Begegnung, die dazu führte, dass das Sperma des Präsidenten auf das Kleid gelangte. Diese Spuren waren monatelang unbekannt, bis die Affäre in Presse und Politik langsam, aber sicher hochkochte.

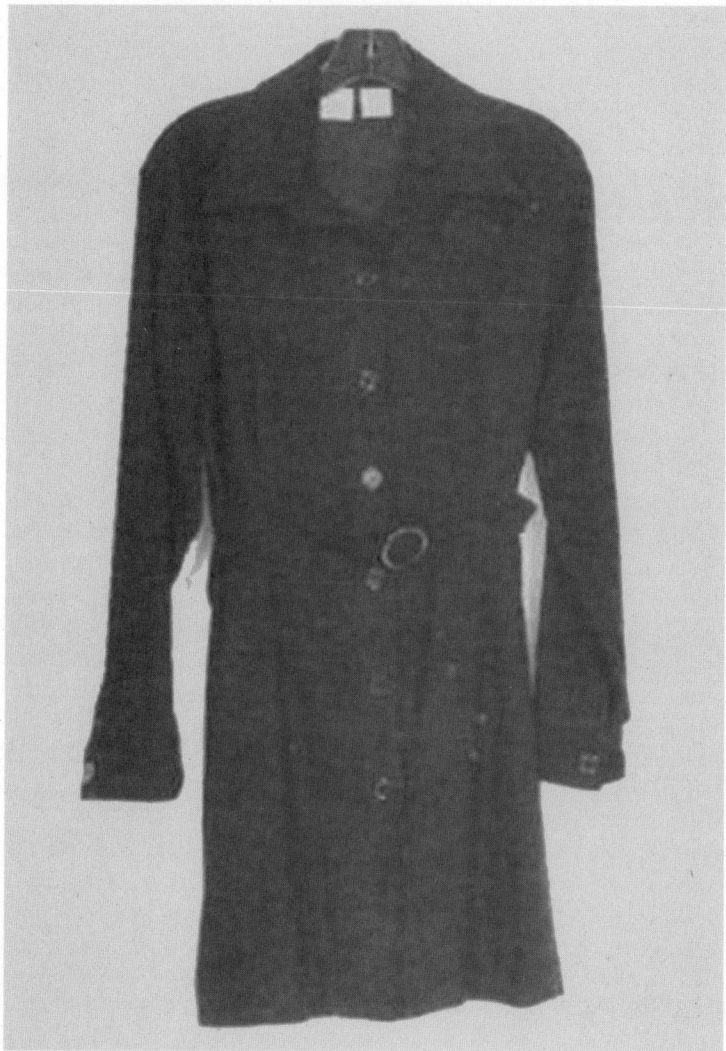

Abb. 66: Das Kleid von Monica Lewinsky
Der entscheidende Spurenträger im Schmuddelfall Clinton/Lewinsky.

Clinton hatte am 20. Januar 1998 ausgesagt, dass er »keine sexuelle Beziehung mit dieser Frau« gehabt habe *(I did not have sexual relations with that woman).* Lewinsky, die bis heute den Standpunkt vertritt, eine echte Liebesbeziehung zum Präsidenten gehabt zu haben, wurde nun fuchsig. Angestachelt von ihrer ehemaligen Freundin, der Journalistin Linda Tripp (von der auch die Tonbandaufnahmen mit Lewinskys Aussagen stammen), hatte Monika Lewinsky das Kleid nie reinigen lassen. »Ich wollte es aber auch nicht als Souvenir aufbewahren«, sagte Lewinsky, »es sollte schon noch irgendwann gereinigt werden. Ich wollte es ja wieder anziehen.« Diese Aussage ist glaubwürdig, denn Lewinsky wehrte sich später dagegen, es handele sich bei dem Kleid um eine reine Ausgehgarderobe. »Das ist kein Abendkleid«, berichtete sie. »Ich bin in dieser Sache ein bisschen empfindlich, tut mir Leid, aber das Kleid ist von GAP. Das ist stinknormale Arbeitskleidung.«

Obwohl schon seit Januar 1998 durch die Presse geisterte, dass »ein Kleidungsstück« mit einer möglichen Sperma- oder anderen DNA-Spur des Präsidenten existiere, blieb die Sache bis zum Sommer 1998 offiziell im Dunkeln. Mittlerweile hatte Linda Tripp aber ihre Fäden gesponnen. Sie hatte Lewinsky nach dem Verbleib des Kleides gefragt, die es auch sofort fand: »Als ich das Kleid aus dem Schrank nahm, dachte ich noch, au weia, das ist schmutzig, das muss mal in die Wäsche«, erzählte Lewinsky später. »Und dann fiel mir ein, dass ich es getragen hatte, als ich den Präsidenten das letzte Mal gesehen hatte. Ich glaube, das war der Moment, wo ich dachte: o nein, o nein.«

Allerdings war sich Lewinsky zunächst noch nicht ganz sicher, ob es sich bei dem Fleck um präsidiales Sperma handeln könnte. Vor Gericht sagte sie dazu aus, dass sie es zunächst auch für möglich gehalten hatte, dass beim Abendessen (ohne den Präsidenten) nach dem später berühmten Treffen Spinat auf das Kleid gelangt sein könnte.

Derweil spielte Clinton den dummen Jungen und sagte erneut aus: »There is not a sexual relationship« (»Es besteht keine sexuelle Beziehung«). Diese zwar richtige, aber dennoch gewagte Aussage kommentierte der gelernte Jurist nach seiner späteren Überführung damit, dass das Wort »is« auf etwas Gegenwärtiges verweise. Zum Zeitpunkt seiner Aussage habe es aber tatsächlich keine sexuelle Beziehung mehr gegeben. So gesehen sei seine Aussage wahr gewesen. Abgesehen davon, so Clinton, sei Oralverkehr kein Sex.

Um dem Katz-und-Maus-Spiel ein Ende zu bereiten, überreichte Lewinsky ihr Kleid am 28. Juli 1998 den Behörden. Es wurde sofort im FBI-Labor untersucht. Das erste Ergebnis stand sicher schon nach Minuten – nämlich nach der Färbung eines Ausstriches mit »Christmas Tree«-Lösung – fest: Es handelte sich um Sperma. Daraufhin wurde dem Präsidenten am 3. August 1998 vom Arzt des Weißen Hauses eine Blutprobe abgenommen und ebenfalls dem FBI übersandt. Es dauerte wegen vielfacher Wiederholung des Tests mittels RFLPs bis Mitte August, bis unumstößlich feststand: Die DNA in der Spermaspur kam rechnerisch nur in den Körperzellen eines von 7,89 Billionen Menschen vor – in denen von Bill Clinton. Diese hohe Zahl bedeutet praktisch, dass auf der gesamten Erde niemand außer Bill Clinton lebte, der dieses DNA-Muster aufwies. Es bedeutet zugleich, dass wohl niemals jemand wieder diesen DNA-Typ tragen wird, solange die Erde von Menschen bewohnt ist.

Nun gab es wirklich nichts mehr zu leugnen, und auch der Präsident räumte am 11. September 1998 bei einem Gebetsfrühstück im Weißen Haus endlich ein: »Ich glaube, es gibt keine clevere Art mehr zu verhehlen, dass ich gesündigt habe.«

MATCHING

In den meisten Kriminalfällen geht es darum, die Spur von einer Person einem Tatort oder einem Opfer zuzuordnen (engl. *matching*). Neben dieser klassischen Fragestellung gibt es aber noch eine andere: die Zuordnung von Tatorten zu Tatorten.

Dieses so genannte Tatort-Tatort-Matching entpuppte sich schon in den ersten Jahren der DNA-Typisierung als eine der nützlichsten Anwendungen. Das anfangs blinde Zuordnen von Tatschauplätzen bewährte sich derart, dass es besonders beim FBI einer der Hauptgründe zum Aufbau der DNA-Datenbank* wurde. Vor allem Räuber reisten damals in Wildwestmanier von Bundesstaat zu Bundesstaat, sodass sich ihre Spuren wegen der örtlichen Zuständigkeiten der Polizei rasch verloren. Erst als die anonymen Tatortspuren blind einander zugeordnet wurden, zeigte sich das Reisemuster der noch unbekannten Täter.

Besonders hilfreich erwiesen sich dabei Zigarettenkippen, an denen immer genügend Speichel für eine Typisierung haftet, und Getränkeflaschen. Gerade bei länger dauernden Einbrüchen trinken die Täter oft direkt aus der Flasche. Der dabei übertragene Speichel enthält die gesuchten Zellen. Vermutlich wegen der Aufregung oder um den Tatort zu beschmutzen, finden sich öfter auch Kothaufen. Wenn diese rasch untersucht werden, kann auch daraus ein DNA-Profil erstellt werden. Das führt in den Labors zwar nicht zu Jubelstürmen, dennoch setzt sich auch die Kot-Typisierung langsam routinemäßig durch. Es kommt aber, wie gesagt, darauf an, die Spur rasch zu sichern, sei es durch Abriebe oder Einfrieren.

Zur Überraschung des FBI bestätigte das anonyme Tatort-Tatort-Matching nicht nur die schon länger bestehende Vermutung, dass Verbrecher über die Grenzen der Bundesstaaten fliehen, wo sie erstens oft nicht verfolgt und zweitens meist unbekannt sind. Es fanden sich zudem beim Vergleich mit den DNA-Typen von bereits verhafteten Tätern auch einige unerwartete Übereinstimmungen. So konnten Täter, denen bislang nur der eine oder andere Einbruch oder Raub nachgewiesen worden war, auf einmal mit bislang ungeklärten Verbrechen in Verbindung gebracht werden. Mit einem Schlag wurden zahlreiche Tatserien aufgeklärt.

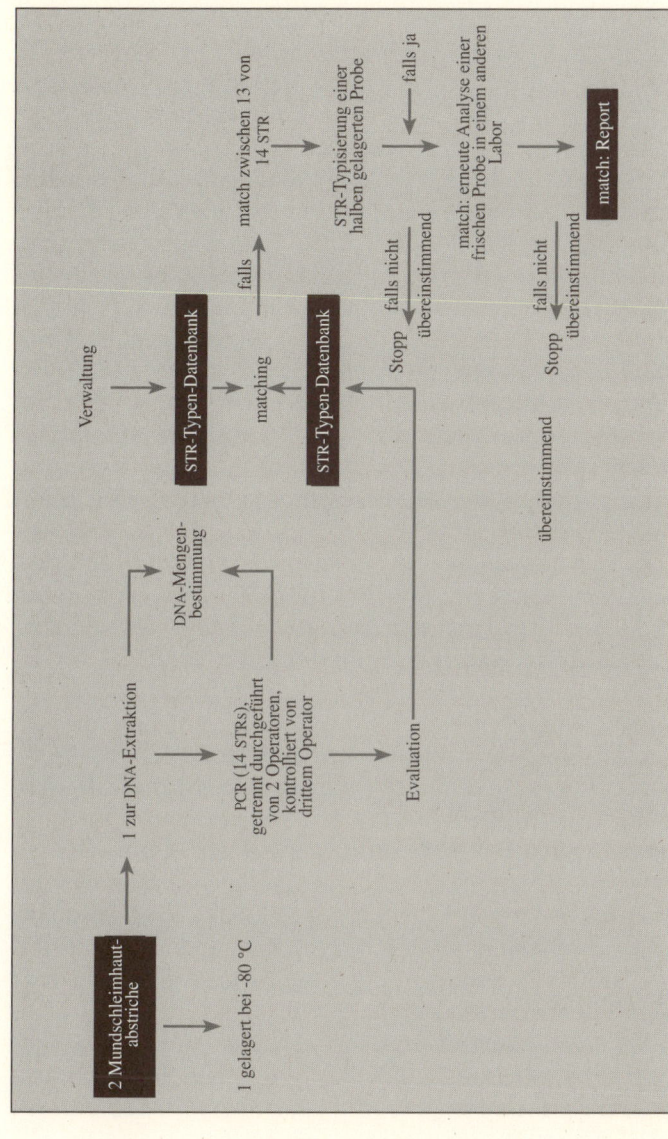

Abb. 67: Ablaufplan einer modernen DNA-Typisierung
Funktionsweise/Ablaufplan der größten zentralen DNA-Datenbank beim Forensic Science Service (FSS) in Birmingham.

Der schöne Ermittlungserfolg wiederholt sich seit einiger Zeit auch in England, wo der Forensic Science Service (FSS) des Innenministeriums dieselbe Technik benutzt, um Serientaten aufzuspüren (vgl. Abb. 67, S. 165). Dazu zählen neben Einbruchdiebstählen vor allem Vergewaltigungen.

Um die Tausenden DNA-Typen von Menschen und Tatorten zu vergleichen, benötigt man allerdings umfangreiche DNA-Datensammlungen (Datenbanken, vgl. S. 251). Sie entstehen seit 1995 in immer mehr Ländern, wobei die USA und England Pionierarbeit geleistet haben. Vorreiter sind immer noch die Engländer, bei denen Anfang 2005 weit über zwei Millionen genetische Fingerabdrücke von Menschen und etwa 250 000 DNA-Profile (genetische Fingerabdrücke) von Tatortspuren gespeichert sind.

Schon drei Monate nach dem Start ihrer Datenbank im Juli 1995 hatten die britischen Kriminalbiologen 1258 anonyme biologische Spuren von Tatorten den dazugehörenden genetischen Fingerabdrücken bekannter Personen in der Datenbank zugeordnet. »In einem ganz normalen Monat«, so berichten die Kollegen vom FSS, »können wir mittlerweile anonyme Spuren von 15 Morden, 45 Vergewaltigungen und 2500 Sachbeschädigungen und Drogendelikten einem Täter zuordnen.«

Das deutsche Bundeskriminalamt (BKA) holt hier mittlerweile mit der zentralen deutschen Datenbank auf. Die im April 1998 errichtete Datenbank konnte im Jahr 2002 schon jede fünfte eingestellte Spur einem Täter zuordnen. Im Juni 2005 waren die DNA-Profile von 340 000 Straftätern und Verdächtigen und von knapp 77 000 anonymen Spuren gespeichert, wo bei derzeit pro Monat etwa 4000 hinzugefügt werden. Auch im Vergleich zur britischen Datenbank zeigt sich, dass mit zunehmender Anzahl von Spuren auch sprunghaft mehr Taten geklärt werden. Beim BKA wurden bis Anfang 2005 wegen der höher liegenden Tatschwere, ab der DNA-Profile eingestellt werden durften, »nur« 320 Tötungen, 820 Sexualdelikte und knapp 2000 Körperverletzungen und Raubdelikte durch DNA-Vergleiche aufgeklärt, also deutlich weniger als in England. Nur ein halbes Jahr später waren es wegen der nun steigenden Zahl eingestellter Spuren aber schon über 30 000 Treffer (8500 Tatort-Tatort-Treffer und fast 22 000 Zuordnungen zu Spurenlegern, darunter 419 Tötungen, 971 Sexualdelikte und 36 000 Diebstähle).

In den USA heißt das Datenbanksystem des FBI Combined DNA Index System (CODIS) und ist anders als in Deutschland zahlreichen kleinen Datenbanken übergeordnet. So hat beispielsweise die Stadt New York eine Datenbank mit den DNA-Typen örtlicher Straftäter, es gibt eine weitere Datensammlung für den Staat New York und so weiter. In der Regel wird der genetische Fingerabdruck eines Täters erst dann in die CODIS-Datenbank übertragen, wenn dieser in mehreren Staaten auffällig geworden ist oder eine besonders schwere Straftat begangen hat. Auch hier besteht allerdings der Wunsch, so früh wie möglich genetische Fingerabdrücke einzustellen und die Schwelle für die Einspeisung zu senken.

Dass in englischsprachigen Ländern die Datenbanken zügiger als im Rest der Welt errichtet wurden, hatte zwei Gründe. Erstens sind die Angloamerikaner Pragmatiker, bei ihnen gilt also die Regel: »Was nützt, ist gut.« Der Nutzen der Datenbank ist offensichtlich, also kann daran für Pragmatiker nichts Verkehrtes sein. Zweitens ist die naturwissenschaftliche Kriminalistik dort ein traditionell bekanntes und auch in der Bevölkerung beliebtes Fach. Die Bürger hatten und haben daher kaum Bedenken gegen forensische DNA-Datensammlungen, während Mitteleuropäer aus kulturellen Gründen vorsichtiger waren.

In anderen Ländern sind es rein finanzielle Probleme, welche die Einführung von DNA-Datenbanken verhinderten. So wurde beispielsweise im Fall des geständigen Serientäters Luis Alfredo Garavito Cubillos bis heute kein einziger genetischer Fingerabdruck erstellt, obwohl er über 200 Kinder nacheinander tötete.[4]

---

[4] Vgl. Benecke, M./M. Rodriguez (2002), »Luis Alfredo Garavito Cubillos. Kriminalistische und juristische Aspekte einer Tötungsserie mit über 200 Opfern«. In: *Archiv für Kriminologie*, Bd. 210, S. 83–94.

Die Kosten von 50 Dollar pro Probe waren und sind bis heute einfach nicht aufzubringen.

Aber auch Irland verfügte anfangs nicht über genug Geld, um die nötigen Computer, Chemikalien und Wissenschaftler zu bezahlen. Außerdem musste das forensische DNA-Labor in Dublin Dutzende von Einzelgenehmigungen einholen, um in einem vielstufigen Verfahren die DNA von Tatverdächtigen zu untersuchen. Nur wenn der Tatverdächtige nach einem ausführlichen, offenen Gespräch (einem *informed consent*) der Gewebeentnahme zustimmt, darf die Typisierung dort stattfinden. Nach sechs Monaten müssen die Proben vernichtet werden, was das Typisierungsteam in schwierigen Fällen unter erheblichen Zeitdruck setzen kann.

In manchen Ländern war es das örtlich typische Chaos, das die Einführung von Datenbanken verzögerte. Dem belgischen Staat schien es beispielsweise trotz des sehr engagierten Einsatzes einer Kriminalbiologin vom Brüsseler Institut National de Criminalistique sowie der forensischen Universitätslabors noch 1994 unmöglich, eine Datensammlung einzurichten. Über Jahre war der hochbehäbige Staatsapparat strikt gegen eine forensische DNA-Typisierungsdatenbank. Erst der Skandal um den Kindermörder Dutroux im August 1996 sorgte für eine abrupte Kehrtwende: Innerhalb von 24 Stunden wurde eine Datensammlung in Auftrag gegeben, in der seitdem Tatortspuren, die DNA-Profile bekannter Verbrecher sowie die DNA-Profile von Leichen und deren Verwandten gespeichert werden.

Deutschland und Frankreich wehrten sich bis etwa 1997 gegen die Einführung von Datensammlungen. Erst als auch hierzulande mehrere Fälle grausamer Sexualmorde an Kindern mit herkömmlichen Mitteln nicht geklärt werden konnten, wurden die teils überstrengen Gesetze und Regelungen zur Datenspeicherung von DNA-Typen geändert. Es bedurfte aber trotzdem noch der erfolgreichen Aufklärung der Fälle Tom und Sonja (Tötung durch männliches Duo, 2003), Levke (Tötung durch

Abb. 68: *The Sun* vom 1. März 2004
In England kann ein Schulstreit genügen, um in die DNA-Datenbank aufgenommen zu werden, wenn eine schwere Straftat (hier: Messerstiche) vermutet
wird. Foto: © Mark Benecke.

Mehrfachtäter, 2004) und Mooshammer (Tötung durch Stri-
cher, 2005), bis die Notwendigkeit einer großzügigeren Einspeisung von Daten in die DNA-Datenbank des BKA langsam
durchsetzbar wurde.

Mittlerweile haben fast alle europäischen Länder eine DNA-
Datenbank, wobei vor allem Deutschland in den letzten zwei
Jahren erheblich aufgeholt hat. In den meisten Ländern gilt
der Grundsatz, dass DNA-Typisierungsergebnisse nur von solchen Personen erstellt und gespeichert werden dürfen, denen
im Falle einer Verurteilung eine Haftstrafe von mindestens ein
bis zwei Jahren droht. Ausnahme ist England, wo im Grunde
jede Gesetzesüberschreitung zur Einstellung in die Datenbank
führen kann. Auch wenn ein Kind behauptet, von einem anderen ernstlich bedroht worden zu sein, wird die DNA des kleinen Täters manchmal in die Datenbank aufgenommen (vgl.
Abb. 68). Ein Schaden kann aus rein pragmatischer Sichtweise
dabei nicht entstehen: Tritt der Heranwachsende nie wieder in
Erscheinung, so döst sein genetischer Fingerabdruck in der Datenbank einfach vor sich hin. Entwickelt sich der Junge aber zu
einem Intensivtäter, so sind schon frühe Taten für die Ermittler
leicht zu erkennen.

Eine europaweite oder internationale Vernetzung der DNA-Datenbanken ist allerdings bis heute noch nicht in Sicht, obwohl sie immer wieder gefordert wird. Denn im Grunde stehen wir in Europa heute vor demselben Problem wie die USA vor zehn Jahren: Die Täter können frei über die Grenzen reisen und sich in Verbrechenstourismus versuchen.

Derzeit gibt es aber immer noch Versuche, gezielt Ängste gegen Datenbanken zu schüren, indem behauptet wird, die Erhebung von genetischen Fingerabdrücken führe zu gläsernen Menschen. Dass dies aber selbst bei bösem Willen nicht möglich ist, sollen die folgenden Abschnitte zeigen.

WIE FUNKTIONIERT EINE DNA-TYPISIERUNG?

Eines haben genetische Fingerabdrücke und echte Fingerabdrücke gemeinsam – sie verraten beide nicht mehr über eine Person als ein Strichcode auf einer Milchpackung (vgl. Abb. 69). Ein Strichcode dient dazu, das Produkt so zu beschreiben, dass das elektronische Kassiersystem es nicht mit einem anderen Produkt verwechselt. Ob die enthaltene Milch aber schon sauer ist oder ob die Packung nur halb voll ist, weiß der Strichcode nicht. Es spielt für die Abrechnung und Lagerhaltung auch keine Rolle. Es geht nur darum, die Milch von der Alufolie, dem Kuli und der Pizza Salami zu unterscheiden.

Genauso verhält es sich mit einer DNA-Typisierung. Sie identifiziert eine Person eindeutig, ohne dabei Persönlichkeitszüge zu beschreiben. Abgesehen davon, dass es für Kriminalbiologen überflüssig ist, etwas über den Körperbau oder die Psyche einer untersuchten Person zu erfahren, möchten die Wissenschaftler solche Überschussinformationen vor allem auch aus einem anderen Grund nicht ermitteln: Die biologische Privatsphäre der Untersuchten soll grundsätzlich geschützt bleiben.

Abb. 69: Strichcode einer Milchflasche
Genetische Fingerabdrücke sind wie der Strichcode einer Milchflasche. Das heißt, dass die Striche nichts über den Inhalt (bei Milch: über deren Güte; bei Menschen: über deren Körper und Geist) aussagen. Foto: © Mark Benecke.

An dieses Gebot halten sich alle Kriminalbiologen, die der Autor bis heute weltweit getroffen hat – mit oder ohne gesetzliche Regelungen.

Eine DNA-Typisierung mit anschließendem Vergleich der Daten (beispielsweise zwischen einer freiwilligen Speichelprobe eines Verdächtigen und einer Tatortspur) nennt man Identifizierung. Weil es heute möglich ist, einen genetischen Fingerabdruck zu erstellen, den nur ein einziger Mensch auf der Erde in sich trägt, spricht man gelegentlich auch von einer Individualisierung*.

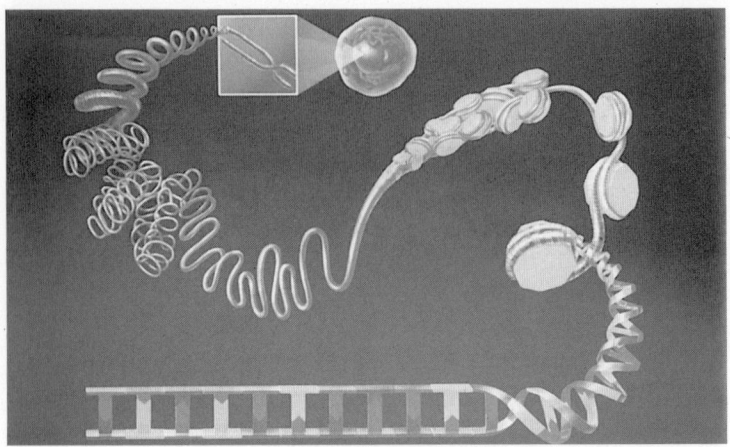

Abb. 70: Der Bauplan des Lebens
Die Erbsubstanz DNA kommt in allen Zellkernen des Menschen (mit Ausnahme der roten Blutzellen) vor. Löst man die Proteine einiger tausend Zellen auf
und wäscht sie fort, so bleibt nur deren DNA übrig. Die einzelnen DNA-Fäden
winden sich ineinander; man kann sie mit bloßem Auge als weißliche Fäden
erkennen.

Die zugrunde liegende Technik ist einfach. Ausgangspunkt
der DNA-Typisierung ist das fadenförmige Erbsubstanzmolekül
DNA, das recht stabil ist (vgl. Abb. 70). Ein DNA-Strang besteht aus Basen (Nukleotiden), die an einem molekularen
Rückgrat aufgereiht sind. Die Anordnung bzw. Reihenfolge
der Basen stellt die Schrift dar, mit der alle Informationen auf
der DNA geschrieben werden. Bei Blutspuren gewinnt man
die für genetische Fingerabdrücke erforderliche DNA aus den
Kernen der weißen Blutzellen. Leben die zu untersuchenden
Personen (beispielsweise bei Vaterschaftsuntersuchungen), so
genügt es, den Betreffenden eine Speichelprobe abzunehmen
(vgl. Abb. 71), in der sich genügend Zellen der Mundschleim-
haut finden. Auch Leichen oder flüchtige Täter können mittels
weißer Blutzellen typisiert werden, da selbst getrocknete Blutspuren oft noch genügend DNA enthalten. Zur Not genügen

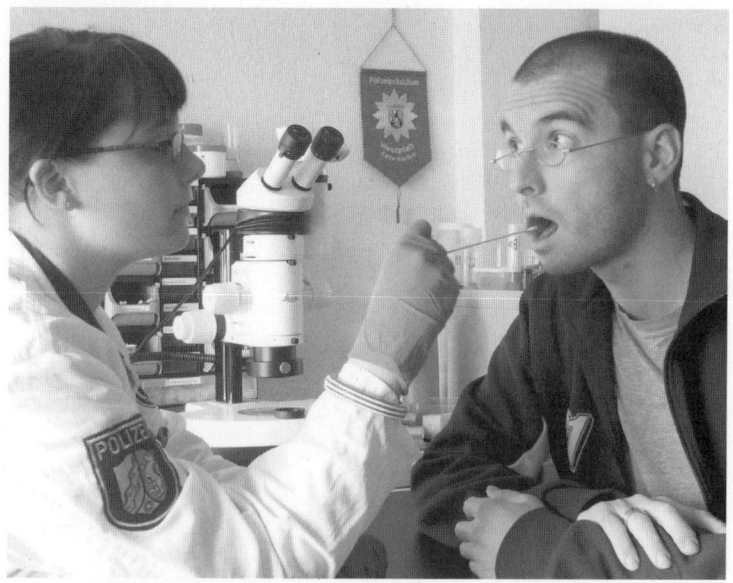

Abb. 71: Speichelprobe beim Autor
Heute genügt ein Wangenabrieb (von der Polizei so genanntes »Speicheln«),
um genügend Zellen für einen genetischen Fingerabdruck zu gewinnen. Eine
Blutabnahme ist nicht mehr erforderlich. Foto: © Mark Benecke.

Knochen, Haare, Reste von Körpergewebe, eingetrocknetes Sperma oder Vaginalzellen, um genetische Fingerabdrücke herzustellen. Brandleichen können auf diesem Weg identifiziert und – etwa im Fall einer Flugzeugkatastrophe oder einer Zerstückelung – abgetrennte Gliedmaßen dem passenden Körper zugeordnet werden.

Der Erbsubstanzfaden, auf dem unter anderem die Bauanleitung für unseren Körper gespeichert ist, besteht zum größten Teil (um 96 Prozent) aus Informationen, die bis heute kaum verstanden sind. Man weiß aber, was diese »nichtcodierenden« DNA-Bereiche nicht sind: Gene. Das bedeutet, dass die nichtcodierende DNA kein direkter Bauplan für den Körper und dessen Aussehen ist. Sie verrät auch nichts über die Psyche oder die Intelligenz einer Person. Da Kriminalbiologen ohnehin nicht auf solche Informationen abzielen, haben sie im Bereich der nichtcodierenden DNA freie Hand.

Einige nichtcodierende DNA-Abschnitte eignen sich zur Individualisierung eines Menschen, weil sie von Mensch zu Mensch verschieden sind. Es gibt Hunderte von DNA-Bereichen, die sich unterscheiden und daher für die kriminalbiologische Anwendung geeignet sind, aber im Laufe der Zeit hat man sich auf ein Standardrepertoire von etwa 20 solcher Abschnitte geeinigt. Sie heißen *short tandem repeats*, weil sie kurz *(short)* sind und aus einer Grundeinheit bestehen, die sich immer wiederholt *(repeat)*, so wie sich bei einem Tandemfahrrad die Tretkurbel oder der Sattel wiederholt (vgl. Abb. 72).

Selbst wenn zwei Menschen durch Zufall einige Ähnlichkeiten in diesen DNA-Bereichen aufweisen, so gibt es immer noch genügend andere, in denen sie sich eindeutig voneinander unterscheiden. Die kriminalbiologisch interessanten DNA-Bereiche zeichnen sich durch die Eigenart aus, dass sie in der DNA verschiedener Personen unterschiedlich lang (= variabel) sind. Innerhalb der Körperzellen derselben Person gibt es keine Längenunterschiede, weil die DNA eines einzelnen Menschen in all seinen Zellen gleich ist.

Da es sehr umständlich ist, die Längen der variablen Bereiche direkt auszumessen, greift man im Labor heute zu einer eleganten Biotechnik, die ihrem Erfinder Kary Mullis 1993 den Nobelpreis für Medizin eingebracht hat. Dabei werden die ausgewählten DNA-Bereiche zunächst vervielfältigt. Das Ganze funktioniert im Grunde wie ein normaler Fotokopiervorgang, bei dem man einzelne Seiten eines Buches beliebig oft kopieren kann, ohne den Rest des Buches mitkopieren zu müssen. Allerdings vervielfältigt diese Reaktion die gewünschten DNA-Stücke in exponentieller Weise, das heißt, aus einem Stück werden zwei, daraus vier, daraus acht, daraus 16, daraus 32, daraus 64, daraus 128 und so weiter.

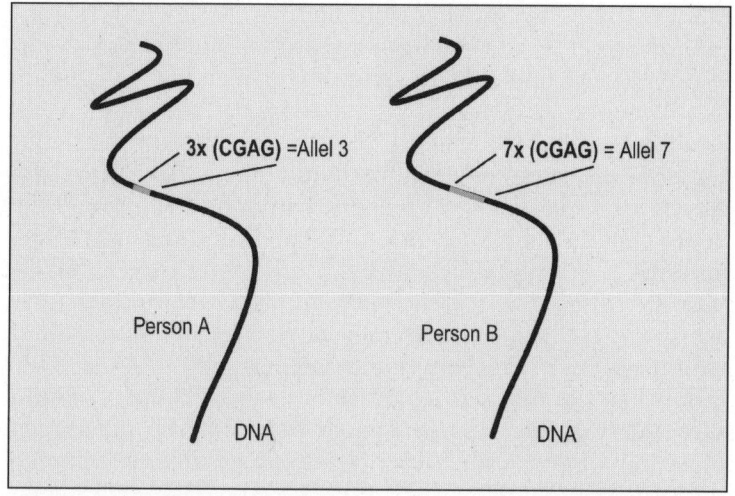

Abb. 72: Short Tandem Repeats (STR)
Die bei genetischen Fingerabdrücken untersuchten Bereiche sind Kerneinheiten, die sich wiederholen. Links: dreifache Wiederholung der Kerneinheit (= Allel 3); rechts: siebenfache Wiederholung (= Allel 7). Foto: © Mark Benecke.

Die Kopiertechnik heißt Polymerase-Kettenreaktion* (*polymerase chain reaction*, PCR). Die Bezeichnung leitet sich von dem Namen des Moleküls ab, das den Kopiervorgang im Reagiergefäß durchführt, der Polymerase. Eine Kettenreaktion ist die Methode deshalb, weil anders als beim Fotokopieren bei der chemischen Reaktion sehr schnell immer mehr Kopien entstehen. Die rasante, exponentielle Vervielfältigung der gewünschten DNA-Abschnitte führt dazu, dass schon nach etwa 30 Kopierrunden viele Millionen Kopien der kriminalbiologisch interessanten DNA-Abschnitte in einem kleinen Tropfen Flüssigkeit vorliegen. Das bedeutet, dass selbst aus winzigsten Spuren noch genügend DNA für eine Untersuchung zu gewinnen ist.

Die kopierte DNA-Menge ist nun leicht zu handhaben. Die schnellste Methode, um die Länge der darin enthaltenen Stücke zu messen, ist die Elektrophorese auf einem Sequenziergerät.

Man gibt dazu im einfachsten Fall einen Teil der Flüssigkeit (zum Beispiel drei Mikroliter) auf ein puddingartiges Gel aus Polyacrylamid und setzt es unter Strom. Genauer gesagt werden das obere Ende des Gels negativ und das untere positiv geladen. Weil die DNA selbst negativ geladen ist, wird sie im Gel zum unteren, positiven Pol hingezogen. Nach etwa drei Stunden stoppt man die elektrophoretische Trennung. Nun liegen die durchsichtigen DNA-Stücke ihrer Größe nach sortiert im Gel. Die kleineren Stücke liegen weiter unten, weil sie schneller durch das Maschengeflecht des Gels schlüpfen, die größeren Stücke liegen weiter oben, weil sie sich wegen ihrer Größe langsamer durch das Netzwerk arbeiten.

Das Gel wird danach genau wie ein Schwarz-Weiß-Foto mit Silbersalzen entwickelt. Die aufgetrennten DNA-Stücke werden nun als schwarze Linien oder »Banden« sichtbar. Neben den DNA-Stücken, deren Länge man nicht kennt, lässt man immer auch DNA-Stücke bekannter Länge im Gel mitlaufen (Standards). Dann vergleicht man, wie weit die bekannten von den unbekannten Stücken entfernt sind, und so lässt sich deren Größe (in Basenpaaren, bp) sicher berechnen.

Außerdem lässt man ein Gemisch aller bisher gefundenen DNA-Abschnitte (Allele*, vgl. linke, mittlere und rechte Spalte in Abb. 73 sowie Abb. 77–81, S. 186–188) – scherzhaft Allelcocktail* genannt – im Gel mitlaufen.

Weil es nur eine begrenzte Anzahl von variablen Abschnitten gibt, vergleicht man in diesem Fall zur Längenbestimmung einfach die unbekannten Stücke mit denen aus dem Cocktail. Diejenigen Stücke (Banden), die auf derselben Höhe im Gel liegen, haben dieselbe Länge. Da die Längen der Cocktail-Banden bekannt sind, braucht man in diesem Fall nicht einmal zu rechnen, sondern nur zuzuordnen. Beide Längenmessmethoden sind sehr präzise, und es hängt vorwiegend von der Philosophie eines Labors oder den Vorschriften des jeweiligen Landes ab, welche Methode in der täglichen Praxis eingesetzt wird.

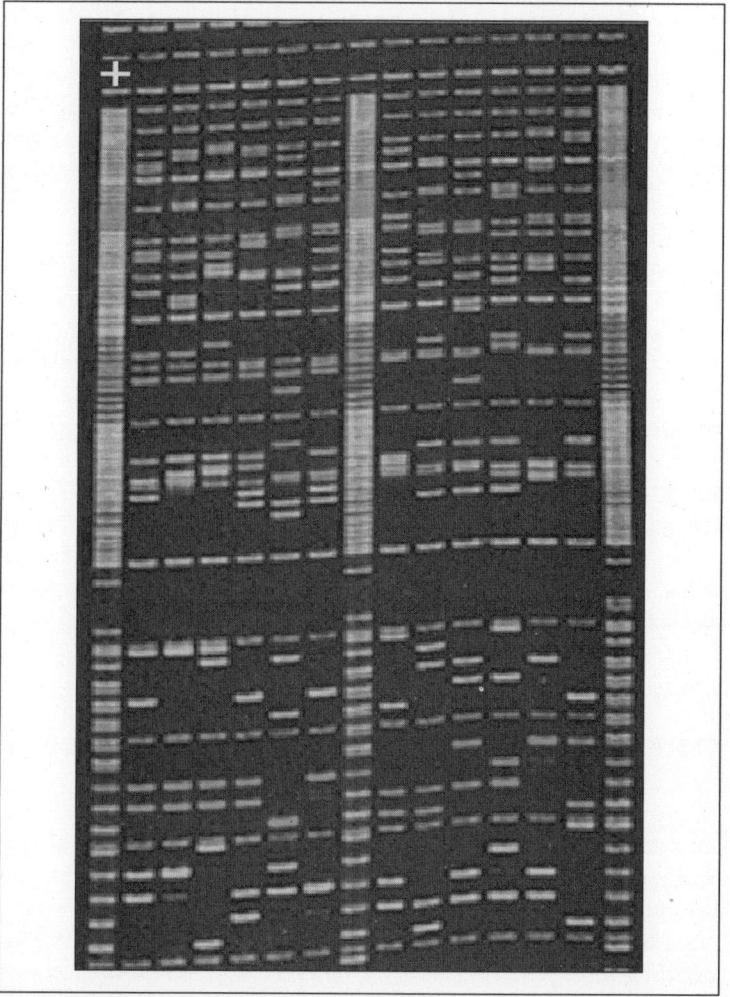

Abb. 73: DNA-Strichcode
Strichcode, wie er sich heute bei der Vervielfältigung und Auftrennung von
mehreren nichtcodierenden DNA-Bereichen (STRs) gleichzeitig darstellt (Multiplex). Foto: © Mark Benecke.

Mittlerweile kann man die Banden auch mit Farbstoffen koppeln, die bei Anregung mit Laserstrahlen aufleuchten. Obwohl es für Ungeübte etwas unübersichtlich ist, solche Banden auseinander zu halten, kann man nun sehr viele – beispielsweise 19 – STRs gleichzeitig vervielfältigen und in einer einzigen Reihe im Gel auftrennen. Da jeweils drei oder vier sich nicht in der Länge überlappende STRs dieselbe Farbe haben, kann man die Länge der nun farbigen Banden immer noch bestimmen (vgl. Abb. 73, S. 177). Der Vorteil: Brauchte man vorher 19 Reihen für 19 STRs, so bedarf es nun nur noch einer Reihe. Diese Methode heißt »Multiplex« (»multiplexen«). Die Auftrennung kann dabei auch in sehr dünnen Röhrchen (Kapillaren) anstelle des flächigen Polyacrylamid-Gels erfolgen. Vorgehen und Ergebnis sind aber immer dasselbe: Mit PCR vervielfältigte, variable STRs werden mit Strom aufgetrennt (auf dem Gel oder in der Kapillare). Die Länge der entstandenen Banden wird anhand des Allelcocktails und des Standards bestimmt. Diese Längen können nun in einer Datenbank oder auf einem Blatt Papier mit den Längenkombinationen von anderen Spuren oder von Menschen verglichen werden.

DER KLASSIKER: SINGLELOCUS-RFLP

Der Vorteil von *short tandem repeats* (STRs) ist, dass auch kleinste Mengen DNA dargestellt werden können, indem man die informativen Bereiche einfach kopiert. Dabei können die Stücke sehr kurz sein, etwa 200 bis 500 Basenpaare lang. Auch wenn die DNA in der Spur beispielsweise durch die Einwirkung von Sonnenlicht oder Feuchtigkeit zerbrochen (fragmentiert, degradiert) ist, funktioniert die Methode der Polymerase-Kettenreaktion mit STRs noch. Denn meist bewirken die normalen Umgebungseinflüsse nicht, dass die DNA in noch kleinere Stücke zerbricht, die dann auch per PCR nicht mehr zu vervielfältigen wären.

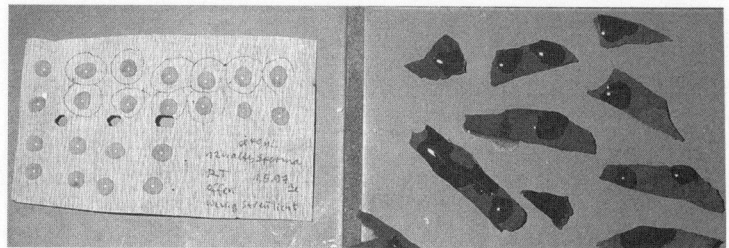

Abb. 74: Experimente auf den Philippinen
Statt nachzudenken helfen oft nur Experimente, um den Einfluss der Umgebung auf biologische Spuren zu erkunden. Hier ein Experiment auf den Philippinen mit Sperma auf Papier (links) und Blut auf Tamarinden-Rinde (rechts).
Foto: © Mark Benecke.

Eine ältere Methode, die RFLPs (Abk. für Restriktionsfragment-
Längenpolymorphismus), erfordert hingegen lange, unfragmen-
tierte DNA-Stücke, die teils bis zu 20 000 Basen (20 Kilobasen, kb)
lang sein müssen. Dennoch benutzen einige Labors diese langsam aussterbende Technik noch, wenn es um Vaterschaftsbe-
stimmungen lebender Personen (= viel DNA erhältlich) und
nicht um kniffelige Tatorte (= oft nur kleine Spuren und wenig
DNA vorhanden) geht. In Kriminalfällen ist die Methode aber
vor allem in reicheren Ländern unüblich geworden, eben weil
sie so viel Ausgangs-DNA erfordert.

In ärmeren Ländern tüfteln wir hingegen gerne herum, um
herauszufinden, unter welchen Bedingungen doch noch genug
langsträngige (hochmolekulare) DNA vorliegt. Hier hilft wiederum nicht Nachdenken, sondern nur Experimentieren. So lässt
man beispielsweise auf den Philippinen Blutproben auf örtlich
wachsender Baumrinde (hier: Tamarinden) oder Sperma auf
örtlich erhältlichem Papier (hier: ungebleichtes braunes grobes
Papier) unter der echten tropischen Sonne bei der dort wirklich
herrschenden Luftfeuchte altern (vgl. Abb. 74). Bei der Untersuchung solcher experimentell gealterter Spuren zeigt sich, welche
Technik für das jeweilige Labor am besten geeignet ist, da vor Ort
ja genau solche Spuren am ehesten bearbeitet werden müssen.

Die RFLP-Methode wurde schon in den 80er-Jahren entwickelt, und sie ist preiswerter als die STR-Typisierung, weil sie mit billigeren Chemikalien und ohne teure Geräte auskommt. Auch bei den RFLPs werden DNA-Bereiche dargestellt, die verschieden lang sind (= Längenpolymorphismus). Während bei den *short tandem repeats* nur die interessanten Stücke (beispielsweise zwölf Loci) kopiert werden, beginnt die RFLP-Methode mit einem Schneidemolekül (Restriktionsenzym). Dieses schneidet die verschieden langen DNA-Stücke an vorgegebenen Stellen aus dem Erbsubstanzfaden heraus und zerlegt den langen DNA-Faden dabei in Tausende Stücke (Fragmente). Danach wird die gesamte fragmentierte DNA – also variable wie nichtvariable Bereiche – in die Schlitze einer Gelplatte pipettiert. In diesem Gel, das aus der Algensubstanz Agarose besteht, werden alle Fragmente, wieder durch ein elektrisches Feld, der Länge nach sortiert.

Mit einer Methode, die in ihrer Schlichtheit nicht mehr zu übertreffen ist, dem Southern Blot*, werden die DNA-Stücke aus dem Gel dann als eine Art Spiegelbild auf eine weiße Nylonfolie (Membran) übertragen. Jedes DNA-Stück bleibt dabei an der Stelle liegen, an der es im Gel lag, nur ist das gesamte Bild jetzt spiegelverkehrt (vgl. Abb. 75).

Obwohl die Southern-DNA-Übertragung zumindest in der Forensik kaum noch benutzt wird, möchte ich sie trotzdem kurz beschreiben, weil sie zeigt, dass mit guten Ideen stets mehr zu erreichen ist als mit einem unüberlegten Höllenaufwand an komplizierten Geräten. Außerdem hat sich ihr Erfinder, der Biochemiker Ed Southern, seine Methode nie patentieren lassen. Das erlaubt den in den Labors an Kriminalfällen tüftelnden Wissenschaftlern, ohne teure Lizenzgebühren zu experimentieren, und macht es vor allem möglich, die frühen genetischen Fingerabdrücke zu verbessern.

Wie funktioniert der Southern Blot? Um die DNA-Stücke vom Agarose-Gel auf die Nylonfolie zu spiegeln, kauft man im Drogeriemarkt eine Haushaltsschale aus Kunststoff, einen

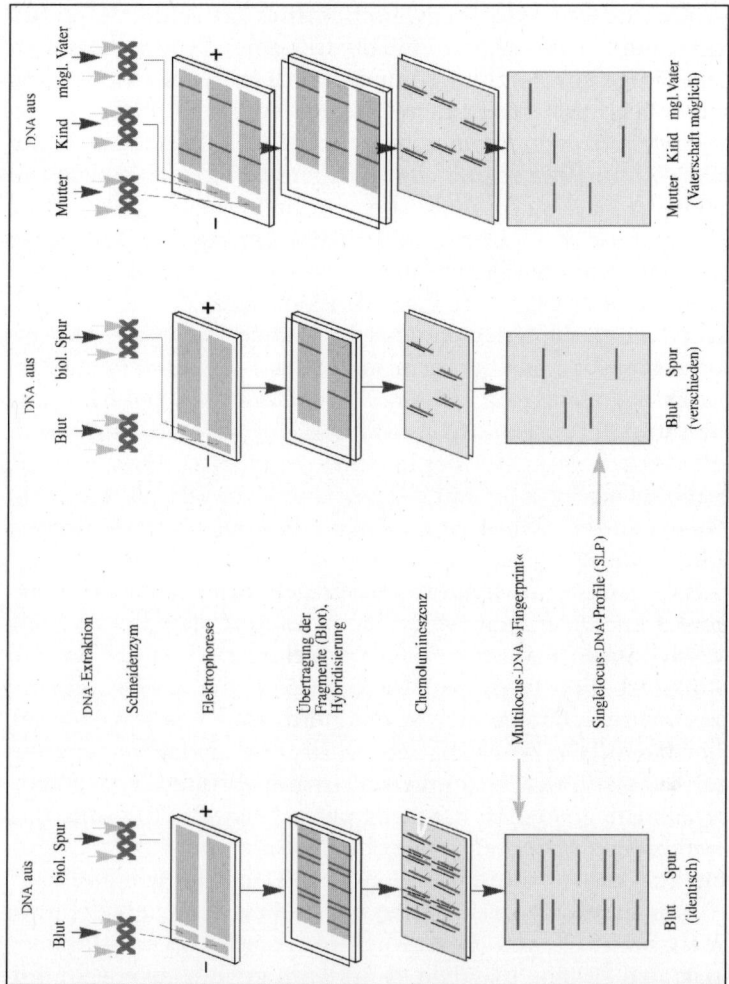

Abb. 75: Die Herstellung genetischer Fingerabdrücke
Die Abbildung zeigt die traditionellen und modernen Labormethoden zur
Darstellung von genetischen Fingerabdrücken anhand der Längenunterschiede
von Allelen. Quelle: Mark Benecke.

großen, rechteckigen Schwamm, große Kaffeefilter, eine Küchenrolle sowie auf dem Flohmarkt einen halbmeterhohen Stapel alter Bücher. In die Schale kommen der Schwamm und etwas Flüssigkeit, darauf ein Filterpapier, darauf flach die Agarose-Gelscheibe mit den aufgetrennten DNA-Stückchen, darauf die Nylonmembran und einige weitere Kaffeefilter. Zuletzt legt man darauf etwa 50 Blatt Küchenrolle und einige Bücher als Gewicht. Über Nacht saugt sich die Lösung aus dem Schwamm nach oben in die Küchenrolle.

Während sie langsam fließt, muss sie durch die Agarose-Gelscheibe und die Nylonmembran hindurch. Dabei zieht sie die DNA-Moleküle aus der Agarose mit sich, die auf der Unterseite des Nylons kleben bleiben. Am nächsten Morgen baut man den Apparat auseinander, bestrahlt die Nylonmembran mit ultraviolettem Licht oder backt sie in einem Ofen etwa eine Stunde lang bei 80 Grad Celsius, damit die DNA fest an dem Nylon haftet. Damit ist die DNA-Übertragung per Southern Blot beendet.

So einfach die Methode auch ist – jemand musste erst einmal darauf kommen (vgl. Abb. 76). Ohne sie hätte es keine DNA-Typisierung gegeben, oder zumindest wäre die Typisierungstechnik bei weitem nicht so fortgeschritten. Was Southern hoch anzurechnen ist: Er hat seine Technik, wie schon erwähnt, nie patentieren lassen. Er hätte durch Lizenzgebühren ein sehr reicher Mann werden können, aber zum Vorbild für die gesamte Forschergemeinde hat er darauf verzichtet. Er konnte das, weil er geistige und Forschungsfreiheit mehr schätzte als finanziellen Gewinn – und weil er eine feste Anstellung hatte.

Immer mehr junge Forscher haben diese Freiheit leider nicht mehr, weil viele von ihnen von ihren Forschungseinrichtungen oder den Firmen, in denen sie arbeiten, genötigt werden, Erfindungen patentieren zu lassen. Das bedeutet, dass die Forschung schnell unbezahlbar werden kann, denn die Lizenzgebühren für neue Biotechniken sind oft sehr hoch – teils bis zu 20 Euro für einen winzigen Tropfen einer Lösung, die ansonsten einen

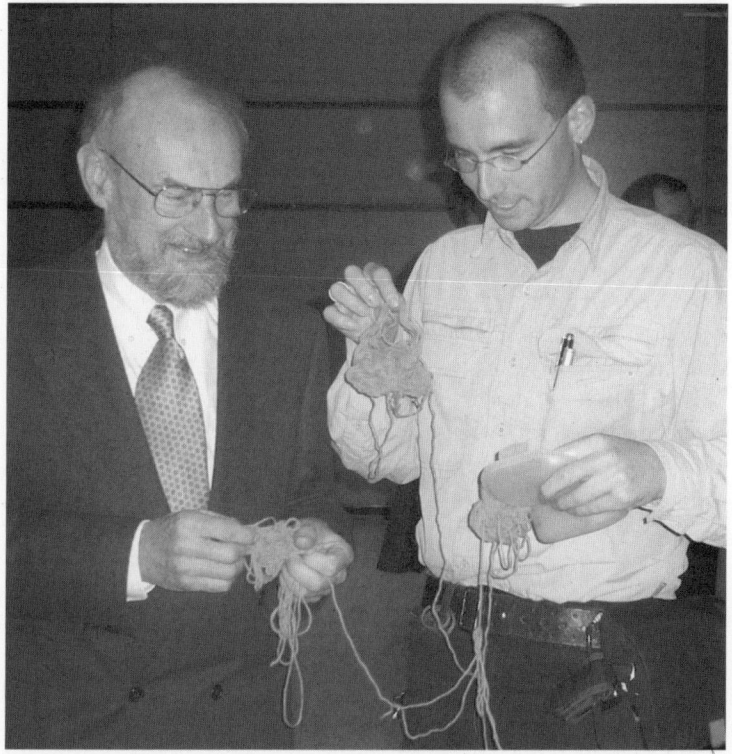

Abb. 76: Mark Benecke mit Ed Southern (links)
Ed Southern, der Erfinder des Southern Blot, führt dem Autor an Wollfäden das
Zerschneiden genomischer DNA vor. Foto: © Mark Benecke.

Euro kosten könnte. Rechnet man noch die Kosten der zusätzlich benötigten, hoch gereinigten Chemikalien hinzu, so kann
es geschehen, dass ein Teelöffel voll Reagierflüssigkeit teurer ist
als dieselbe Menge Gold.

Was hierzulande manchmal noch durch hartes Wirtschaften aufzufangen ist, gelingt in ärmeren Ländern fast gar nicht.
Welche indirekten Folgen das hat, wurde nach dem Tsunami

in Südostasien im Dezember 2004 schnell deutlich: Weil vor
Ort mangels Labors keine DNA-Tests möglich waren, mussten
die Leichen, mit kleinen Sendern versehen, vergraben werden.
Die zuvor entnommenen DNA-Proben wurden dann in die In-
dustrieländer geflogen und dort untersucht. Geplant ist, identi-
fizierte Leichen aus den reicheren Ländern dann gegebenenfalls
wieder auszugraben und zu überführen. Hier zeigt sich sehr
direkt, wie vernetzt unsere Welt mittlerweile ist und dass es sehr
wohl auf uns zurückwirkt, wenn wir in ärmeren Ländern keine
Strukturhilfe leisten. Dass Entwicklungshilfe oft belächelt oder
bloß aus strategischen Gründen durchgeführt wird, ist äußerst
kurzsichtig. Doch das nur am Rande.

Liegt die DNA nach dem Southern Blot auf der Nylonmembran, so kann sie mit Singlelocus-Sonden sichtbar gemacht
werden. Das sind kurze DNA-Stücke, die aufgrund ihres Auf-
baus von ein oder zwei am Nylon festgeklebten DNA-Stücken,
den gesuchten Allelen, angezogen werden und sich dort fest-
lagern. Man nennt das »Hybridisierung durch komplemen-
täre Basenpaarung«. Bei einem Singlelocus-RFLP dockt jede
Sonde nur an einem DNA-Ort an, daher der Name (*single locus*
= ein Ort).

Weil die Sonden mithilfe eines an sie gekoppelten Leucht-
moleküls dazu gebracht werden können, bei einer Wellenlänge
von 477 nm schwach zu glimmen, legt man die Nylonmembran auf einen Röntgenfilm oder einen Foto-Chip und lässt
ihn über Nacht belichten. Überall, wo sich die Sonden an eines
der gesuchten DNA-Stücke gebunden haben, entsteht auf dem
Röntgenfilm/Chip eine Bande. Die leuchtenden Sonden erzeugen das Muster dünner Streifen – den klassischen genetischen
Fingerabdruck. Das Endergebnis ähnelt also trotz recht verschiedener Technik wieder dem der Short-Tandem-Repeat-Typi-
sierung (STR), einem Strichcode, der einen Menschen und seine
biologischen Spuren, nicht aber seine Persönlichkeit identifizieren kann.

EINIGE DNA-MUSTERVERGLEICHE

Um das Auswertungsverfahren zu verdeutlichen, hier einige erfundene Beispiele dafür, was Kriminalbiologen durch einen Vergleich von STR-Mustern in Kriminalfällen zuordnen bzw. nicht zuordnen können und was das für den Fall bedeutet.

A Einbruchdiebstahl. Tatortspur: eine Zigarettenkippe. Tatverdächtige: die Herren Schmitz und Schulz.

   Das DNA-Profil von Herrn Schmitz stimmt in allen Allelen und an beiden Loci mit dem an der Kippe überein. Bei Herrn Schulz' Profil deckt sich nur ein Allel an einem Locus (Pl.: Loci). Schmitz kann der Spurenleger sein, Schulz nicht (vgl. Abb. 77–81, S. 186–188).

B Postzugüberfälle. Tatorte: Bremen (1990), Lüttich (1991) und Marseille (1994). Tatabläufe ähnelten sich stark, daher Verdacht auf selbe Tätergruppe. Tatortspuren: Taschentuch mit Nasensekret (Bremen), an vorstehender Ecke abgerissene Haare (Lüttich) und Handschuh mit Blut auf der Innenseite (Marseille). Bislang niemand festgenommen.

   Die DNA-Profile an Haaren und Handschuh sind gleich und können von derselben Person stammen. Das Taschentuch stammt von einer anderen Person (vgl. Abb. 78, S. 187). Erklärungsmöglichkeiten: immer dasselbe Räubergespann, aber Spuren von verschiedenen Mitgliedern der Bande, oder zwei verschiedene Tätergruppen.

C Vergewaltigung. Zwei Verdächtige: Herr P. N. und Herr F. A. Material: Blutproben aller drei Personen und ein nach der Tat gewonnener Vaginalabstrich.

   Im Vaginalabstrich finden sich die Allele aller Beteiligten (Hautzellen der Vergewaltigten, Spermien der beiden Täter, vgl. Abb. 79, S. 187). Ein mathematisches Verfahren erlaubt es, die Wahrscheinlichkeiten zu berechnen, mit de-

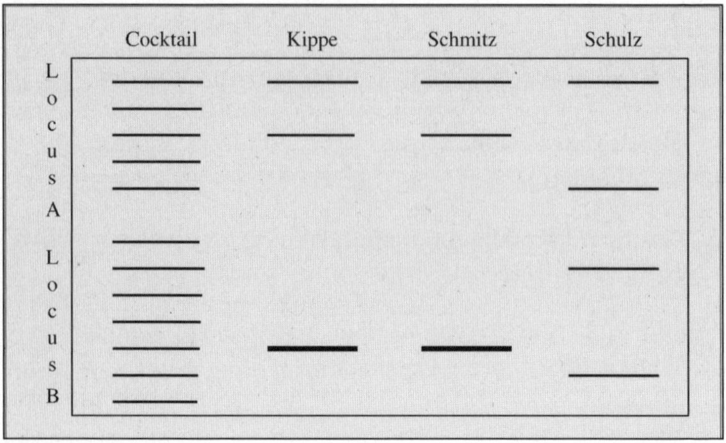

Abb. 77

nen P. N. und F. A. als Täter infrage kommen (vgl. S. 189).
Praktisches (hier: mathematisches) Problem in diesem Fall:
Fast alle Allele, die im Cocktail enthalten sind, sind auch
in der Mischspur (Vaginalabstrich) enthalten – welches
Allel stammt nun von wem? Und wie viele andere Männer außer P. N. und F. A. kommen als Täter in Betracht?
Dieser Fall zeigt, dass die DNA-Typisierung die übrigen
rechtsmedizinischen und kriminalistischen Untersuchungen nur ergänzt und stützt, aber nicht für sich allein stehen
sollte.

D Zerstückelte Leichenteile mit Fettwachsbildung in einer
   Chemikalientonne. Gehören die Teile zusammen, oder hat
   der Täter hier mehrere Opfer gesammelt?
       Arme, Zeh und Schenkel können von derselben Person
   stammen, während der Kopf auf jeden Fall zu einer anderen Leiche gehört. Wegen der großen Ähnlichkeit der Muster könnte es sein, dass es sich um Verwandte handelt (vgl.
   Abb. 80, S. 188).

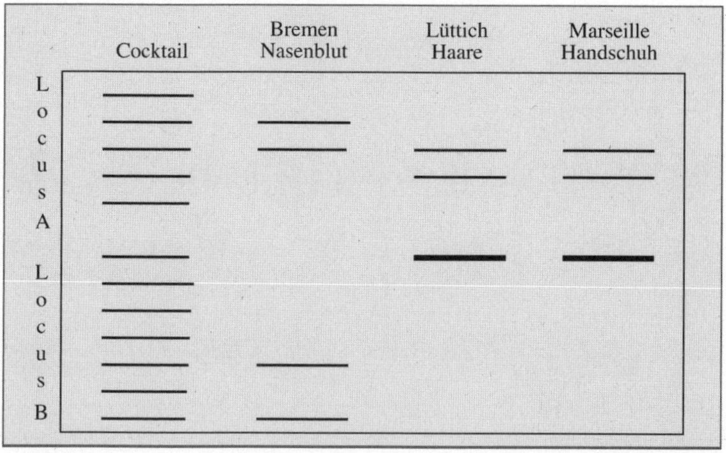

Abb. 78

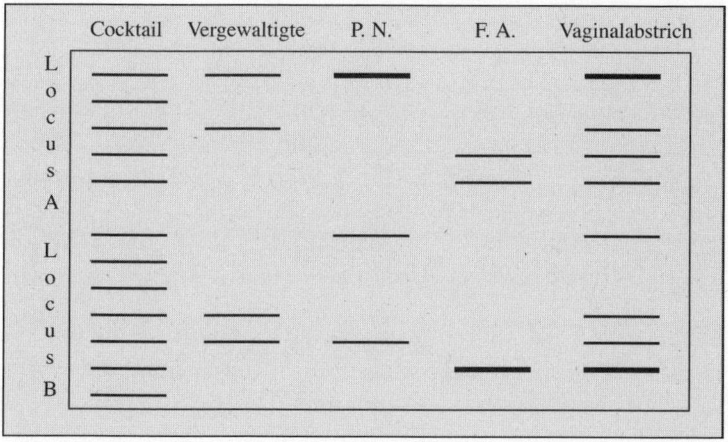

Abb. 79

Bei Vaterschaftsfällen funktioniert das Verfahren ähnlich. Das Typisierungsmuster (also die DNA) jedes Menschen setzt sich je zur Hälfte aus der Erbinformation der Mutter und des Vaters zusammen. Nur eineiige Zwillinge können

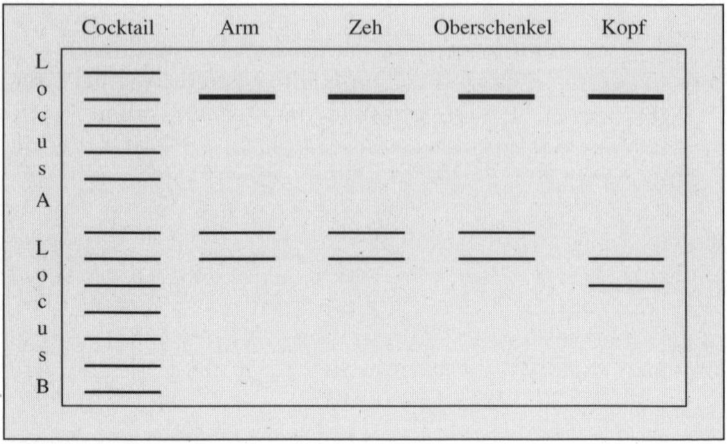

Abb. 80

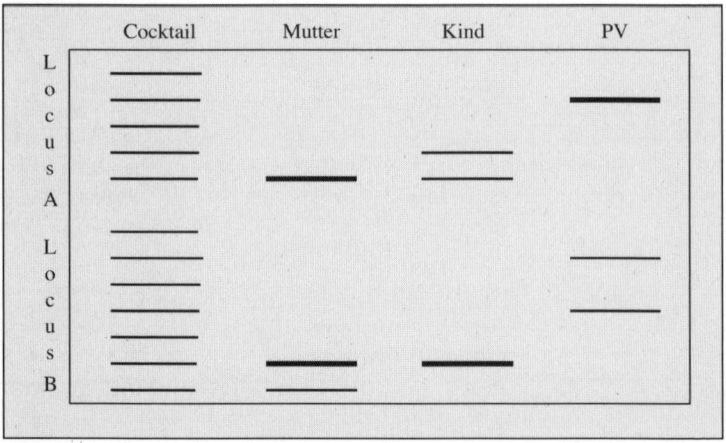

Abb. 81

dieselben genetischen Fingerabdrücke aufweisen. Wenn die DNA-Typen der Mutter und des Vaters bekannt sind, dann kann man, wiederum durch einen einfachen Vergleich, sehr leicht ermitteln, ob das Kind vom Vater stammt oder nicht.

E Normaler Vaterschaftstest*: Mutter und Kind sowie der so
   genannte Putativvater (= PV, möglicher Vater).
      Ergebnis: Das Kind hat zur Hälfte mütterliche Allele, aber
   keine väterlichen. Der getestete Mann ist auf keinen Fall der
   biologische Vater des Kindes, die Frau allerdings die biologische Mutter (vgl. Abb. 81).

Es gibt bei der Wahrscheinlichkeitsrechnung zu Vaterschaftstests
einige rechnerische Besonderheiten, auf die später eingegangen
wird, etwa bei den komplizierteren Fällen mit gemischten Spuren sowie weiteren DNA-Typisierungstechniken, die nicht nur
auf der Untersuchung genomischer – das heißt aus dem Zellkern stammender – DNA beruhen.

WARUM WAHRSCHEINLICHKEITEN?

Was bedeutet es, wenn im Zusammenhang mit DNA-Typisierungen von Wahrscheinlichkeiten die Rede ist? Meist geht es
um die Frage, wie häufig es vorkommen könnte (das heißt, wie
wahrscheinlich es ist), dass das bei einem Verdächtigen gefundene DNA-Typisierungsmuster zufällig bei einer anderen Person auftauchen kann.
   Zwar kann ein kompletter genetischer Fingerabdruck an beispielsweise 19 Loci bei verschiedenen Menschen nie derselbe
sein, aber bei einer DNA-Typisierung, die nur kleine Teile dieses Strichcodes darstellt, könnte es zu Überschneidungen mit
dem Strichcode einer anderen Person kommen. Das geschieht
beispielsweise, wenn nicht genügend DNA für eine umfangreiche DNA-Typisierung vorhanden ist, etwa aus einem winzigen
Speichelfleckchen.
   Wieder gilt der Vergleich mit dem Strichcode einer Milchpackung (vgl. Abb. 69, S.171, Text, S. 170): Liest die Scanner-
kasse nur die Hälfte der Striche, so kann sie Badeschlappen

möglicherweise nicht von H-Milch unterscheiden, weil sich Teile der Strichcodierung in ihrer Dicke oder ihrem Abstand voneinander gleichen. Je mehr Striche die Kasse liest, desto genauer wird das Endergebnis, bis es schließlich zu einer eindeutigen Identifizierung kommt.

Auch eine moderne STR-DNA-Typisierung setzt sich aus mehreren Strich-Untereinheiten zusammen, und zwar aus jeweils einem DNA-Bereich, der von Mensch zu Mensch unterschiedliche Längen aufweist. Diese variablen DNA-Bereiche (*short tandem repeats*, STRs) haben Namen wie THO1, D8S306, VWA/VWF, FIBRA, FGA oder SE33. Die Abkürzungen gehen meist auf die Namen der den STRs benachbarten Gene zurück (bei VWA/VWF zum Beispiel der Von-Willebrand-Faktor). Andere Namen ergeben sich aus einer alten Genetikermethode, bei der eine festgelegte Kartierungssprache oder -formel angewendet wird. Der STR mit der Bezeichnung »D8S306« liegt beispielsweise auf Chromosom 8 (= D8) am molekularen »Kilometerstein« 306.

Betrachtet man die Länge eines STRs einer großen Gruppe von Menschen (Population), so fällt auf, dass dieser DNA-Bereich zwar verschiedene Längen (Allele) haben kann, diese aber nur in einer begrenzten, vorgegebenen Anzahl vorkommen. Das erklärt sich daraus, dass jeder STR aus einer so genannten Kerneinheit aufgebaut ist, die sich aber nicht beliebig oft wiederholt (vgl. Abb. 72, S. 175, Text, S. 174).

Diese Grundeinheiten sind DNA-Stücke mit einer festgelegten Basenfolge, zum Beispiel GATA (Guanin-Adenin-Thymin-Adenin). Egal welche Person man untersucht, die Kerneinheit des STRs namens FIBRA/FGA wiederholt sich nur 16-, 17- oder 18- bis maximal 30-mal. Man wird in einer DNA-Typisierung also nie eine FIBRA-Grundeinheit finden, die sich seltener als 16-mal oder häufiger als 30-mal wiederholt. (Die einzigen Ausnahmen bei FIBRA sind jeweils eine dazwischengeschobene 22,5fache, eine 23,5fache und eine 24,5fache Wiederholung. Dabei wird die Kerneinheit jeweils zusätzlich ein halbes Mal wiederholt.) Der Grund für die begrenzte Wiederholungsrate ist unbekannt.

Während man bei der Untersuchung einer großen Personengruppe nun alle möglichen Wiederholungen findet, gilt das nicht für einen einzelnen Menschen. Eine Person kann auf ihrer DNA nur zwei verschiedene oder zweimal denselben der möglichen DNA-Abschnitte (Allele) tragen. Ein Beispiel: Während meine New Yorker Kollegin Helen zwei verschiedene FIBRA-Allele mit den Wiederholungsraten 22fach und 28fach in sich trägt (sie ist also heterozygot), hat eine andere Kollegin (Moni) zwei gleiche Allele mit der Wiederholungsrate 21fach (sie ist daher homozygot). In wissenschaftlicher Schreibweise: Helen – FIBRA – 22, 28; Moni – FIBRA – 21, 21.

Das allein wäre schon ein schöner kriminaltechnischer Hinweis (man könnte Tatortspuren von Helen und Moni sicher voneinander unterscheiden), aber die Gerichte wollen es genauer wissen. Sie fragen: Wie viele Menschen außer Helen haben den DNA-Typ FIBRA 22, 28; und wie viele haben wie Moni den Typ 21, 21? Wie viele Menschen kommen außer Helen als Spurenlegerinnen in Betracht, wenn an einem Tatort der FIBRA-Typ 22, 28 gefunden wird?

Hier helfen nur noch mathematische Wahrscheinlichkeiten weiter. In Anlehnung an die umgangssprachliche Bedeutung des Wortes »wahrscheinlich« meinen Naturwissenschaftler damit, dass sie zum Beispiel in diesem Zusammenhang das Vorkommen von Allelen in einer Gruppe von Menschen vorhersagen können. Dazu benutzen sie Hochrechnungen. Zunächst werden aus einer Bevölkerungsgruppe – zum Beispiel den Europäern, die in New York leben – etwa 200 Personen DNA-typisiert, das heißt, ihre Allele an den betreffenden STRs werden auf einem Gel dargestellt und die gefundenen Wiederholungsnummern (Allele) aufgeschrieben. Daraus ergibt sich dann die Häufigkeit, mit der jedes einzelne der Allele in der Bevölkerungsgruppe zu finden ist. Das Allel 22 kommt beispielsweise bei 18 Prozent aller Untersuchten vor, das Allel 28 nur bei 0,1 Prozent. In anderen Worten: Fast jeder fünfte europäischstämmige Mensch aus New York trägt das Allel 22 in sich, jedoch nur jeder tausendste das Allel 28.

Für meine Kollegin Helen bedeutet das, dass ihre Allelkombination (22, 28) eine Häufigkeit von 18 Prozent mal 0,1 Prozent, also rund 0,02 Prozent hat (0,18 x 0,001 = 0,00018 = zirka 0,02 Prozent). Ungefähr jede fünftausendste europäischstämmige Person in New York hätte damit denselben DNA-Typ wie Helen – zumindest an dieser DNA-Stelle.

Bei Moni ergibt sich für denselben Locus: Allel 21 hat eine Häufigkeit von 17 Prozent, daher ist die Häufigkeit ihrer Kombination (21, 21): 17 Prozent mal 17 Prozent, also 0,17 x 0,17 = 0,0289, also rund drei Prozent. Das heißt, etwa jede 33. Person hat denselben DNA-Typ wie Moni an diesem DNA-Bereich.

EIN WAHRSCHEINLICH-UNWAHRSCHEIN-LICHES EIFERSUCHTSDRAMA

Nehmen wir an, in unserer Stammkneipe neben dem Labor kommt es eines Abends zu einer Messerstecherei, bei der Kollegin Helen ums Leben kommt. Als die Polizei eintrifft, will keiner der Anwesenden irgendetwas sagen. Der Wirt hat angeblich auch nichts gesehen, weil er gerade in der Küche war. Als er das Geschrei hörte, sperrte er aber sofort den Ausgang zu, sodass niemand hinauslaufen konnte. Dann rief er die Polizei. Es waren genau 50 Personen im Raum, als die Tat geschah.

An Helens Hemd finden sich außen mehrere Abdrücke, die von einer blutigen Hand stammen könnten. Die DNA-Typisierung der Flecken ergibt, dass die Spuren legende Person am Locus FIBRA den DNA-Typ 21, 21 hat, während Helens eigener DNA-Typ 22, 28 ist. Das Blut kann also nicht von Helen, wohl aber vom möglichen Täter stammen, wenn sich dieser beim Kampf selbst geschnitten und geblutet hat.

Bei einer am nächsten Tag eingeleiteten Reihenuntersuchung geben alle Gäste des letzten Abends freiwillig eine Speichelprobe ab (von der Polizei so genanntes »Speicheln«; vgl. Abb. 71, S. 173). Die Wattetupfer werden getrocknet, in getrennte, beschriftete Kartons gesteckt, versiegelt und im Labor DNA-typisiert. Moni ist die einzige der untersuchten Personen mit dem DNA-Typ FIBRA 21, 21. Wie wahrscheinlich ist es nun, dass sie die Täterin ist, wenn wir keine andere Information hinzuziehen?

Wie oben errechnet, hat jede 33. europäischstämmige Person in New York den DNA-Typ FIBRA 21, 21. Es gibt also rein rechnerisch sehr viele andere Personen, die eine Spur mit diesem genetischen Fingerabdruck legen können. Dennoch muss Moni die Täterin sein. Da der Raum geschlossen war und niemand ihn nach der Tat verlassen hat, spielt die *Häufigkeit* der Allele hier keine Rolle. Wenn es nur einen Merkmalsträger in einem geschlossenen Raum gibt – wenn also nur eine einzige Person den verdächtigen DNA-Typ besitzt –, dann kann nur sie die Spur verursacht haben.

Anders sähe der Fall aus, wenn die Tür offen gewesen wäre und der Wirt die Leiche am nächsten Morgen beim Aufräumen gefunden hätte. Wenn wir auch in diesem Fall keine zusätzlichen Informationen der Ermittler erhalten (wenn wir also nicht wissen, ob es für Moni ein Motiv wie etwa Eifersucht gab oder ob sie überhaupt verletzt ist – und wenn ja, woher die Verletzung stammt und wie alt sie ist), dann können wir nicht sicher annehmen, dass Moni die Täterin ist. Denn von den 300 Gästen, die während des besagten Abends in dem Lokal ein und aus gingen, kommt nun jede(r) 33. ebenso gut als Täter(in) in Betracht. Das ist die Grundregel der kriminalistischen Arbeit: Es kommt auf den Einzelfall an (»kritische Einzelfallbetrachtung«).

Gibt es also eine Lösung, wenn die Tür zur Kneipe offen stand? Jawohl, man wendet den eigentlichen Kniff der Wahrscheinlichkeitsberechnung an: Die Häufigkeiten der einzelnen

DNA-Bereich (Locus)	DNA-Typisierungs-ergebnis	Häufig-keiten (Frequenzen) bei Mittel-europäern	Multipli-kations-ergebnis
FIBRA	21,21	17 % x 17 %	= 3,0 %
SE33	15,22	4 % x 0,9 % x 2	= 0,08 %
THO1	9,10	20 % x 2 % x 2	= 0,8 %
FGA	23,24	15 % x 13 % x 2	= 4,0 %
VWA/VWF	16,16	18 % x 18 %	= 3,2 %

Abb. 82: Kombination der Häufigkeiten der STR-Loci FIBRA, SE33, THO1, FGA und VWA/VWF

Allele sind nämlich multiplizierbar. Wenn man eine Mindest-menge von fünf und mehr STRs untersucht, dann steigen die Werte für die Unverwechselbarkeits-Wahrscheinlichkeiten sprung-haft an. Das heißt, immer weniger Menschen können diesel-be Kombination von DNA-Typen aufweisen, bis am Ende kein einziger jemals existierender Mensch dasselbe DNA-Muster haben kann wie die verdächtige Person oder die biologische Spur.

Kombiniert man im Fall Moni/Helen beispielsweise die Häufigkeiten der Allele an den fünf STR-Loci FIBRA, SE33, THO1, FGA und VWA/VWF, so ergeben sich die Werte in der obigen Tabelle (vgl. Abb. 82).

Am Ende werden die Häufigkeiten aus der dritten Spalte miteinander multipliziert. Dieses Endergebnis gibt an, wie oft die Kombination der in der Tabelle in der zweiten Spalte ange-gebenen DNA-Typen in einer Population (hier: »genetisch aus Mitteleuropa stammende Menschen«) vorkommt. Ergebnis: Die vorliegende Allelkombination gibt es nur dreimal unter einer Billiarde Menschen. Das bedeutet, dass auf der gesamten Erde nur wenige Menschen jemals denselben DNA-Typ haben können.

Wem das wider alle Vernunft noch nicht eindeutig genug ist (denn: Nicht alle Menschen auf der Erde kommen als Täter in Betracht), der kann zusätzlich eine weitere STR-Typisierung, beispielsweise des Locus F13B, hinzuziehen. Monis DNA-Typ am Locus F13B ist 9, 10 mit den Häufigkeiten 20 Prozent x 41 Prozent x 2 = 16 Prozent. Multipliziert man das zu den Wahrscheinlichkeiten aus den anderen fünf untersuchten STRs hinzu, dann verringert sich die Wahrscheinlichkeit, denselben genetischen Fingerabdruck noch einmal zu finden, auf eine Person unter 100 Billiarden Menschen. Das sind mehr, als in den letzten Jahrtausenden auf der Erde gelebt haben.

GLÜCKLOSE AUTOKNACKER

Mittlerweile werden DNA-Typisierungen auch bei scheinbar »harmloseren« und von der Öffentlichkeit als weniger aufregend empfundenen Verbrechen eingesetzt. Beim folgenden Fall handelt es sich zwar »nur« um Autoknacker, der Schaden war aber so groß, dass sich der Aufwand mehr als lohnte. Die Schilderung stammt von Katrin Thust, der Tochter eines Kölner Kommissariatsleiters in der Polizeiinspektion Innenstadt:

»Es verdichten sich die Hinweise, dass in der Kölner Innenstadt eine Pkw-Aufbrecherbande unterwegs ist, die aus Fahrzeugen dort zurückgelassene Papiere und Haustürschlüssel stiehlt, um so kurze Zeit später in die jeweiligen Wohnungen der Autobesitzer einzubrechen.

Da sich viele Fälle dieser Art in der letzten Zeit gehäuft haben und ein sehr hoher Schaden durch die Wohnungseinbrüche entstand, wird eine Ermittlungskommission (EK) eingesetzt, die eventuelle Bezüge zwischen den einzelnen Taten herstellen und so die Täter ermitteln soll.

Schnell findet die EK heraus, dass sich die Bande offensichtlich auf Modelle der Fahrzeugmarke VW und Audi spezialisiert hat und dass sie bei den Aufbrüchen der eben genannten Fahrzeuge immer die gleiche Arbeitsweise praktiziert. Außerdem fällt auf, dass immer nur ganz gezielt nach Haustürschlüsseln und nach Papieren gesucht wird, auf denen die Anschrift des Autobesitzers steht (Fahrzeugschein, ADAC-Versicherungsunterlagen etc.).

Andere im Fahrzeug befindliche Wertgegenstände werden nicht beachtet.

Allerdings können die ermittelnden Kripobeamten längere Zeit nichts gegen die Bande unternehmen, da diese bei den Aufbrüchen keine Spuren hinterlässt. Etwa zwei Monate später findet wieder ein solcher Pkw-Aufbruch statt – diesmal an einem VW Golf. Allerdings verletzen sich der/die Täter und hinterlassen Blutspuren am/im Fahrzeug, die sofort von Experten des Kölner Erkennungsdienstes gesichert werden. Somit ist eine erste Spur vorhanden, der nachgegangen werden kann.

Damit das gesicherte Blut ›DNA-mäßig‹ untersucht werden darf, muss der ermittelnde Beamte einen Bericht an die Staatsanwaltschaft in Köln schreiben, damit diese einen entsprechenden Untersuchungsantrag beim Amtsgericht in Köln stellen kann.

Von dort kommt dann der notwendige Untersuchungsbeschluss. Dieser Vorgang dauert zwar seine Zeit, ist aber vom Gesetz her so vorgeschrieben.

Die Blutspur und der dazugehörige Untersuchungsbeschluss werden erst einmal zum Landeskriminalamt (LKA) nach Düsseldorf geschickt. Dort wird im Labor aus der eingesandten Blutspur eine DNA-Analyse durchgeführt. Das heißt, die Blutspur wird durch die PCR vermehrt, sodass genug DNA für eine Analyse zur Verfügung steht. Danach werden die DNA-Fragmente mithilfe der Elektrophorese* der Länge nach aufgetrennt.

Dabei entsteht folgendes Ergebnis:

Locus	Allelkombination	Locus	Allelkombination
SE33	17/18	FIBRA	20/25
D21S11	29/30	D3S1358	15/16
VWA	16/18	D8S1179	9/12
THO1	8/9	D18S51	15/18

Diese Buchstaben-/Zahlenkombination wird dann an eine andere Stelle im LKA gegeben und von dort an den Zentralrechner (DAD = DNA-Analyse-Datei) des Bundeskriminalamtes (BKA) gemeldet.

Dort eingegangen, vergleicht der Computer – ähnlich wie bei herkömmlichen Fingerabdrücken von Hautleisten – die oben abgebildete Formel mit dem Datenbestand, der schon im Computer gespeichert ist.

Nun gibt es drei Möglichkeiten: Entweder die sichergestellte Spur stimmt mit Spuren, die an anderen Tatorten gesichert werden konnten, überein, oder sie ist mit der DNA-Formel eines bereits bekannten Straftäters identisch. Oder – die dritte Möglichkeit – die neu eingegebene Zahlenkombination kann weder einem Tatort noch einem Täter zugeordnet werden.

In unserem Fall trifft leider die dritte Möglichkeit zu, also kann die DNA-Formel nur gespeichert werden in der Hoffnung, dass in der Zukunft vielleicht entsprechende ›Treffer‹ gemeldet werden.

In den folgenden Monaten werden weitere Pkw-Aufbrüche registriert, die exakt der Vorgehensweise der noch unbekannten Bande entsprechen. Es gibt aber weiterhin keine neuen Hinweise auf die Täter. Gegen Ende des Jahres gibt es eine nicht zu erklärende Pause von drei Monaten. Danach geht die Aufbruchsserie weiter.

Nach weiteren vier Monaten meldet der Zentralrechner des BKA einen Hinweis auf eine weibliche Person, die in Bayern nach einem Einbruch mittels eines nachgemachten Schlüssels in ein Einfamilienhaus im Allgäu festgenommen werden

konnte. Es werden Fotos gemacht und Fingerabdrücke (Hautleistenabdrücke mit Tinte) genommen, außerdem eine Speichelprobe. Diese wird DNA-typisiert und die dabei ermittelte
DNA-Formel erneut in den Zentralrechner des BKA eingegeben.
Aufgrund ihrer kriminellen Vergangenheit geht man davon
aus, dass man es mit einer so genannten ›überörtlich tätigen‹
Einbrecherin zu tun haben könnte.

Die bayerischen Kripobeamten behalten Recht, denn kurz
nach der Eingabe der Formel bekommt sowohl die bayerische
Polizei als auch die Kölner Kripo eine Treffermeldung. Die Formel der Einbrecherin aus Bayern stimmt mit der Blutspur vom
Aufbruch des Fahrzeugs (VW Golf) überein.

Der Rest ist Routine: Telefonate, Dienstreisen, Aktenabgleich.
Am Ende können die ermittelnden Beamten sowohl die Auf-
bruchsserien im Großraum Köln als auch eine vergleichbare
Einbruchsserie in Bayern aufklären. Es stellt sich heraus, dass
es sich um eine dreiköpfige deutsch-italienische Tätergruppe
gehandelt hat, die lange Zeit ›erfolgreich‹ war, nun aber ihrer
gerechten Strafe zugeführt werden konnte.«

TIERE UND TATORT-DENKEN

Genetische Fingerabdrücke funktionieren auch bei allen anderen Lebewesen. In dem ab Seite 149 geschilderten Fall ergab
der Vergleich von zehn nur bei Katzen vorkommenden STRs
aus der biologischen Tatortspur (weiße Haare auf einer Jacke)
mit Zellen der möglichen Spurenlegerin (probeweise entnom-
mener Bluttropfen der Katze) die eindeutige Zuordnung der
Haarspur zum Tier. Da die Katze dem Verdächtigen gehörte,
ergab sich eine wertvolle Ermittlungshilfe. Die Wahrscheinlichkeit, dass eine andere Katze dasselbe STR-Muster aufweisen
könnte, betrug eins zu 70 Millionen. Anders gesagt, das Muster
der zehn untersuchten DNA-Abschnitte findet sich rechnerisch

nur in jeder 70-millionsten Katze. Obwohl es sein mag, dass mehr als 70 Millionen Katzen auf dem Planeten leben, kam wegen der Haarfarbe und der räumlichen Nähe im beschriebenen Fall doch nur die Katze Snowball als Spurenlegerin infrage.

In diesem Zusammenhang soll aber noch einmal betont werden, dass die häufig als besonders »gut« angesehenen hohen Wahrscheinlichkeitswerte nicht immer nötig sind, um einen Fall zu verstehen. Stellen wir uns beispielsweise vor, in Snowballs Fall wäre herausgekommen, dass nur eine Katze unter 5000 anderen Katzen dasselbe DNA-Typisierungsmuster tragen kann. Wäre das nicht dennoch eine brauchbare Information?

Gewiss. Denn ein Verdächtiger (oder seine Katze) muss immer auch kriminalistisch mit der Tat in Zusammenhang gebracht werden: Gibt es ein Motiv, räumliche Nähe oder eine kriminelle Vorgeschichte? Die DNA-Beweise stellen dann eine Zusatzinformation dar, die weitere Anhaltspunkte zur Tataufklärung gibt. Da in unserem Fall bekannt war, dass der mögliche Täter eine weiße Katze besaß, darf man ihn nicht vorschnell verurteilen. Es ist gut und richtig zu fragen, wie viele Katzen dieser Art als Spurenleger infrage kommen. Leben beispielsweise keine weiteren Tiere dieser Art in der Nähe, dann ist die Aussage »eine aus 5000 Katzen« durchaus ein guter Anhaltspunkt.

Es könnte auch geschehen, dass ein DNA-Gutachten mit scheinbar nur niedrigeren Wahrscheinlichkeiten einen Verdächtigen oder dessen Verteidiger dazu bewegt, die Tat zuzugeben. In angloamerikanischen Ländern kommt hinzu, dass einige Gerichte bei einem frühen Geständnis mit sich über das Strafmaß reden lassen: ein zusätzlicher Anreiz, wenn die Beweislast ohnehin groß ist.

Oft geht es bei DNA-Typisierungen nicht um eine eigentliche Überführung, sondern vor allem um das Matching von Tatorten oder Taten, ohne dass der Täter bekannt ist. In solchen Fällen helfen auch schon Wahrscheinlichkeitswerte wie »einer aus hundert«, weil zunächst nur geklärt werden soll, ob die Verbrechen theoretisch überhaupt zusammenhängen können oder nicht.

Wenn das Tatvorgehen an vielen Tatorten immer gleich ist, beispielsweise ein 1,80 Meter großer Bankräuber, der immer eine Hasenmaske trägt, oder die Autoknacker aus dem vorherigen Beispiel (vgl. S. 195), und wenn diese Täter immer dieselben genetischen Fingerabdrücke hinterlassen, dann wissen die Ermittler, dass sie keine weitere Ermittlungsgruppe bilden müssen, sondern wohl ein und derselben Person auf den Fersen sind. Hier erleichtert die DNA-Typisierung die Ermittlungen also schon lange, bevor es zur Überführung kommt.

Schließlich gibt es viele Fälle, in denen nur entschieden werden muss, von welcher der fünf am Tatort anwesenden Personen eine Spur stammt. In diesem Fall, dem »Geschlossener-Raum-Szenario«, führen schon niedrige Wahrscheinlichkeiten zu eindeutigen Aussagen (vgl. S. 192). Denn wenn vier von fünf Personen eindeutig nicht die Spurenleger sein können, weil ihre DNA-Typen nicht mit der Spur übereinstimmen, und wenn die fünfte Person einen DNA-Typ hat, der sowohl in der Spur vorkommt als auch in jeder 50. Person in Mitteleuropa, dann muss die fünfte Person die Spur gelegt haben. Denn wenn der Raum verschlossen war, gibt es keine anderen Verdächtigen. Das ist übrigens einer der größten Vorteile der DNA-Typisierung: Sie hilft ebenso oft, Personen zu entlasten wie zu überführen.

WARUM KANN MAN DNA-TYPISIERUNGEN NICHT MISSBRAUCHEN?

DNA-Typisierungen aus guten Labors sind heute so zuverlässig, dass sie vor Gericht nicht angegriffen werden. Auch über die Persönlichkeitsrechte gab es vor Gericht noch keine Beschwerden, denn ein genetischer Fingerabdruck sagt nichts über physische oder psychische Eigenschaften der untersuchten Per-

Abb. 83: Gentest
Der Unsicherheit vieler Menschen bei Reihenuntersuchungen liegt der Irrtum zugrunde, es handele sich um einen »Gen-Test«. Das ist falsch, denn Gene liegen im codierenden Bereich der DNA, während beim genetischen Fingerabdruck nur nichtcodierende DNA untersucht wird.

sonen aus. Er gleicht einem abstrakten Strichcode, der ebenfalls keine Aussage über die Eigenschaften des einzelnen Produktes enthält.

Besonders wenn eine DNA-Reihenuntersuchung zur Ermittlung eines Straftäters anläuft, zeigen sich manche Menschen besorgt, dass die dabei gewonnenen Daten missbraucht werden könnten (vgl. S. 248). Welche Art Missbrauch das sein sollte, wird meistens nicht gesagt. In aller Regel wird in diesem Zusammenhang ohnehin der vollkommen falsche Ausdruck »Gen-Test« oder »Gen-Datei« verwendet (vgl. Abb. 83). Das ist falsch, denn Gene liegen im codierenden Bereich der DNA, während beim genetischen Fingerabdruck nur nichtcodierende DNA untersucht wird.

In den meisten anderen Ländern wird diese Furcht angesichts des in Deutschland sehr hohen Niveaus des Daten-

schutzes belächelt oder verwundert bestaunt, denn es besteht
ein Widerspruch zwischen den Tatsachen (nichtcodierende
DNA) und der Wahrnehmung der Menschen (Persönlichkeitsrechte könnten vielleicht angegriffen werden). Woran liegt
das?

Wie schon erwähnt, haben englischsprachige Staaten eine
lang entwickelte kriminalistische Tradition – daraus erklärt
sich auch die in Filmen oft überstilisierte Alleskönnerschaft
von Scotland Yard und FBI. Und tatsächlich haben Kriminalbiologen aus angloamerikanischen Ländern, beispielsweise des
Forensic Science Service aus Birmingham und der FBI-Akade-
mie in Quantico, sowie die US-Firmen Lifecodes und Promega
entscheidend dazu beigetragen, die DNA-Typisierung als groß
angelegte Routinemaßnahme durchzusetzen. Es ist auch kein
Zufall, dass die Roman- und Serienfiguren Sherlock Holmes,
Quincy und Kay Scarpetta sich vor dem dortigen Kriminalistik
liebenden Kulturhintergrund entwickelt haben. Auch in den
pragmatischen Niederlanden ist die deutsche Übervorsicht
niemandem verständlich. Hier ist es seit 2003 sogar erlaubt,
codierende Merkmale in die DNA-Datenbank einzuspeisen,
die ein Zeuge ohnehin erkennen könnte. Gemeint sind damit die Haar- und Augenfarbe sowie die Ethnie. Die Logik
dahinter ist bestechend: Was jedermann ohnehin von außen
sieht, kann kein Bestandteil des geschützten Inneren sein. Deshalb darf man in den Niederlanden diese Merkmale auch aus
einer anonymen Tatortspur entwickeln, ohne dass es einen Ein-
griff in die – eben gar nicht betroffenen – Persönlichkeitsrechte
darstellt.

Trotzdem wurde in Deutschland Pionierarbeit für genetische
Fingerabdrücke geleistet. Große Teile der echten Forschungs-
arbeit zur DNA-Typisierung fanden vor allem in deutschen
Instituten für Rechtsmedizin statt (zwischen 1985 und 1990
besonders die Institute in Köln und Münster). Es gelang aber
zuerst nur im englischen Sprachraum, die Methode mit voller
Zustimmung der Bevölkerung großflächig anzuwenden. Das ist

umso erstaunlicher, als in England und den USA die Erfassung personenbezogener Daten keineswegs unkritisch betrachtet wird: Eine Personalausweis- bzw. Meldepflicht ist dort zum Beispiel undenkbar.

Der Grund für die hiesige Zauderlichkeit ist wohl, dass sich Deutsche nach den Erfahrungen mit den Überwachungsmethoden im Dritten Reich und der DDR, in denen Privatleben und die Rechte des Einzelnen konsequent missachtet wurden, zum Teil übertrieben stark gegen jede staatliche Einmischung wehren, und sei sie noch so sinnvoll. Wie groß das Misstrauen gegenüber staatlichen Datensammlungen ist, wurde 1983 klar, als es massenhaft Proteste gegen eine »ganz normale« Volkszählung in der damaligen BRD gab. Hier wurden für sich genommen unproblematische Daten wie die Anzahl der Fernseher und die Zusammensetzung der Familie abgefragt. Da halbwegs brauchbare Computer damals bereits verfügbar waren, fürchteten viele Menschen nicht so sehr die Speicherung der Daten als deren Vernetzung. Die Idee dabei war, dass jede Information für sich genommen noch keine tieferen Rückschlüsse auf die befragten Menschen ergäbe, die vernetzten Informationen aber sehr wohl. Zudem seien die einmal abgespeicherten Daten auch ohne Einverständnis der Menschen, auf die sich sie bezögen, verwertbar, was ebenfalls eine Entmachtung des Einzelnen bedeute.

Genau solche Datensammlungen, die für jeden Geheimdienst das tägliche Brot darstellen, spielten sowohl bei den Nazis als auch der Stasi eine wesentliche Rolle und betrafen auch wirklich die gesamte Bevölkerung, nicht nur berühmte oder aus irgendeinem Grund interessante Personen. Daher formulierte das Bundesverfassungsgericht im Dezember 1983 im »Volkszählungsurteil«:

»... weil bei Entscheidungsprozessen nicht mehr wie früher auf manuell zusammengetragene Karteien und Akten zurückgegriffen werden muss, vielmehr heute mithilfe der automatischen Datenverarbeitung Einzelangaben über persönliche

oder sachliche Verhältnisse einer bestimmten oder bestimmba-
ren Person (personenbezogene Daten [vgl. § 2, Abs. 1 BDSG])
technisch gesehen unbegrenzt speicherbar und jederzeit ohne Rücksicht auf Entfernungen in Sekundenschnelle abrufbar
sind.

Sie können darüber hinaus – vor allem beim Aufbau inte-
grierter Informationssysteme – mit anderen Datensammlungen
zu einem teilweise oder weitgehend vollständigen Persönlich-
keitsbild zusammengefügt werden, ohne dass der Betroffene
dessen Richtigkeit und Verwendung zureichend kontrollieren
kann. Damit haben sich in einer bisher unbekannten Weise die Möglichkeiten einer Einsicht- und Einflussnahme er-
weitert, welche auf das Verhalten des Einzelnen schon durch
den psychischen Druck öffentlicher Anteilnahme einzuwirken
vermögen.

Wer nicht mit hinreichender Sicherheit überschauen kann,
welche ihn betreffende Informationen in bestimmten Bereichen seiner sozialen Umwelt bekannt sind, und wer das Wissen
möglicher Kommunikationspartner nicht einigermaßen abzu-
schätzen vermag, kann in seiner Freiheit wesentlich gehemmt
werden, aus eigener Selbstbestimmung zu planen oder zu entscheiden.

Mit dem Recht auf informationelle Selbstbestimmung wären eine Gesellschaftsordnung und eine diese ermöglichende
Rechtsordnung nicht vereinbar, in der Bürger nicht mehr wissen können, wer was wann und bei welcher Gelegenheit über
sie weiß. Wer unsicher ist, ob abweichende Verhaltensweisen
jederzeit notiert und als Information dauerhaft gespeichert,
verwendet oder weitergegeben werden, wird versuchen, nicht
durch solche Verhaltensweisen aufzufallen. Wer damit rechnet, dass etwa die Teilnahme an einer Versammlung oder einer
Bürgerinitiative behördlich registriert wird und dass ihm dadurch Risiken entstehen können, wird möglicherweise auf eine
Ausübung seiner entsprechenden Grundrechte (Art. 8, 9 GG)
verzichten.«

Diese Urteilsbegründung ruft bei der heutigen Jugend bestenfalls ein müdes Lächeln hervor, weil sie freiwillig Payback-, SIM-, Euroscheck- und alle möglichen anderen Karten samt Internet-Accounts täglich benutzt, die bei einer Vernetzung ein recht lückenloses Bild über die Lebensgewohnheiten geben würden.

Auch in Frankreich herrschte übrigens lange eine ähnliche Einstellung, die sich allerdings aus dem *Liberté*-Ideal der Französischen Revolution ableitete, das oft als Versprechen größtmöglicher persönlicher Freiheit verstanden wird. Es war daher in Frankreich lange Zeit sehr schwierig, eine zwangsweise Blutentnahme zur DNA-Typisierung anzuordnen, weil dadurch der private Raum des Betreffenden angetastet würde. Das hat sich mittlerweile erledigt, weil Blutproben nicht mehr notwendig sind und das »Speicheln« als »nichtinvasiv« angesehen wird.

Sowohl in Deutschland als auch in Frankreich wurden die strengen Regelungen zuletzt aber so weit gelockert, dass biologisches Material von Tatverdächtigen problemlos angefordert und entnommen werden darf. In Deutschland bedurfte es dazu aber erneut einer Entscheidung des Bundesverfassungsgerichts, die im August 1996 erging. Das Gericht hatte dabei auch entschieden, dass Richter die Verweigerung einer Probenentnahme nicht zwingend als Hinweis auf die Schuld eines Beklagten werten dürfen. Auch in England musste zur Probenentnahme ein Gesetz geändert werden: im Jahr 1995 die Criminal Justice Bill. Seitdem dürfen Polizisten von Verdächtigen einen Speichelabstrich oder Haarwurzeln zur DNA-Typisierung verlangen.

Rückblickend kann man sich kaum noch erklären, warum die Angst vor den Behörden und ihren Absichten noch vor wenigen Jahren so groß war. Dass diese Bedenken mittlerweile ein kleiner Nebenschauplatz der politischen Diskussion geworden sind, zeigt, dass die Behörden die Menschen zumindest in Sachen Datenschutz nicht enttäuscht haben.

FAST CODIERENDE DNA?

Solange es um solche DNA-Typisierungen geht, wie wir sie
heute kennen, ist die Gefahr eines »gläsernen Menschen« im
Sinne einer Person, die ungewollt durchleuchtet wird, nicht
möglich.

Dafür gibt es eine ganze Reihe von Gründen. Der wichtigste
davon ist, dass die Erbsubstanzabschnitte, die bei der DNA-Typisierung untersucht werden, nichtcodierend sind. Das heißt,
dass diese Bereiche keine Informationen beinhalten, die mit
Körper oder Psyche des Untersuchten zusammenhängen.

Bei Millionen von genetischen Fingerabdrücken ist bis heute nur ein einziges Mal die vage Vermutung aufgekommen,
dass ein bestimmter DNA-Bereich in sehr seltenen Fällen auf
eine Erkrankung hinweisen könnte (der Locus THO1 auf Schizophrenie).

Dieser wie andere Loci können zwar in der Nachbarschaft
von bekannten Genen und manchmal mit ihnen zusammen
abschätzbar vererbt werden. Dieses Zusammenhängen (Koppelung) ist jedoch insgesamt so schwach und unvorhersagbar,
dass es in der Praxis keine Vorhersagekraft hat. Sogar Humangenetiker, die solche Befunde anders als Forensiker sehr spannend finden würden, betrachten diese Koppelungsbefunde als
wertlos.

Ein Beispiel dafür möchte ich vorrechnen. Es soll zeigen,
dass auch bei bösem Willen nicht auf dem Umweg über codierende DNA heimlich doch noch eine Information über den
Körper des Trägers ermittelt werden kann:

1996 berichtete eine Arbeitsgruppe des Erfinders der genetischen Fingerabdrücke, Alec Jeffreys (vgl. Abb. 61, S. 149,
Text, S. 148), dass einige Allele des schon erwähnten STRs
mit dem Namen THO1 leicht gehäuft bei Menschen auftreten
können, die Diabetes vom Typ 1 entwickeln. Das würde bedeuten, dass bei einem forensischen, nichtcodierenden genetischen Fingerabdruck auf einmal ein Krankheitsmerkmal

auftaucht, das im Rahmen der Ermittlungen niemanden etwas angeht.

Anstatt sich verrückt zu machen, lohnt es sich, die Sache aber erst einmal durchzurechnen.

- Von 1000 Europäern erkranken im Schnitt vier an Diabetes Typ 1 (= 0,4 Prozent).
- Von 1000 Trägern des einen »Risiko«-Allels von THO1 erkranken 13 an Diabetes Typ 1 (= 1,3 Prozent).

Angenommen, ich finde nun im Labor heraus, dass Sie das »Risiko«-Allel von THO1 tragen. Ich würde nun verbotenerweise ausrechnen, dass Ihre Chance, an Diabetes zu erkranken, 0,4 x 1,3 Prozent = 0,52 Prozent beträgt. Was hätte ich nun über Sie herausgefunden? Nichts Verwertbares. Ihr Risiko, an Diabetes zu erkranken, ist nach meiner Berechnung von 0,40 Prozent auf 0,52 Prozent gestiegen – eine wertlose Information ohne jeden Vorhersagewert. Nicht einmal Ihr Hausarzt oder ein Spezialist für Diabetes würde Ihnen angesichts dieser winzigen Wahrscheinlichkeitsverschiebung zu irgendetwas raten oder abraten.

Dieses Beispiel ist übrigens schon die »stärkste« Koppelung, die bislang gefunden wurde. Alle anderen Hinweise auf Koppelungen zwischen einem nichtcodierenden Allel und körperlichen oder geistigen Merkmalen sind noch schwächer und kraftloser.

Abgesehen davon werden bei genetischen Fingerabdrücken immer das Geschlecht (zwei X-Chromosomen bei Frauen, ein X- und ein Y-Chromosom bei Männern) oder Verdreifachungen von Chromosomen (Trisomien) sichtbar. Man hat sich neuerdings darauf geeinigt, der Polizei das Geschlecht mitzuteilen, Trisomien aber nicht, obwohl beides im Normalfall von außen erkennbar ist.

BÖSER WILLE BEWIRKT NICHTS

Selbst ein Übeltäter, der alle kriminalbiologischen DNA-Typisierungsdaten einer Person stehlen würde (sei es aus einer Akte oder einem Computer), könnte damit also nichts anfangen. Er hätte nur eine Kopie des Strichcodes geklaut, der den Betreffenden eindeutig von allen anderen Menschen unterscheidet. Er hätte jedoch keine Informationen über körperliche oder geistige Eigenschaften dieser Person in der Hand. Welche kriminellen Vorgänge mit einer derartigen Strichcode-Information möglich sein sollen, entzieht sich meiner Vorstellungskraft.

Eine andere Befürchtung ist die, dass es ja sein kann, dass bei der DNA-Typisierung nur nichtcodierende Strichcode-Informationen gewonnen werden – doch was geschieht mit den restlichen 96 Prozent, also der codierenden DNA? Denn auch diese Gene werden ja bei der DNA-Gewinnung im Kriminallabor aus dem Zellkern gezogen. Könnte nicht irgendjemand diese Bereiche analysieren und dann etwas Entscheidendes über mich herausfinden?

Darauf gibt es zwei Antworten. Die erste ist diejenige, die der Autor aus langer Laborerfahrung gewonnen hat. Sie lautet: Nein. In kriminalbiologischen Labors gibt es grundsätzlich keine DNA-Untersuchungsmöglichkeiten für genetische Erkrankungen oder irgendwelche Körpermerkmale. Diese Tests werden dort nie durchgeführt, nicht nur, weil es verboten ist, sondern auch, weil es aufwändig und darüber hinaus von den Wissenschaftlern unerwünscht ist. Die Labors lagern auch keine Erbsubstanz dauerhaft ein, die jemand heimlich untersuchen könnte, sondern – wenn überhaupt – Speichelproben (England) oder Bluttropfen (USA). In den meisten anderen Ländern muss die DNA nach der Untersuchung vernichtet werden. Es fehlt im kriminalistischen Labor also sowohl der Wille als auch die Möglichkeit als auch die Erlaubnis, Gene zu untersuchen.

Die zweite Antwort auf die Frage nach der ungewollten DNA-Überprüfung ist die des Worst-Case-Szenarios. Das wäre eine Welt, in der ausnahmslos alles zuungunsten der Menschen, die darin leben, abliefe. In einer solchen Welt könnten eines Tages vielleicht erzwungene DNA-Tests stattfinden – vorausgesetzt, dass die bisherigen demokratischen Rechte durch diktatorische Entscheidungen so sehr eingeschränkt werden, dass alle Wissenschaftler den Mut verlören, sich dagegen aufzulehnen. Es fragt sich aber, warum irgendjemand Tests anordnen sollte, die kriminaltechnisch überflüssig sind. Denn mehr als den nichtcodierenden genetischen Fingerabdruck benötigen wir nicht, um Spuren mit Tätern zu verbinden. Es ist natürlich nicht auszuschließen, dass die Welt eines Tages in Dunkelheit versinkt, aber es ist so unwahrscheinlich, dass es unser heutiges Leben und unsere heutigen Entscheidungen nicht beeinflussen sollte. In einem diktatorischen, bösen, von Unvernunft getriebenen Staat braucht man wohl auch nicht auf derartige genetische Tricks zurückzugreifen, um die Menschen zu überwachen und einzuschüchtern.

Wenn überhaupt, wird unser Leben von einer ganz anderen Seite gentechnisch unterwandert: mit Gen-Tests, die bestimmte Krankheiten oder Neigungen dazu erkennen lassen. Da es kriminaltechnisch sinnlos ist, Gene (= codierende DNA) zu untersuchen, darf man sich fragen, wer daran überhaupt ein groß angelegtes Interesse haben könnte. Die Antwort: Lebensversicherungen.

Schon heute verlangen Versicherungen Auskunft über die Gesundheit der Antragsteller, und um unwirtschaftliche Kunden gar nicht erst zuzulassen, werden Menschen mit bestimmten Krankheiten wie Aids gelegentlich ausgeschlossen. Das erscheint wirtschaftlich zunächst recht vernünftig, wird aber erstens dazu führen, dass mit jedem neuen Test für eine genetisch erkennbare Krankheitsanlage dieser Test auch von den Versicherern gefordert wird, und zweitens wird es das Solidaritätsprinzip weiter aushöhlen, nach dem die Gemeinschaft

für den Einzelnen geradestehen soll. Wer also Angst davor hat,
dass seine Erbsubstanz von kriminellen Forschern auf Krankheiten durchsucht wird, sollte sich fragen, ob das nicht schon
längst ein bestochener, verführter oder vom Patienten selbst
zugunsten eines billigeren Versicherungsbeitrages beauftragter
Hausarzt beim Routine-Gesundheitscheck getan hat.

ZWEI FÄLLE MIT ETHNISCHEN MARKERN

Etwas anders sieht es mit Allelen aus, die in kleinen Gebieten
der Welt gehäuft auftreten. Sie können einen Hinweis darauf
geben, woher ein Mensch oder dessen Vorfahren ursprünglich
stammen (Ethnie). Einige wenige STR-Allele sind beispielsweise bei hellhäutigen Mitteleuropäern sehr selten, während sie
bei dunkelhäutigen Südafrikanern häufiger auftreten. Findet
man ein solches Allel, so könnte man in äußerst seltenen Aus-
nahmefällen eine vorsichtige Bemerkung an die Ermittler wei-
terleiten. Doch auch hier ist die Aussagekraft oft so schwach,
dass solche Ermittlungswege nur selten eingeschlagen werden
(vgl. Abb. 84). (Zudem findet sich eine geografische Häufung von bestimmten Allelen nicht nur sehr selten, sondern
wird auch mit steigender Mobilität der Menschen immer
seltener.)

In den kommenden Jahren könnte hier aber noch weiter geforscht werden, weil es schon einige Fälle gab, in denen
ethnische Marker sich als kriminalistisch interessant erwiesen
haben. Im Fall zweier Täter, die aus einem Kofferraum heraus
Menschen an Tankstellen erschossen hatten (Oktober 2002,
siehe unten), wurden die ethnischen Marker ganz vorsichtig
und nur im Hintergrund der Ermittlungen verwendet. Der Forensiker Ian Evett vom britischen Forensic Science Service hatte
schon 1992 vorgeschlagen, die unterschiedlichen Allelhäufig-

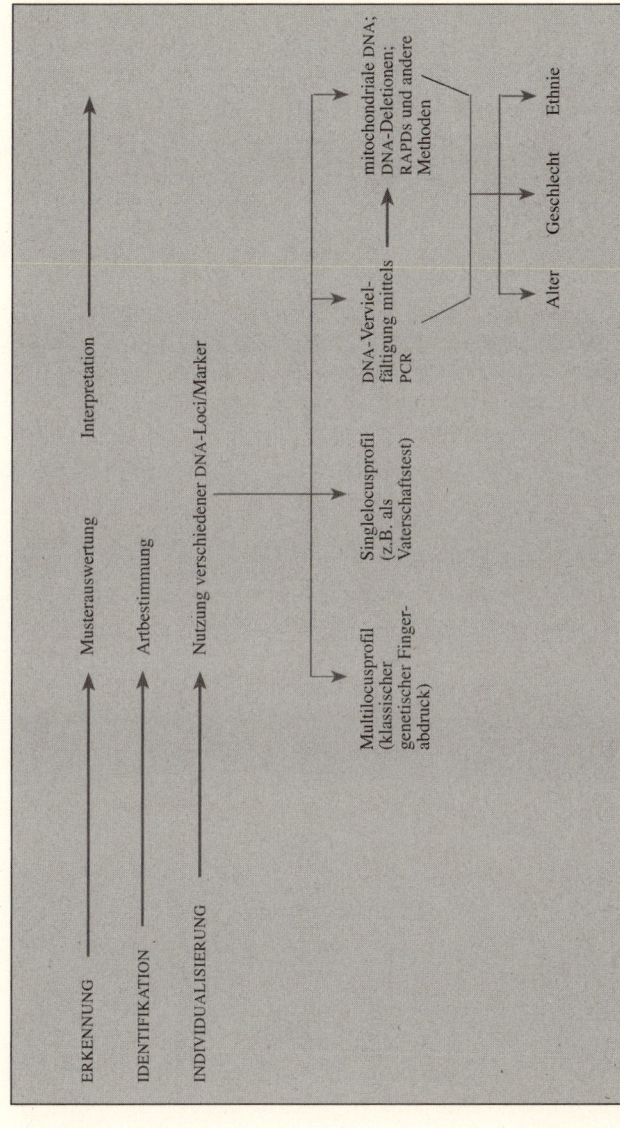

Abb. 84: Informationsgehalt der verschiedenen DNA-Typisierungsmethoden
Genetische Fingerabdrücke liefern grundsätzlich keine personenbezogenen Informationen. In Einzelfällen ermöglichen sie allenfalls ermittlungstechnische Zusatzaussagen. Quelle: Nach Lee et al.

keiten zur Unterscheidung von Ethnien zu nutzen. Diese Idee schien aber recht gewagt, bis der Bio-Mathematiker Charles Brenner 1996 die Daten der DNA-Arbeitsgruppe des Institutes für Rechtsmedizin aus dem westfälischen Münster genauer unter die Lupe nahm. Er ertüftelte dabei eine Formel, mit der sich anhand der bei genetischen Fingerabdrücken erhobenen, nicht-codierenden Allelkombinationsdaten erste Hinweise auf die Ethnie ergeben.

Brenner erhielt sogleich den ersten Fall. In Louisiana hatte Derrick Todd Lee zwischen 2001 und 2002 mehrere Frauen vergewaltigt und getötet. Die Presse griff den Fall unter dem Namen »St.-Louis-Rapist« oder »Baton-Rouge-Killer« auf; es fand sich zunächst aber kein Verdächtiger. Soweit es Zeugenaussagen gab, beschrieben sie den stereotypen Serientäter, wie er aus dem Kino bekannt war: weiße Hautfarbe, zwischen 25 und 35 Jahre alt, schlank, aber körperlich stark. Entsprechend sah das Phantombild aus (vgl. Abb. 85).

Allerdings kam die Polizei trotz harter Arbeit nicht weiter. Bis Dezember 2002 waren gut 600 Menschen gebeten worden, eine Speichelprobe abzugeben, mit dem einzigen Effekt, dass die Bevölkerung sich noch mehr vor dem Phantomtäter fürchtete und in Massen Pfefferspray kaufte. Das half aber nichts. Am 3. März 2003 verschwand die 26-jährige Doktorandin Carrie Lynn Yoder. Sie lebte allein, und so dauerte es zwei Tage, bis ihr Lebensgefährte bemerkte, dass Carrie Lynn verschwunden war; ihre Leiche wurde am 13. März von einem Angler unter der Whisky-Bay-Brücke gefunden. Es befand sich aber noch genügend DNA an der Leiche, sodass eine Zuordnung der Leichen zueinander (Tatort-Tatort-Matching) gemacht werden konnte. An ihrem Körper haftete dieselbe Fremd-DNA wie bei weiteren vier getöteten Frauen aus derselben Gegend.

Nun kam die Polizei erheblich unter Druck. Am 17. März organisierten die Familien der Opfer sogar eine Demonstration vor dem Capitol Louisianas in Baton Rouge. Erst durch den Druck der Demonstration wurde nun bekannt gegeben, dass

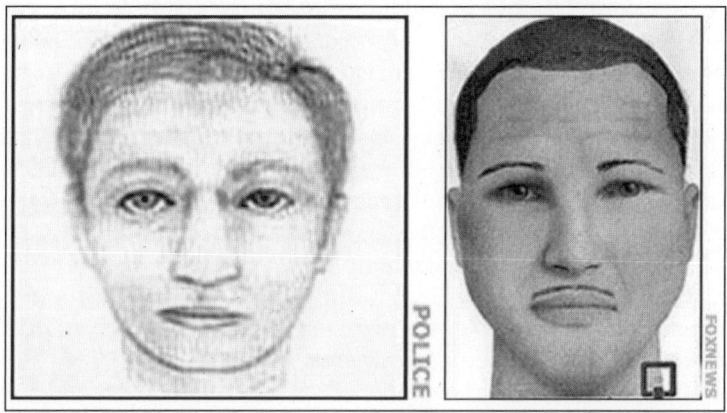

Abb. 85: Phantombild
Phantombild des »Baton-Rouge-Killers« vor (links) und nach Errechnung der
Ethnie aus dem nichtcodierenden genetischen Fingerabdruck. Repro: © Mark
Benecke.

das alte Phantombild nicht mehr von Bedeutung sei. Man suche nun nach »a person of any race«.

Das stimmte zwar nicht ganz, aber in den politisch korrek-
ten USA fürchtete man, die Wahrheit direkt auszusprechen.
Bedingt durch weitere Zeugenaussagen und durch die Berechnung von Charles Brenner hatte sich nämlich ergeben, dass der
Mann einer dunkelhäutigen Ethnie zugehören musste. Der Mathematiker hatte den genetischen Fingerabdruck des Täters –
also die Allele aus den anonymen Tatortspuren – seinem mathematischen Test unterzogen und dabei erkannt, dass der
Täter weder weißhäutig noch spanischstämmig (»südamerika-
nisch«), sondern mit einer Wahrscheinlichkeit von 84 Prozent
dunkelhäutig sei.

Das Phantombild wurde entsprechend geändert. Nun endlich fand sich bei der Suche nach vorbestraften Tätern, die dem
neuen Phantombild mit angepasster Hautfarbe ähnelten, der
Spurenleger der Tötungsserie.

Der Fall zeigt, dass die indirekte Ableitung der Ethnie (über Allele) aus einem normalen, nichtcodierenden genetischen Fingerabdruck durchaus hilfreich sein kann, selbst wenn die Aussage zur Hautfarbe »nur« auf einer Wahrscheinlichkeit fußt. Im geschilderten Fall dauerte es aber einige Zeit, die Polizei von der Richtigkeit der Berechnung zu überzeugen, denn die hatte sich wegen des angeblichen Profils auf einen weißen Täter eingeschossen.

In Deutschland, wo die Anzahl südamerikanischer und afroamerikanischer Menschen viel geringer als in den südlichen USA ist, wird die Berechnung der Ethnie aber nur selten sinnvoll sein. Hier leben vor allem weißhäutige Menschen, und daher sind auch die meisten Täter weißhäutig.

Eine genauere Errechnung der Herkunft, wie etwa »kurdisch«, »schwäbisch« oder »katalanisch«, könnte wegen der zunehmenden Vermischung dieser »Ethnien« in Zukunft undurchführbar sein. Man wird sich also vermutlich auf die Ermittlung gröberer ethnischer Marker beschränken: »spanischstämmig« (etwa in Teilen Südamerikas), »kaukasisch« (eher hellhäutig), »afroamerikanisch« (dunkelhäutig) oder »asiatisch«.

Diese ungefähre Ermittlung der Ethnie aus dem genetischen Fingerabdruck wird beispielsweise in den Niederlanden und England als völlig unproblematisch angesehen, weil sie, wie schon weiter oben geschildert, von Zeugen ohnehin zu erkennen wäre. Wann und ob ethnische Marker in deutschsprachigen Ländern zum Einsatz kommen, ist noch nicht abzusehen. Das Erkennen der Hautfarbe eines Täters ist in Deutschland auch von untergeordneter Bedeutung, weil es hier ohnehin nur wenige nichtkaukasische Bevölkerungsteile gibt.

In den USA sieht das anders aus, denn dort gibt es wesentlich mehr große ethnische Gruppen. Eine Ermittlung kann dort durch eine falsche ethnische Vorgabe leichter in die Irre laufen. Das Beispiel des »Baton-Rouge-Killers« ist dabei noch ein vergleichsweise harmloses. In New York habe ich im Jahr 2001 ein Fahndungsposter gesehen, auf dem der Täter laut Zeugenaussagen gleich *alle* Ethnien hatte (vgl. Abb. 86).

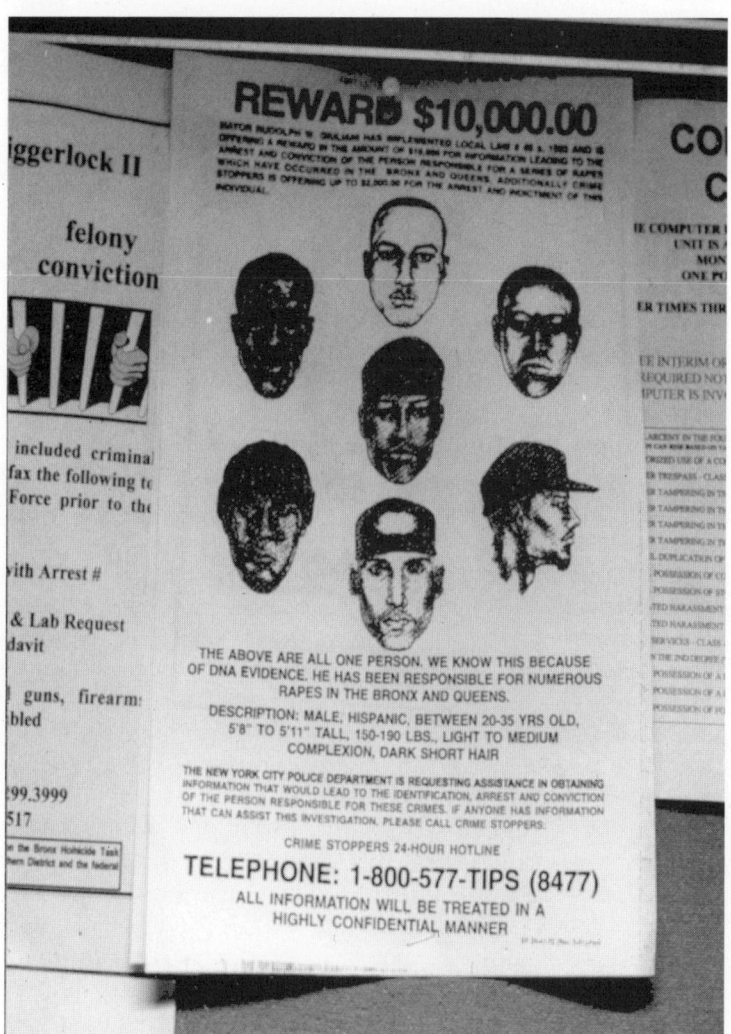

Abb. 86: Ein sinnloses Phantombild
In diesem Fall aus New York scheint der Täter laut Zeugen allen Ethnien anzugehören. Foto: © Mark Benecke.

Der oben geschilderte Fall wiederholte sich übrigens mit überraschenden Ähnlichkeiten vom 21. September bis 23. Oktober 2002 um die Stadt Washington herum. Hier erschossen John Allen Muhammad und Lee Boyd Malvo zehn Menschen auf Parkplätzen und vor Tankstellen. Man ging erneut von einem weißen jungen Täter aus (»Beltway-Sniper«, »Washington-Sniper«). Untypisch waren allerdings die an den Tatorten hinterlassenen Nachrichten, darunter Tarotkarten wie »Der Tod«, auf welcher der Täter mitteilte: »Lieber Polizist, ich bin Gott. Sagen Sie das aber nicht der Presse.« Natürlich erfuhr die Presse davon, was dazu führte, dass die Briefe des Täters ausführlicher wurden und Geldforderungen bis zehn Millionen Dollar enthielten.

Auch in diesem Fall – der allerdings wegen der zahlreichen Spuren und der Nähe zur Hauptstadt der USA sehr schnell abgearbeitet werden konnte – musste die anfängliche Vermutung, dass es sich um einen weißen Serienmörder handeln müsse, korrigiert werden: Zwei dunkelhäutige Menschen hatten alle Taten begangen.

DER SCHRITT ZUR CODIERENDEN DNA: GENETISCHES PHANTOMBILD

Nachdem die Niederlande am 1. April 2003 beschlossen hatten, auch äußerlich erkennbare Merkmale aus anonymen DNA-Spuren zu lesen, begann auch hier sehr zaghaft die Diskussion um die Untersuchung solcher codierender Merkmale. Dabei muss man, anders als bei der indirekten und groben Bestimmung der möglichen Ethnie, direkt auf Gene zugreifen, denn es ist ja unmöglich, aus einem genetischen Fingerabdruck unerkannte Informationen über Körper oder Geist des Spurenlegers zu gewinnen.

Um den Schritt zur Bestimmung von Augen- oder Haarfarbe zu machen, durchstöberte man daher das seit wenigen Jahren vollständig entzifferte (durchsequenzierte) menschliche Genom – im codierenden Bereich. Besonders in den USA wurde hier fleißig gearbeitet, weil die Firma DNAPrintGenomics im Jahr 2002 ihren Investoren angekündigt hatte, hierfür einen Test anzubieten. Das ist bis heute (Mitte 2005) zwar noch nicht gelungen, man ist aber auf dem besten Weg dorthin. Der Trick ist, diejenigen Gene zu erkennen, die für die Einlagerung von Farbstoffen in Haut und Haare zuständig sind. Was sich für Humangenetiker zunächst wie ein Kinderspiel anhört, hat sich in der Praxis aber als unerwartet kniffelig erwiesen. Immerhin gibt es schon einen Test für Rothaarigkeit (Melanocortin-1-Rezeptor), der aber auch nur mit 80-prozentiger Wahrscheinlichkeit Rothaarigkeit vorhersagt.

Auch ein erstes Gen für die Augenfarbe ist bekannt (OAC2), erlaubt aber derzeit noch keine klaren Zuordnungen. So liegen beispielsweise in blauen und braunen Augen gleich viele Zellen (Melanozyten) vor, die den Farbstoff Melanin herstellen. Bei Braunäugigen produzieren sie aber mehr Melanin. Hier zeigt sich, dass nicht nur das Vorhandensein eines Gens entscheidet, sondern auch dessen Arbeitsleistung, die von weiteren, noch unbekannten DNA-Bereichen beeinflusst wird.

DNAPrintGenomics hat sich sicherheitshalber das Gen OCA2 patentieren lassen, sodass dessen forensische Erkennung vermutlich lizenzpflichtig werden wird. Trotzdem verspricht sich der Chef der Firma, Tony Frudakis, keinen finanziellen Gewinn aus diesem Geschäft: »Mit Forensik lässt sich kein Geld verdienen«, sagte er mir schon im Jahr 2003. (Ich kann das übrigens nur bestätigen.) Er schätzt, dass erst in etwa 15 bis 20 Jahren genügend Gene und DNA-Wechselwirkungen erkannt sind, um aus einer anonymen Tatortspur ein ungefähres Phantombild des Spurenlegers erstellen zu können. »Angst habe ich derzeit vor allem davor, bei der Suche nach Augenfarben-Genen einen

Sack Flöhe aufzumachen, der zeigt, dass es viele und komplizierte genetische Einflüsse gibt, die zu scheinbar einfachen
Körpermerkmalen führen«, meint Frudakis. Dann könnte sich
die Herstellung des versprochenen Tests nämlich noch lange
verzögern.

Zudem muss für ein genetisches Phantombild auch noch
die Erblichkeit des Augenabstandes, der Form der Gesichtskno-
chen und so weiter ermittelt werden. Das ist zwar eine spannende Forschungsaufgabe, weil sich dabei zeigen wird, wie
stark der Einfluss der Umwelt auf die Entwicklung ist. Sollte
sich aber herausstellen, dass es viele Veränderungen des Aussehens durch Umwelteinflüsse gibt, dann wäre der Traum vom
genetischen Phantombild wieder ausgeträumt.

Derzeit sieht es noch so aus, als könnte es eines Tages ein genetisches Phantombild geben. Ob das wünschenswert ist oder
nicht, ist eine Frage, die sich nur schwer beantworten lässt. Frudakis, Pragmatiker und die meisten Kriminalisten meinen, dass
eine Tatortspur keine Rechte haben kann und daher zumindest
die äußerlich erkennbaren Körpermerkmale auch abgeleitet
werden dürfen.

Vermutlich wird die Methode eines Tages auch in Deutschland eingeführt, allerdings wie schon bei der ersten Anwendung von Hautleistenabdrücken im April 1904 mit ungefähr
zehnjähriger Verspätung zum Rest der Welt.

Der Vorteil dieses deutschen Haderns hat sich in den letzten
100 Jahren immer wieder gezeigt: Andere Länder, die neue kriminalistische Techniken benutzen, machen Fehler, über die wir
Deutschen dann wahlweise lachen oder den Kopf schütteln.
Erst wenn die Methode wirklich ausgereift ist, übernehmen wir
sie. In der Zwischenzeit gibt es zwar Fälle, die unnötigerweise
ungelöst bleiben, andererseits erspart man Unschuldigen den
Weg ins Gefängnis, weil Spuren mittels einer noch nicht an-
wendungsreifen Technik falsch ausgewertet werden. Hier gibt
es keinen besseren oder schlechteren Weg, nur einen mutigen
und weniger mutigen.

Welch enormes Tabuthema die Analyse von Merkmalen aus codierenden DNA-Bereichen in Deutschland noch ist, zeigte zuletzt eine Umfrage der Zeitschrift der *European Molecular Biology Organization*. Im Januar 2002 lag bei einem Kongress der forensischen Genetiker an der Universität Bonn ein Fragebogen aus, in dem die deutschsprachigen DNA-Typisierer gefragt wurden, welche Tests sie zusätzlich zum nichtcodierenden genetischen Fingerabdruck für akzeptabel hielten. Ein älterer Professor stand daraufhin wütend auf und verbot den verdutzten Fachleuten kurzerhand, die Nutzung codierender DNA überhaupt nur zu diskutieren, geschweige denn, ihr Kreuzchen auf dem Bogen zu machen.

WIE SICHER IST SICHER?

Der größte wissenschaftliche Streit in der Geschichte der DNA-Typisierung brandete auf, als sich 1987 ein Forscherteam zu weit aus dem Fenster lehnte. Die Geschichte möchte ich hier schildern, um zu zeigen, dass es wie überall auch in der Wissenschaft zu Irrtümern kommen kann, dass diese aber wegen der offenen Diskussion in der *scientific community* erkannt und behoben werden.

Ende der 80er-Jahre, also noch zu Frühzeiten der DNA-Typisierung – Jeffreys RFLP-Typisierung* und Mullis' PCR* (späterer Nobelpreis) wurden beide 1985 veröffentlicht –, hatten amerikanische Kollegen behauptet, dass es fast unmöglich sei, den genetischen Fingerabdruck einer Person zufällig auch bei einer anderen Person zu finden. Die so genannte Verwechslungswahrscheinlichkeit läge bei mehr als eins zu 738 Billionen.

Das bittere Erwachen kam damals, als der Fall von José Castro verhandelt wurde. In der New Yorker Bronx waren am 5. Februar 1987 zwei Menschen erstochen worden, Vilma Ponce und ihre zweijährige Tochter. Kurz darauf erhielt die

Mordkommission einen anonymen Hinweis: José Castro, ein Nachbar der Familie Ponce, sollte der Mörder sein. Während der Routinebefragung Castros fiel einem der Polizisten ein winziger Blutspritzer auf der Armbanduhr des Verdächtigen auf. Kollegen der Firma Lifecodes gelang es, ein halbes tausendstel Gramm DNA aus dieser Blutspur zu gewinnen. Gut fünf Monate später, am 22. Juli, legte Lifecodes den staatlichen Ermittlern ein Gutachten vor. Die Biotechnikfirma hatte den genetischen Fingerabdruck aus dem Körper der Erstochenen mit dem aus dem winzigen Blutspritzer an der Uhr verglichen. Das Blut an Castros Uhr, so die Forscher, stamme mit einer Wahrscheinlichkeit von eins zu 189 Millionen von der toten Vilma Ponce.

Normalerweise hätte das die sichere Verurteilung Castros bedeutet, nicht zuletzt, weil die Durchschnittsgehälter für ungelernte Arbeiter in New York City derart niedrig sind (Kaufkraft: etwa drei Euro/Stunde), dass sich beispielsweise ein Taxifahrer weder eine Versicherung für sein Auto noch eine Krankenversicherung für sich oder seine Familie leisten kann. Ein guter Verteidiger ist für diese Menschen also unbezahlbar. Doch im Fall Castro kam es anders.

Sechs Forscher vom Institute for Biomedical Research in Cambridge interessierten sich für den Fall, weil sie der Meinung waren, dass die Typisierungsmethode noch nicht ausgereift sei. Dabei zeigte sich, dass Forscher, die nicht aufhören, nach dem Warum zu fragen, nicht nur vieles entdecken, sondern auch vieles verändern können. Im Prozess bewies das Wissenschaftlerteam, dass fast alle Aussagen, die das Lifecodes-Untersuchungslabor in mittlerweile drei Gutachten gemacht hatte, auf wackligen mathematischen Annahmen, experimentellen Ungenauigkeiten und parteiischer Auswertung der Daten basierten. Die Verwechslungswahrscheinlichkeit der DNA-Typen von der Uhr und Castro betrug nach einer neuen Rechnung nur noch eins zu 24. Mit anderen Worten: Jeder 24. Mensch hat dasselbe DNA-Typisierungsmuster wie die Ermordete.

In Fällen, in denen es noch viele andere schwerwiegende Verdachtsmomente gibt, kann auch ein solch kleiner Hinweis genügen, um die Beweiskette zu schließen und den Verdächtigen zu verurteilen. Ist aber ein Rechenergebnis mit einer derart hohen Verwechslungswahrscheinlichkeit das einzige Belastungsmoment, so ist die Spur meist wertlos. Im Castro-Fall stand nach 15-wöchiger gerichtlicher Beratung fest, dass alle nordamerikanischen kriminalistischen DNA-Labors in Zukunft nach viel strengeren Regeln arbeiten mussten. Seitdem gelten in den USA auch pingelige Auflagen bei der Zulassung genetischer Fingerabdrücke als Beweismittel. Trotz des nun höheren Verwaltungsaufwandes wurden aber die Fehlerquellen so gut ausgeschaltet, dass DNA-Typisierungen mittlerweile den 100-prozentigen Ausschluss eines Tatverdächtigen bzw. die 99,99999999-prozentige Identifizierung desselben erlauben.

Heute prüfen sich alle forensischen DNA-Labors mittels eines Kontrollverfahrens selbst. Dabei werden anonyme Proben in die ganze Welt versandt, von den angeschlossenen Labors untersucht und auf regelmäßigen Treffen aller Beteiligten verglichen. Pfuschen ist dabei für die getesteten Labors nicht möglich, denn außer dem versendenden Labor kennt niemand die Ergebnisse (Blindtest). Dieses Verfahren garantiert ein Höchstmaß an Sicherheit und Vergleichbarkeit der Ergebnisse.

In Europa kam es in Bezug auf die DNA-Typisierung übrigens nie zu einer Prozesskatastrophe wie in den USA, weil die Forscher von vornherein vorsichtiger arbeiteten und besonders an den Universitäten nicht unter politischem Druck standen. Vielleicht gestehen die Gerichte europäischen Kriminalbiologen deshalb bei gleicher Untersuchungsgenauigkeit einen größeren Spielraum bei der Auswahl ihrer Methoden zu, als unsere US-amerikanischen Kollegen ihn haben.

DIE VERGEWALTIGUNG
IM PFANNKUCHENHAUS

Was die Arbeit der Kriminalbiologen besonders spannend macht, sind Fälle, die noch komplizierter sind als die bisher geschilderten. Besonders kniffelig können beispielsweise so genannte Mischspuren sein, in denen biologisches Material mehrerer Personen vorliegt (vgl. Abb. 79, S.187, Text, S. 185). Eine typische (wenngleich insgesamt seltene) Mischspur ist eine Spermamischung, die zustande kommt, wenn eine Person mit mehreren Männer innerhalb eines gewissen Zeitraums ungeschützten Geschlechtsverkehr hat. Das kann freiwillig geschehen, beispielsweise bei Prostituierten, oder unfreiwillig, etwa bei einer Vergewaltigung, die einige Stunden nach einem erwünschten Geschlechtsverkehr stattfindet.

Im folgenden Fall aus Köln ergab sich schon 1991 eine dritte Variante.

Bei der Spurensicherung nach der Vergewaltigung einer Frau in einem Pfannkuchenhaus stellte die Kriminalpolizei keine Fingerabdrücke (also keine Hautlinien), dafür aber Spermaflecken auf dem Teppich und in Papiertüchern sicher. Bei der DNA-Typisierung wurde das Sperma mit Vaginalabstrichen der Frau verglichen. Im Vaginalabstrich fanden sich sowohl die DNA-Typen, die auch in den reinen Spermaflecken von Teppich und Papiertüchern enthalten waren, als auch die DNA-Typen der Frau. Es handelte sich um eine Mischspur, in der insgesamt vier verschiedene DNA-Typisierungsmuster vorzuliegen schienen. Das deckte sich auch mit der Aussage der Frau. Sie hatte ausgesagt, von drei Männern nacheinander vergewaltigt worden zu sein.

Zunächst konnten nur zwei der Männer gefasst werden. Als man deren DNA-Typen sowie die der Frau aus dem Mischspur-Allelmuster herausstrich, blieben einige Allele übrig – es mussten die des dritten Mannes sein. Zwei Jahre lang suchte man vergeblich nach ihm, bis er sich 1993 in einer Kneipe in

Belgien seiner Tat brüstete. Dort wurde er festgenommen. Seine Blutprobe wurde im Labor typisiert und sicherheitshalber mit einem erneut erstellten DNA-Profil der bis dahin aufbewahrten Spermaflecken verglichen. Sein DNA-Profil wies genau die fehlenden Allele auf.

Dieser frühe Fall war besonders schwierig zu bearbeiten, weil die Spuren zwei Jahre lang gelagert wurden (bei unsachgemäßer Lagerung, etwa bei Feuchtigkeit oder Sonnenlicht, kann die DNA zerfallen oder fragmentieren), der Betreffende die Tat vor Gericht bestritt und das Sperma und somit das Erbgut dreier Personen mit dem der Frau vermischt war. Zusammen mit den übrigen Ermittlungsergebnissen und dem Kneipengeständnis konnte die DNA-Typisierung aber auch zwei Jahre nach der Tat noch helfen, den Täter zu finden und zu verurteilen.

Nicht immer bestätigt die DNA-Typisierung eine behauptete Vergewaltigung, sie kann auch Hinweise darauf liefern, dass der Geschlechtsverkehr »einvernehmlich« (Behördendeutsch für »in gegenseitigem Einverständnis«) stattgefunden hat.

In einem anderen Kölner Fall gab eine Frau beispielsweise an, von einem Bekannten ohne Kondom vergewaltigt worden zu sein. Der Beklagte sagte hingegen aus, dass davon keine Rede sein könne. Man habe sogar gescherzt und spaßeshalber das (allerdings geplatzte) Kondom aufbewahrt, »um gegebenenfalls den Hersteller zu verklagen«. Tatsächlich konnte der Beklagte dieses Kondom vorweisen.

Die DNA-Typisierung ergab, dass an dem Kondom sowohl Erbsubstanz aus Spermien des Mannes als auch aus Hautzellen der Frau hafteten. Das bedeutete, dass das Kondom beim Geschlechtsverkehr benutzt worden war. Die Darstellung der Klägerin über den Tatablauf wurde dadurch weniger glaubwürdig.

DER MORD AN NICOLE SIMPSON UND IHREM FREUND

Kriminalbiologen werden bis heute darauf angesprochen, dass ihre Methode im Fall des Ex-Footballspielers O. J. Simpson trotz aller Beweiskraft nicht dazu geführt habe, den Täter zu verurteilen. Das Gegenteil ist wahr. Im Strafprozess kam es zwar zu einem Freispruch Simpsons (er musste daher nicht ins Gefängnis), aber im Zivilprozess wurde er zu einer so hohen Geldstrafe verurteilt, dass er sein gesamtes Vermögen verlor. Weil der Strafprozess zuerst – das heißt vor dem Zivilprozess – stattfand, haben viele Menschen den weiteren Verlauf der Dinge nicht mehr verfolgt und glauben daher zu Unrecht, dass Simpson nie verurteilt worden sei.

Der Fall soll hier etwas ausführlicher dargestellt werden, weil die beiden Simpson-Prozesse in dreierlei Hinsicht Wendepunkte in der Geschichte der DNA-Typisierung darstellen. Erstens war es das erste große Verfahren, in dem die alte (RFLP) und neue (PCR) Fingerprint-Technik gemeinsam eingesetzt wurden. Zweitens machte der Fall deutlich, dass DNA-Beweise als solche nicht mehr angezweifelt werden können, und drittens bewirkte dieser Prozess, dass die heutigen internen Laborkontrollen in DNA-Labors zu den strengsten gehören, die es in der Wissenschaft gibt.

Zunächst der Fall: Am 12. Juni 1994 wurden Simpsons geschiedene Frau Nicole Brown und deren Freund Ron Goldman zwischen zehn und halb elf Uhr abends brutal ermordet. Die Leichen lagen im Eingangsbereich vor Nicole Browns Haus. Tatzeugen gab es nicht, abgesehen vom Hund einer Spaziergängerin, der möglicherweise etwas bemerkt hatte. Der tatverdächtige O. J. Simpson verweigerte die Aussage.

Wie sahen die Typisierungsergebnisse aus, wenn man den Zirkus, der rund um den Prozess stattfand, einmal beiseite lässt? Auf dem Grundstück von Nicole Brown waren an insgesamt sieben Stellen biologische Spuren (Blut und Fingernagelmaterial) sichergestellt worden. Als besonders informativ erwiesen sich dabei Bluttropfen auf dem Gehweg. Mehrere Labors arbeiteten unabhängig voneinander an der Auswertung, und zwar sowohl mit dem älteren RFLP-Verfahren (Southern Blot/Hybridisierung, darunter die Loci D1S7, D2S44, D7S467 und D17S79) als auch mit der neueren PCR/Elektrophorese*-Technik (unter anderem die Loci LDLR, D1S80, Gc und DQ-alpha). Die Wahrscheinlichkeit, dass die Blutspuren von O. J. Simpson stammten, wurde auf eins zu 240 000 (mit PCR) und eins zu 170 Millionen (mit RFLP) errechnet.

Auch auf dem Gelände in und um O. J. Simpsons eigenem Haus wurde Blut gefunden. Wieder belasteten mehrere Spuren Simpson: Drei Bluttropfen auf Socken, die in seinem Schlafzimmer (!) gefunden wurden, konnten mit einer Wahrscheinlichkeit von eins zu 21 Milliarden seiner geschiedenen Frau zugeordnet werden. Auch ein blutbefleckter Handschuh, der hinter einer Mauer von Simpsons Grundstück lag, wurde untersucht. Das Blut am Handschuh stammte mit einer Wahrscheinlichkeit von eins zu 41 Milliarden von Ron Goldman, dem nun ebenfalls toten Freund von Nicole Brown.

Vor Gericht wurden diese Beweise aber nicht mit ihren Wahrscheinlichkeiten dargestellt. Das sollte eigentlich verhindern, dass die Verteidigung etwaige Zahlenwerte als zu abstrakt hinstellen würde oder dass die Medien durch lax formulierte Wahrscheinlichkeitsangaben irreführende Ergebnisse veröffentlichen würden. Dennoch geschah beides. Der Jury wurde der Einfachheit halber nur mitgeteilt, welche der drei beteiligten Personen (Simpson, Brown, Goldman) als Verursacher jeder einzelnen Spur nicht ausgeschlossen werden konnte. Diese sinnlose Vereinfachung führte dazu, dass der Jury die Aussagekraft der DNA-Ergebnisse verborgen blieb.

Da vonseiten der Anklage und der Verteidigung eine ausgesprochene Meinungsaufspaltung der Jury betrieben wurde, hätten die objektiven, gefühlsfreien Sachbeweise aus der DNA-Typisierung den Fall sinnvoll entscheiden können. Den Geschworenen fiel es aber schwer, dem Sachverständigen-

bericht zu folgen. Der Grund dafür waren nicht die allgemein
gelobten Ausführungen der Präsidentin der Typisierungsfirma
Cellmark Diagnostics, sondern dass die Verteidigung den allgemein verständlichen Vortrag durch eine nicht enden wollen-
de Reihe von ermüdenden Detailfragen in die Länge zog. Wie
jeder weiß, ist kaum etwas schwieriger, als einem inhaltlich
trockenen Vortrag zu folgen, besonders wenn er auch noch
ausgewalzt wird. Tatsächlich gelang es der Verteidigung, die
Jury durch die ständigen Rückfragen an die Sachverständige
und unnötige Präzision nicht nur zu langweilen, sondern vor
allem auch zu verunsichern. Wer jemals einen wichtigen *(high
profile)* Strafprozess in den USA live verfolgt hat, kann sich das
Ausmaß der Ablenkungsshow im Gerichtssaal vorstellen.

Aus kriminalbiologischer Sicht gab es trotz allem nicht den
Hauch eines Zweifels, dass alle drei Beteiligten in irgendeiner
Weise blutend aufeinander getroffen waren – mit Simpson als
einzigem Überlebenden. Weil das Verbrechen darüber hinaus in so genannter »Overkill-Manier« durchgeführt worden
war (das heißt, der Täter hatte wesentlich brutaler gehandelt,
als es zur Tötung seiner Opfer nötig gewesen wäre), schlossen
Psychologen darauf, dass es sich um eine Beziehungstat gehandelt haben musste. Auch aus dieser Sicht war der als eifersüch-
tig und unkontrolliert aggressiv handelnde, polizeibekannte
Simpson also tatverdächtig. Alles in allem war die Staatsanwäl-
tin sicher, dass ihre Anklage, die sich vor allem auf die DNA-
Beweise stützte, nicht angezweifelt werden konnte.

In dieser für den Angeklagten sachlich ausweglosen Situation brachten die Verteidiger eine zusätzliche Verunsicherungs-
strategie zum Einsatz. Sie zweifelten nun die Herkunft der
Blutspuren und nicht die DNA-Typisierung selbst an. Der Handschuh sei von einem rassistischen Polizisten zuerst in das Blut
Goldmans getaucht, dann durch die Stadt gefahren und zuletzt
hinter Simpsons Mauer geworfen worden. Simpsons Blut am
Tatort stamme aus einem Schnitt, den er sich tags zuvor an einem
zerbrochenen Glas in einem Hotel zugezogen habe. Und mit dem

Mord habe der Verdächtige sowieso nichts zu tun, weil kolumbianische Drogenhändler viel wahrscheinlichere Täter seien.

Die bizarre Verteidigung funktionierte: Die Jury war nun endgültig überfordert, weil viele Behauptungen so absurd waren, dass sie nicht widerlegt werden konnten. Zuletzt wollten sich die Jurymitglieder im Strafprozess daher nicht mehr zu einem Schuldspruch durchringen. Erst der Zivilprozess, der unter geringerer öffentlicher Beteiligung stattfand, rückte die Sachbeweise in den Vordergrund der Urteilsfindung und endete mit der Verurteilung Simpsons.

DIE LIEBE VERWANDTSCHAFT

Bislang war vor allem von der DNA-Typisierung in Kriminalfällen die Rede. Ebenso häufig, wenn nicht sogar häufiger, wird die Methode jedoch bei Vaterschafts- und Verwandtschaftstests eingesetzt. Aus Platzgründen kann an dieser Stelle nicht ausführlicher auf die mathematischen Besonderheiten dieser Untersuchungen eingegangen werden, aber einige interessante Streiflichter seien dennoch eingefügt.

Bereits der erste Fall, in dem jemals eine DNA-Typisierung angewandt wurde, war ein Verwandtschaftsfall. Damals wurde in England das Einwanderungsgesuch eines Jungen aus Ghana geprüft. Keine der herkömmlichen Identifikationstechniken konnte Auskunft geben, ob die angebliche Mutter des Jungen nicht etwa seine Tante war; in diesem Fall wäre die Einreise nicht gestattet worden. Der Vater des Kindes war unbekannt, was den Fall zusätzlich verkomplizierte. Alec Jeffreys verglich nun die genetischen Fingerabdrücke der fraglichen Mutter und dreier ihrer Kinder mit denen des Jungen. Heraus kam nicht nur, dass der Junge wirklich das Kind der Frau war, es konnte anhand der Vererbungsregeln sogar der genetische Fingerabdruck des unbekannten Vaters berechnet werden.

Vaterschafts-DNA-Typisierungen mit lebenden Beteiligten
werden auf recht ähnliche Weise erstellt wie Spurenfälle. Weil
ein Kind genau die Hälfte der Erbanlagen von der Mutter und
die andere Hälfte vom Vater erbt, ermittelt man zunächst je
den genetischen Fingerabdruck der Mutter, des möglichen Vaters (Putativvater, PV) und des Kindes. Dann vergleicht man die
Allele (den Strichcode) von Mutter und Kind (vgl. Abb. 81,
S. 188, Text, S. 129). Alle Allele der Mutter, die auch beim Kind
auftreten, werden zur Überprüfung des Vaters nicht weiter be-
rücksichtigt (außer an homozygoten Loci des Kindes). Es ist so gut
wie immer klar, dass die Mutter wirklich die genetische Mutter
eines Kindes ist; Übereinstimmungen zwischen Kind und Mutter beweisen daher meist nichts, was nicht schon bekannt ist.

Nun werden die übrigen Allele des Kindes untersucht, also
diejenigen, die nicht von der Mutter stammen können. Stimmen diese Allele beim Kind komplett mit denen überein, die
sich auch beim Putativvater finden, dann ist seine Vaterschaft je
nach Untersuchungsaufwand oft mit einer Wahrscheinlichkeit
von 99,999999 Prozent bewiesen. Je mehr DNA-Bereiche untersucht werden, desto größer wird der Wahrscheinlichkeitswert.

Deutsche Richter fordern einen Wert von mehr als 99,8 Prozent Wahrscheinlichkeit, um eine Allelübereinstimmung zwischen Kind und Vater als »praktisch erwiesen« anzuerkennen.
Für die Übersetzung von Wahrscheinlichkeitswerten in greif-
bare Ausdrücke benutzen sie folgende »Verbalisierungstabelle«:
Mehr als 99,8 Prozent – Vaterschaft praktisch erwiesen; mehr
als 99 Prozent – höchst wahrscheinlich; mehr als 95 Prozent –
sehr wahrscheinlich; mehr als 90 Prozent – wahrscheinlich;
mehr als zehn Prozent – ohne Prädikat; mehr als fünf Prozent –
unwahrscheinlich; mehr als ein Prozent – sehr unwahrscheinlich; mehr als 0,2 Prozent – höchst unwahrscheinlich; mehr als
0,1 Prozent – praktisch ausgeschlossen.

Finden sich keine oder nur wenige übereinstimmende Allele
bei Vater und Kind, so ist der Vater mit absoluter Sicherheit
nicht der biologische (genetische) Erzeuger des Kindes, denn

sämtliche und nicht nur einige nichtmütterliche Allele eines Kindes müssen vom Vater stammen. Die absolute Sicherheit lässt sich mathematisch als 100-prozentig ausdrücken.

Der Unterschied zwischen den beiden Zahlenwerten – 100-prozentiger Vaterschaftsausschluss gegenüber 99,999999-prozentigem Vaterschaftseinschluss – führt oft zu Verwirrung. Sind die beiden Aussagen gleichwertig? In der Praxis lautet die Antwort darauf: Ja. Denn die Aussage, dass ein Mann zu 99,999999 Prozent der Vater sein muss, ist wie bei DNA-Typisierungen aus Spurenfällen eine reine Spitzfindigkeit, die dadurch zustande kommt, dass zur Berechnung von Einschlüssen Allelhäufigkeiten multipliziert werden (vgl. Abb. 82, S. 194, Text, S. 194). Dabei kann grundsätzlich nie ein Wert von 100 Prozent herauskommen.

Im Alltag entsprechen aber auch 99,99999 Prozent einer vollkommenen Sicherheit: Rechnet man die Prozentangabe 99,99999 in eine verständliche Aussage um, so ergibt sich, dass nur einer aus einer Million Männern zufällig dasselbe DNA-Muster aufweist wie der rechnerisch »eingeschlossene« Vater. Da in den meisten Vaterschaftsfällen bekannt ist, dass die Eltern miteinander sexuell verkehrt haben (die Frage ist meist nur, ob es dabei zur Schwangerschaft gekommen ist), bedeutet diese Wahrscheinlichkeit in der Lebenswirklichkeit eine sichere Aussage. Dies ist vergleichbar mit dem kriminalistischen Szenario vom geschlossenen Raum, in dem nur eine geringe Anzahl von Verdächtigen überhaupt infrage kommt (vgl. S. 192).

Rechnerisch spannend (und kompliziert) werden Verwandtschaftsfälle, wenn beispielsweise die Eltern nicht mehr leben und nur Vergleichsmaterial von Großeltern, Tanten oder Neffen zur Verfügung steht. Auch diese Fälle sind oft lösbar, besonders wenn genügend Gewebe und damit DNA für Typisierungen an vielen Loci vorhanden ist. Ist die DNA aus dem Zellkern bereits zerbrochen, weil das Gewebe schon lange gelagert worden ist, so hilft es, die Erbsubstanz aus anderen Zellbestandteilen, den Mitochondrien*, zu untersuchen. Dort ist die DNA besser geschützt als im Zellkern, und sie liegt in deutlich höherer

Kopienzahl vor. Für mitochondriale DNA (mtDNA) läuft die Typisierung nicht mit den bereits beschriebenen Methoden ab, sondern die Bestandteile der mtDNA werden Nukleotid für Nukleotid ausgelesen, ein Vorgang, der Sequenzierung heißt.

Da auch altes Gewebe noch Kern-DNA oder noch wahrscheinlicher mtDNA enthält, können auch Jahrzehnte nach dem eigentlichen Geschehen interessante Verwandtschaftsfragen geklärt werden. Aus der DNA von Knochen aus dem Grab der russischen Zarenfamilie, deren Mitglieder nach historischen Berichten samt und sonders erschossen worden waren, ließ sich ableiten, dass die angebliche einzige noch lebende Tochter »Anastasia« nicht aus der Herrscherfamilie stammt. Auch alte Blutflecken von der Kleidung Kaspar Hausers, die in einem Heimatmuseum sicher aufbewahrt worden war, zeigten, dass der Junge nicht wie vermutet aus einer adeligen Familie stammte (vgl. S. 234). Er war daher auch nicht wegen eines Streits um die Erbnachfolge dieser Adelslinie im Wald ausgesetzt worden.

Wichtig ist in diesem Zusammenhang, dass die mtDNA bei der Fortpflanzung nur über Eizellen, das heißt nur über die mütterliche Seite weitergegeben wird. Sie vermischt sich nicht, wie die DNA des Zellkerns, zur Hälfte mit väterlichen Allelen. Anders gesagt, sowohl Frauen als auch Männer tragen nur die mitochondriale DNA ihrer Mütter in ihren Zellen.

Das hat den großen Vorteil, dass mittels mtDNA-Typisierung mütterliche Linien über viele Generationen hinweg verfolgt werden können. Eine typische Aufgabe, für die sich mitochondriale DNA gut eignet, ist beispielsweise diese: »Stammt dieses Kind (egal welchen Geschlechts), das ich heute untersuche, aus der Familie einer Frau, von der ein Blutfleck aus dem Jahr 1850 erhalten ist?«

Eine ähnliche Besonderheit wie die mtDNA weisen die Y-förmigen Chromosomen aus dem Zellkern auf. Sie werden nur über die väterliche Linie vererbt (Frauen haben kein Y-förmiges Chromosom) und geben daher eindeutig Auskunft über Abstammungsfragen von rein väterlicher Seite.

ANONYME VATERSCHAFTSTESTS

In nächster Zeit wird sich der genetische Fingerabdruck als so genannte ED-Standardmaßnahme (das heißt als normale Maßnahme der Polizei ohne richterliche Prüfung beim Erkennungsdienst) durchsetzen. Das ist gut so, denn sogar ein Foto sagt mehr aus als jeder genetische Fingerabdruck. Während eine DNA-Typisierung im nichtcodierenden Bereich stattfindet und nichts über Körper und Geist verrät, sieht das bei Fotos ganz anders aus: Auf ihnen kann ich oft erkennen, wie es der Person geht, wie sie sich fühlt, wie alt sie ist und so weiter. Gegen polizeiliche Fotos hat aber noch niemand Beschwerde eingelegt (außer Mitgliedern der Rote Armee Fraktion, RAF).

Während sich die Diskussion um kriminalistisch verwendete genetische Fingerabdrücke beruhigt, kocht derweil eine andere auf: Soll es erlaubt sein, heimlich einen DNA-Test zu machen, um herauszufinden, ob man der Vater eines Kindes ist? Die meisten Menschen antworten darauf erstaunlicherweise mit einem klaren »Ja, natürlich darf ich das heimlich in Erfahrung bringen«. Es ist offenbar ein sehr menschliches Verlangen, seine genetischen Nachkommen zu bestimmen.

Dabei wird aber meist übersehen, dass eine Familie sich in erster Linie um das Wohl der Kinder und nicht die Interessen der Eltern kümmern sollte. Ich habe es in nun 15 Jahren Arbeit mit genetischen Fingerabdrücken noch nie erlebt, dass die Eltern sich um das Wohl der Kinder sorgten. Stattdessen ging es um Treue, Liebe, Stolz und Geld. Es ist aber noch nicht ein einziges Mal vorgekommen, dass sich Eltern – zerstritten oder nicht – gemeinsam in mein Büro gesetzt haben, um zu besprechen, wie das Wohl des Kindes durch einen Vaterschaftstest beeinflusst wird. So

kommt es, dass ich noch nie einen anonymen Vaterschaftstest durchgeführt habe, egal, ob es gesetzlich erlaubt wäre
oder nicht.

Man sollte als Biologe auch nicht vergessen, dass alle
bisher untersuchten Tierarten, allerdings in sehr verschie-
denem Maß, fremdgehen. Es liegt also in unserer Entwick-
lungsgeschichte, Gene zu streuen. Das gilt nicht nur für
Männer, sondern auch für Frauen. Ich will damit weder
sagen, dass Außenbeziehungen gut oder richtig sind. Man
kann aber nicht wegleugnen, dass dieser meinetwegen
tierische Anteil in Menschen einprogrammiert ist.

Ein scheinbar objektiver Vaterschaftstest wird nichts an
einem bestehenden Beziehungsproblem ändern. Wer also
wirklich seine Beziehung retten will, sollte überlegen, ob
reden und vor allem an das Wohl des Kindes denken nicht
die geeigneteren Maßnahmen sind. Eine DNA-Typisierung
ist jedenfalls eine sehr scharfe, aber trotzdem sehr ungeeig-
nete Waffe im Rosenkrieg. Denn das objektive Beweismittel
lenkt nur vom persönlichen, gefühlsmäßigen Grundpro-
blem der Beziehung ab.

Ein wichtiges Argument spricht allerdings doch *für* anonyme Vaterschaftstests: Es gibt Menschen, die nach einem
anonymen Test entschieden, nun eine dauerhafte Beziehung mit der Frau einzugehen, mit der sie bislang »nur« ein
genetisches Kind haben, sich aber um die sozialen Pflich-
ten nicht gekümmert hatten. In diesen Fällen wird aus
einem genetischen auf einmal auch ein sozialer Vater – und
das ist dem Kindswohl meist sehr zuträglich.

mtDNA UND Y-CHROMOSOMALE DNA

Einen großen Vorteil bieten die Y-chromosomalen DNA-Systeme und mtDNA, wenn »Defizienzfälle« untersucht werden. Bei Defizienzfällen sind die nächsten Verwandten einer Person nicht verfügbar (fehlend, »defizient«). Die Identifizierung beispielsweise von Leichenteilen nach einem Flugzeugabsturz kann in Defizienzfällen mit genetischen Standard-Fingerabdrücken nur dann gelingen, wenn direktes Vergleichsmaterial der vermissten Person vorhanden ist (etwa Zellen der vermissten Person in einer Zahnbürste oder einem Kamm). Fehlen solche direkten Vergleichsspuren aber, so muss die DNA von Verwandten untersucht und mit den Leichenteilen verglichen werden.

Da heutige Menschen aber immer weniger Geschwister haben und zugleich die Zahl der Einäscherung von Verstorbenen aus der Eltern- und Großelterngeneration zunimmt, entstehen oftmals Lücken bei der Aufklärung der möglichen Erbgänge (bei modernen Einäscherungsöfen gelingt keine DNA-Gewinnung mehr).

Diese Ausfälle von nahen Verwandten (Defizienzen) lassen sich überbrücken, weil Y-chromosomale Marker über die männliche bzw. mtDNA über die weibliche Linie vererbt wird, ohne sich nennenswert zu verändern. Da die Mutationsrate also gering ist, finden sich auch bei durch mehrere Generationen getrennten Personen aus derselben Erblinie identische Y-STRs bzw. mtDNA-Marker (siehe folgende Tabelle).

Eigenschaften von Kern-DNA im Vergleich zu mtDNA; bp = Länge in Basen(paaren)

Eigenschaft	DNA aus Zellkern	mtDNA (haploid)	Y-Chromosom
Größe	ca. 3,3 Mrd. bp	16 569 bp	ca. 60 Mio. bp
Kopien pro Zelle	2	oft über 1000	1
Form geschlossen	Strang	kreisförmig	Strang
Vererbung	halb vom Vater, halb von der Mutter	nur von der Mutter	nur vom Vater
Rekombination	ja	nein	nur 5 % des Chromosoms (mit X-Chromosom)

Zwei bekannte Beispiele sind die Prüfung der Verwandtschaft von Kaspar Hauser mit zwei lebenden Personen aus
einer Adelslinie (1998) sowie die Frage, ob der US-Präsident
Jefferson mit seiner Sklavin Kinder hatte.

Aus der in einem Museum bei Raumtemperatur seit 1833
aufbewahrten blutigen Bekleidung Kaspar Hausers konnte die
Basenabfolge (Sequenz) der mtDNA-Abschnitte HVA 1 und 2
(hochvariable Abschnitte 1 und 2) erfolgreich dargestellt werden. Da aber neun Unterschiede in der Basenabfolge Hausers
zur Sequenz der Vergleichspersonen gefunden wurden, kann
Kaspar Hauser nicht aus dieser Adelslinie stammen. Würde das
Blut auf der Bekleidung allerdings von einer anderen Person –
also nicht von Kaspar Hauser – stammen, dann wäre die Analyse zwar technisch richtig, aber kriminalistisch wertlos. Auch
hier sieht man wieder, dass eine DNA-Typisierung nie für sich
allein stehen kann.

In den USA wurde schon lange leidenschaftlich diskutiert,
ob Thomas Jefferson (1743–1826; dritter Präsident der USA
und Autor der Unabhängigkeitserklärung) Vater der Kinder
seiner Sklavin Sally Hemings war. 1998 wurden daher Y-chromosomale STRs eines lebenden Jefferson-Nachkommens (aus
der Linie von Thomas Jeffersons Onkel Field Jefferson) mit
denen von lebenden Nachkommen zweier Söhne der Sklavin
verglichen. Tatsächlich weisen die Nachkommen von Eston
Hemings das gleiche Y-STR-Muster auf wie auch die Jefferson-
Linie. Das spricht dafür, dass der Präsident mit seiner Sklavin
Kinder hatte.

Gegenargument: Da Thomas Jefferson fünf Söhne und
einen Bruder hatte, kommen auch diese Personen als Träger
derselben Y-chromosomalen Merkmale und damit rein kriminalbiologisch gesehen auch als Väter in Betracht. Ob sie auch
sozial als Väter infrage kommen, ist eine ganz andere, nämlich
kriminalistische Frage: Lebten die Verwandten in der Nähe?
Kannten sie die Sklavin überhaupt? Und so weiter.

Die Berechnung der Einschluss- und Ausschlusswahrschein-
lichkeiten funktioniert bei Y-chromosomaler und mtDNA anders als bei den normalen (autosomalen) STRs. Vergleicht man
mtDNA-Profile miteinander, so finden sich nach der Sequenzierung unter 100 Menschen im Schnitt zwei, die dasselbe DNA-
Profil aufweisen. Verwendet man die schnellere Methode des
Minisequencing, finden sich sogar schon unter 20 Personen je
zwei mit derselben Sequenz. Wegen dieser geringen Einschluss-
wahrscheinlichkeiten kommt mtDNA nur dann zum Einsatz,
wenn man kriminalistisch eindeutige Anfangsannahmen bilden kann und wenn die DNA-Orte, an denen sich die normalen
STRs befinden, bereits zersetzt sind.

Auch Y-Chromosomen erlauben keine gewohnten Wahr-
scheinlichkeitsberechnungen. Man stellt stattdessen die in der
väterlichen Linie stets gleich bleibenden Allele zu »Haplotypen«
zusammen. Seit 2001 hat man sich auf neun Y-chromosomale
STRs geeinigt, die den »minimalen Haplotyp« darstellen. Anders als bei mtDNA, wo es recht wenige Unterschiede gibt, ergeben sich aus den Y-chromosomalen Loci sehr viele Haplotypen.
Stattdessen prüft man in einer Datenbank, die Lutz Roewer
am Berliner Universitätsklinikum der Humboldt-Universität
(der so genannten Charité) verwaltet, ob ein bestimmter Haplotyp bislang überhaupt jemals aufgetaucht ist. Findet er sich
nicht, so kann man zumindest sagen, dass und wie selten er ist.

SNPs

Eine weitere moderne DNA-Typisierungstechnik ist die massen-
hafte Darstellung sehr vieler so genannter SNPs* *(short nucleotide polymorphisms)*. Das sind variable DNA-Bereiche, deren Allele sich nicht wie bei den RFLPs und STRs durch ihre Länge,
sondern durch Abweichungen in einer einzelnen Basenposi-
tion unterscheiden.

Da im Gegensatz zu den RFLP- und STR-Systemen bei SNPs pro Locus nur je zwei Allele auftreten (»bi-allelisch«), müssen für ein aussagekräftiges Untersuchungsergebnis mindestens 50 unterschiedliche SNP-Marker untersucht werden. Das ist aber durch fortschreitende Automatisierung und Verkleinerung der Geräte und benötigten Mengen kein Problem.

Meist werden SNPs durch Minisequencing dargestellt, wobei die SNP-Loci nach PCR mittels Fluoreszenzdetektion auf Sequenziermaschinen (Polyacrylamid-Gel oder heute zunehmend Kapillar-Elektrophorese) aufgetrennt und dargestellt werden.

NOCH EINMAL ETHNIEN

Insgesamt wird sich die Analyse der herkömmlichen STRs aber erst einmal weiter halten, da mühsam entwickelte internationale Vereinbarungen die gemeinsame Nutzung von etwa 15 STR-Kernsystemen vorsehen und somit eine erfolgreiche Standardisierung einschließlich Blindversuchen möglich war und ist.

Besonders für die Bestimmung von Ethnien könnten SNPs aber noch sehr wichtig werden, weil einige Y-chromosomale SNP-Haplotypen, aber auch Haplotypen der mtDNA geradezu länderspezifisch aufzutauchen scheinen. Die forensische DNA-Arbeitsgruppe um Peter Schneider (Mainz, heute Köln) fand 2003 beispielsweise heraus, dass die Haplogruppe hg4 – zumindest bei den 229 untersuchten Männern – nur bei Thais auftrat, die Gruppe hg26 nur bei Thais und Chinesen, die Gruppen hg21 und hg16 aber beispielsweise nur bei Deutschen. Durch Untersuchung solcher DNA-Bereiche wäre es nach dem Tsunami in Südostasien also problemlos möglich gewesen, unkenntliche Leichen (männlicher) Europäer von (männlichen)

Thais zu unterscheiden. Eine Unterscheidung von Europäern untereinander ist aber noch nicht möglich und scheint auch kaum möglich zu werden. Das liegt einerseits daran, dass es schon jetzt nur wenige genetische Unterschiede in den Regionen Europas gibt, vor allem aber auch daran, dass sich die vorhandenen DNA-Typen mit zunehmender Bewegungsfreiheit der Menschen im reisemäßig immer unbeschränkteren Europa noch stärker mischen werden.

MEISEN-VATERSCHAFTEN

Nicht nur bei Menschen, sondern auch bei Tieren werfen DNA-Typisierungen neues Licht auf verwandtschaftliche Beziehungen. Zoologen, die sich dafür interessierten, warum manche erwachsene Vögel scheinbar selbstlos anderen bei der Fütterung des Nachwuchses helfen, fanden beispielsweise heraus, dass die Tiere in Wahrheit ganz wirtschaftlich handeln. Selbst Vogelarten wie Kohlmeisen, die lange als vorbildlich treu galten, gehen nämlich fremd. Versorgen die Männchen benachbarte Nester mit, dann ist das eine unauffällige, genetisch programmierte Freundschaftsgeste für ihren möglicherweise aus einem Treuebruch entstandenen Nachwuchs. Der aber soll wie die ehelichen Nachkommen überleben, damit die eigenen Gene möglichst oft in die nächste Generation getragen werden. Umgekehrt zieht jedes Kohlmeisenmännchen mit einiger Wahrscheinlichkeit im eigenen Nest Junge auf, die nicht seine leiblichen Nachkommen sind. Es ist für diese also nur ein sozialer, aber kein genetischer Vater. Rekordverdächtig in dieser Hinsicht ist der australische Zebrafink *Taeniopygia guttata castanotis*. Bei ihm werden in mehr als jedem dritten Nest Junge gefunden, die das Produkt von »innerartlichem Brutparasitismus«, das heißt eines Seitensprungs, sind.

ARTEN- UND NATURSCHUTZ

Der Schritt von der forensischen DNA-Typisierung zum Arten-
und Naturschutz ist klein, weil DNA-Muster wegen der auf eine Lebewesenart eingestellten PCR nur bei bestimmten Arten
entstehen, bei anderen aber nicht. Auf diese Weise kann man
beispielsweise unverdächtiges Hühnchenblut an einem Messer
von Menschenblut unterscheiden: Die Hühnchenblut-DNA ergibt bei Untersuchung auf STRs des Menschen kein Ergebnis.
Das kann bei einem Mord auf einem Bauernhof interessant
sein, weil damit die Blutspuren der getöteten Tiere von denen
des ermordeten Menschen auseinander sortiert werden können.

Was den Artenschutz anbelangt, haben »genetische Flossenabdrücke« schon dabei geholfen, Walfleischschmuggler zu
überführen. Die Untersucher staunen immer wieder über das
dreiste Vorgehen der Betrüger, die ihre Ware einfach umdekla-
rieren.

So tauchte in Oslo ein Container auf, der angeblich
Shrimps, in Wahrheit jedoch dreieinhalb Tonnen Walfleisch
enthielt. Vor allem Finnwale, die seit 1989 nicht mehr getötet
werden dürfen, sind normalerweise Opfer der Walfänger und
-schmuggler. Bei einem japanischen Einzelhändler erkannten
Biologen durch DNA-Typisierung aber sogar das Fleisch eines
Buckelwals – eine Tierart, die schon seit 1966 streng geschützt
ist. Um der Strafe zu entgehen, behauptete der Hersteller, das
verbotene Fleisch sei bereits vor 40 Jahren eingefroren und erst
jetzt zubereitet worden. Umgekehrt entpuppte sich in Austra-
lien das Innenleben eines angeblichen »Emu-Gourmet-Ham-
burgers« durch DNA-Typisierung als gewöhnliches Hackfleisch.
In Deutschland sieht es übrigens nicht anders aus. Dort wird
per DNA-Typisierung beispielsweise Schweinefleisch in »garantiert schweinefleischfreien Türkwürsten« gefunden, und
Shrimps entpuppen sich als gefärbtes, gewürztes und gepresstes
Fischmehl.

Abb. 87: Die *Fingerprint News*
Die Zeitschrift der Fingerprint-Gemeinde erschien erstmals im Januar 1988
mit einem Vorwort von Sir Alec Jeffreys, dem Erfinder der RFLP-Fingerprints.
Deutlich zu erkennen ist die stark biologische Ausrichtung der Zeitschrift, die
stets dasselbe Titelbild trug. (Mit Dank an Mecki Prinz; Foto: © Mark Benecke.)

Die große Anwendungsbreite genetischer Finger- und Flossenabdrücke bringt es mit sich, dass die Fingerprint-Gemeinde nicht nur aus Forensikern besteht, sondern ein hoch heterogenes Grüppchen von Forschern aus den unterschiedlichsten wissenschaftlichen Bereichen ist. Unsere erste Fachzeitschrift war daher die selbst kopierte *Fingerprint News*, die an der Cambridge University in England erschien (vgl. Abb. 87, S. 239). Schon auf dem Titelbild ist zu erkennen, dass zunächst kaum jemand glaubte, dass die Forensik je eine große Rolle im Fach spielen würde. Die meisten Wissenschaftler dachten eher an die Erforschung von biologischen Fragen wie dem Zusammenleben von Tieren, deren Familienaufbau und ebendem Tierschutz. Der Begriff »interdisziplinäres Arbeiten« erhielt dabei eine ganz neue Dimension: Auf den frühen DNA-Typisierungskongressen tagten gleichzeitig Mediziner, Mathematiker, Genetiker, Ökologen, Botaniker, Zoologen – und Lebensmittelchemiker.

EINORDNUNG VON OBJEKTIVEN SACHBEWEISEN

Der Fantasie von Kriminalbiologen sind keine Grenzen gesetzt; dasselbe gilt allerdings auch für die Spurenleger. Zwei weitere Beispiele sollen daher darstellen, warum ein genetischer Fingerabdruck, wie schon mehrfach angedeutet, allein niemals einen Täter überführen kann, sondern immer auch der kriminalistische Hintergrund eine Rolle spielt.

So wurden uns während der Olympischen Spiele in Atlanta im Jahr 1996 die Urinproben von möglicherweise gedopten Personen zugesendet (vgl. Abb. 88). Das biochemische Labor der Kölner Sporthochschule untersuchte, ob sich überhaupt verbotene Substanzen im Urin befanden. War dies der Fall, so würde das für den betreffenden Sportler das nachträgliche Ende der olympischen Freuden bedeuten. Also redeten sich

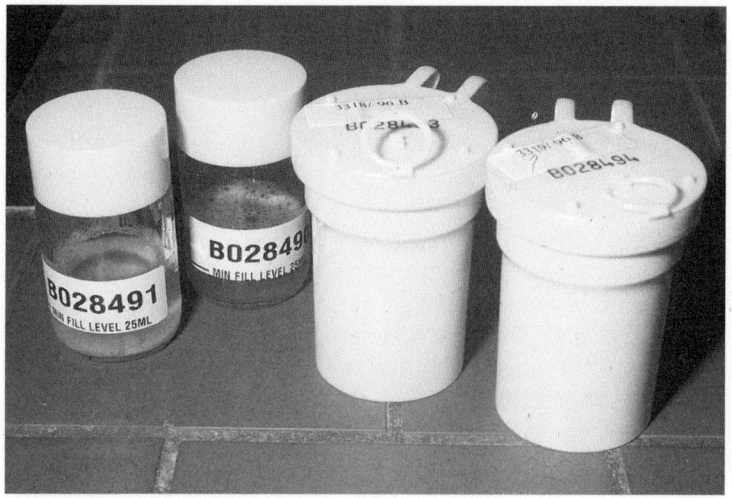

Abb. 88: Urinproben
Diese Proben stammen von den Olympischen Spielen in Atlanta. Anhand genetischer Fingerabdrücke sollte getestet werden, von wem gedopte Proben stammten. Foto: © Mark Benecke.

die gedopten Athleten mit der schlichtesten, aber besten Ausrede heraus: »Mag schon sein, dass in der Urinprobe eine Dopingsubstanz enthalten ist. Sie könnte aber aus Schlamperei auch vertauscht worden sein oder um mir zu schaden. Immerhin geht es ja um viel Geld und Ehre. Wer sagt also, dass die Probe von mir stammt?«

Ganz einfach, werden Sie sagen: Der Dopingrichter sagt das. Er musste laut Regeln des Internationalen Olympischen Komitees (IOC) nämlich persönlich beobachten, wie der Urin den Körper des Sportlers verlässt.

Die Regeln des IOC besagen außerdem, dass jeder Sportler jederzeit zur Kontrolle aufgefordert werden kann. Davor kann man sich eigentlich nur drücken, indem man vorgibt, gerade keinen Urin abgeben zu können. Weil das aber verdächtig wirkte, ließen sich die Sportler und Sportlerinnen bessere Methoden einfallen. Die Dopingrichter konnten dabei sogar zusehen (was sie aber aus Höflichkeit gewiss eh nicht taten):

1. Frauen führten ein mit dopingfreiem Fremdurin gefülltes Kondom (»Femodom«) in ihre Vagina. Dieses knipsten sie mit langen Fingernägeln auf, sodass körperwarmer Urin den Körper verließ (berühmtester Fall: »Flo-Jo« Florence Griffith Joyner, Weltrekord-Läuferin, die mit ihren langen, bunt lackierten Fingernägeln die Femodome aufgeknipst haben soll).
2. Männer klebten entweder auf der dem Schiedsrichter abgewandten Seite einen Plastikbeutel mit Fremdurin unter den Arm und führten den Schlauch entlang dieser Seite am Penis entlang (uralter Horrorfilm-Trick).
3. Mutigere Sportler führten sich einen Katheter durch den Penis in die Blase ein und ließen dopingsubstanzfreien Fremdurin hineinlaufen. Diese für Ungeübte oder Unbetäubte schmerzhafte Methode wurde wohl seltener gewählt.

In solchen Fremdproben fand sich natürlich nicht der genetische Fingerabdruck des pfuschenden Sportlers, sondern der der Urin spendenden, »cleanen« Person. Trotzdem nützte den Sportlern die nun scheinbar auch durch genetische Fingerabdrücke erwiesene Beschuldigung, das Labor habe die dopingmittelhaltigen Proben eben vertauscht, nichts. Denn da bekannt war, wessen Urin zu einer bestimmten Zeit in Atlanta gesammelt worden war, und da diese Proben zudem mit Zahlencodes beschriftet waren, musste man nun notfalls *alle* Proben dieses Durchganges DNA-typisieren. Fand sich in allen Proben eine Übereinstimmung zwischen Urin und Spender, nur nicht in der fraglichen Probe, so war damit die Vertauschung ausgeschlossen und die Verwendung von fremdem Nichtsportlerurin bewiesen. Es blieb dann nur eine einzige Erklärung: Der Sportler selbst hatte dafür gesorgt, dass Fremdurin in das Sammelgefäß gelangte, um nicht des Dopings überführt zu werden.

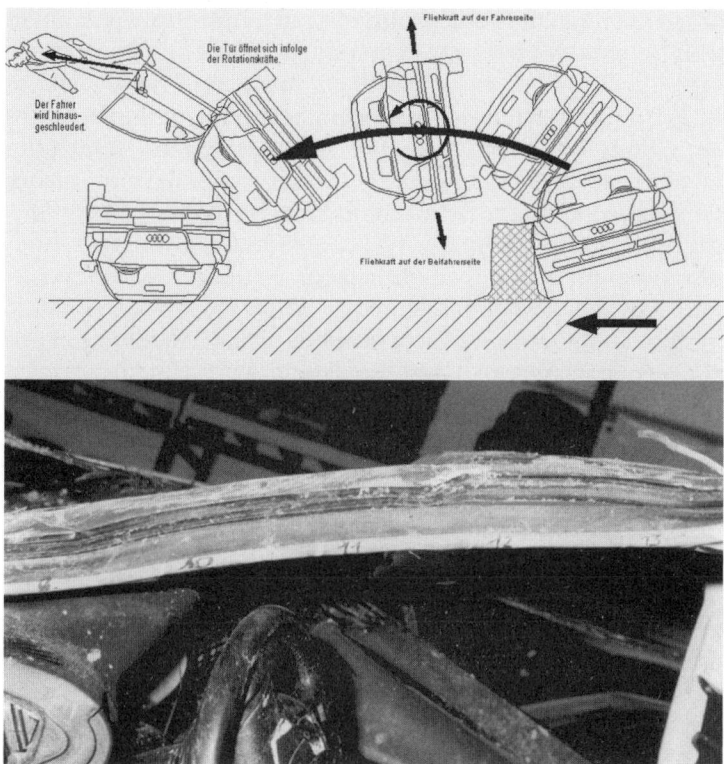

Abb. 89: Rekonstruktion eines Unfalls
Auch dabei können biologische Spuren helfen (hier: Zellen am Türrahmen).
Abbildung oben: © Ingenieurbüro Hugemann; Foto unten: © Mark Benecke.

Eine weitere kniffelige und zugleich weit reichénde Anwendung genetischer Fingerabdrücke ergibt sich in Versicherungsfällen. Häufig stellt sich beispielsweise die Frage, wer ein Auto wirklich gefahren hat oder von welcher Position im Auto eine Person herausgeschleudert wurde. Dabei geht es nicht um Tötungsdelikte, sondern um normale, aber deswegen nicht weniger traurige Verkehrsunfälle. Auch hier ist es wie bei Kriminalfällen wichtig, biologische Spuren rechtzeitig zu sichern. Stellt sich beispielsweise nach einem »Diskounfall« (betrunkene Jugendliche, laute Musik, Baum am Straßenrand) heraus, dass im Auto mit drei toten und einem überlebenden Jugendlichen der Überlebende der Fahrer war, so wird die Versicherung des Überlebenden eventuell hohe Summen zahlen müssen. Besonders wenn es Streit um die rein technische Rekonstruktion solcher Fälle gibt (vgl. Abb. 89, S. 243), können biologische Spuren, etwa am Türrahmen, helfen, die Ereignisreihenfolge klar zu erkennen. Beispiel: Die überlebende Person saß vor dem finalen Diskoausflug nie im betreffenden Auto. Bei der Polizei gibt sie zudem an, angeschnallt auf der Rückbank gesessen zu haben, als sich der Unfall ereignete. Nun findet sich aber am Armaturenbrett auf der Fahrerseite just die DNA dieser Person. Wie ist das anders zu erklären, als dass sie gefahren ist, das aber nicht zugeben will?

Auch hier steht die Spur aber nicht für sich allein, sondern im Zusammenhang mit den Annahmen der übrigen Rekonstrukteure (hier: den Kfz-Sachverständigen). Denn es kann natürlich sein, dass die DNA beim Überschlag oder bei der Rettung durch die Feuerwehr dorthin gelangt ist. Hier muss dann notfalls der Richter entscheiden, welche Version er am einleuchtendsten findet.

EINIGE SKURRILE ÜBERLEGUNGEN ZUR DNA-TYPISIERUNG

Bei Vorträgen und im Gespräch mit Polizisten oder privaten Auftraggebern gibt es immer wieder Ideen, die so skurril sind, dass ich selbst nicht darauf käme. Zwei der spannendsten Fragen sollen hier kurz beantwortet werden: Was hat Klonen* mit DNA-Typisierung zu tun? Und wie kann man ein perfektes Verbrechen begehen, das keine biologischen Spuren hinterlässt?

Klonen bedeutet, mit lebenden Wesen zu arbeiten. Die Erbsubstanz eines Tieres wird dabei in eine Eizelle eingebracht (beispielsweise mit einer Glasnadel hineingespritzt), der die eigene Kern-DNA zuvor entnommen wurde. Diese Eizelle wird in ein Tier verpflanzt, das danach mit dem wachsenden Embryo schwanger geht, aber nicht seine genetische Mutter ist.

Im Gegensatz dazu arbeiten Kriminalbiologen ausschließlich mit DNA, die mit starken Chemikalien aus toten, aufgelösten Zellen gezogen und dann mit weiteren Chemikalien an einigen Stellen vervielfältigt oder in Tausende Stücke zerlegt wird, um dann in einem Spannungsfeld sortiert zu werden. Diese zerlegte DNA kann nicht dazu benutzt werden, einen Klon* zu erschaffen. Das ist biotechnisch vollkommen ausgeschlossen. Ausnahmen kann es nicht geben, ebenso wenig wie man aus einer Packung gemahlenen Kaffees die Bohnen wieder zusammensetzen kann.

Wollte wirklich jemand an Ihre DNA gelangen, um Sie zu klonen, dann bräuchte er ohnehin nur die Stelle Ihres Weinglases abzutupfen, an der Sie etwas Speichel zurückgelassen haben, oder ein Haar aus Ihrem Kamm zu ziehen. Jede Körperzelle, jedes Hautfetzchen, jeder Tropfen Körperflüssigkeit enthält Ihre DNA samt aller Aufbauinformation. Welchen Schaden ein Bösewicht mit geklauter DNA anrichten könnte, soll aber freimütig den Thrillerautoren überlassen bleiben. Aus wissenschaftlicher Sicht gibt es nur eines zu sagen: DNA-Typisierung ist der moderne Ersatz für das, was seit 100 Jahren gewöhnliche Fingerabdrücke sind – und hat nichts mit Genen, Gen-Übertragung, Klonen oder Klonieren zu tun.

Die Frage nach dem kriminalbiologisch perfekten Verbrechen ist schwieriger zu beantworten, weil sie von den Spurensuchern abhängt. Es ist so ähnlich wie mit Schuhabdrücken: Jeder Täter, der Schuhe anhat, hinterlässt Abdrücke, selbst wenn die Sohlen blitzblank sind und die Tat (beispielsweise ein Einbruch) auf einem neuen Veloursteppich stattfindet. Es ist aber sehr schwierig, diese Spuren zu finden und sichtbar zu ma-

chen, beispielsweise mit Elektrisiergeräten. Bei biologischem
Material ist es ähnlich. Es gibt Diebe, die den Tatort absichtlich
verschmutzen, zum Beispiel mit Kothaufen, Urin, Speichel und
dergleichen. In diesen Fällen ist es einfacher, DNA des Täters
zu gewinnen. In anderen Fällen, etwa bei einer Vergewaltigung
mit Kondom, wird man vermutlich kein Sperma finden – es
sei denn, der Täter lässt Taschentücher liegen oder wirft das
Kondom in einen Papierkorb oder ein Gebüsch in der Nähe
des Tatorts. Hat er versucht, die vergewaltigte Person zu küssen, so hängt alles davon ab, wie gründlich sich die Person vor
der Untersuchung gewaschen hat. Selbst ein Schlag genügt, um
Hautzellen des Schlagenden auf den Geschlagenen zu übertragen. Als Faustregel kann gelten, dass es fast unmöglich ist, eine
Tat zu begehen, ohne irgendwelche Spuren zu hinterlassen.

Selbst wenn sich ein Täter komplett in Schutzkleidung ein-
hüllt, kann das nicht verhindern, dass er andere Hinweise hinterlässt. Vermummte können anhand von Ohrenabdrücken
und anderen anthropologischen Kennzeichen (Größe, Statur
usw.) oft erkannt werden, und selbst ein scheinbar aussage-
loses Blutspritzermuster kann einen kompletten Tathergang und
damit gegebenenfalls den Täter verraten, beispielsweise, indem
man aus Auftreffwinkel und Tropfengröße den Standort einer
blutenden Person zu einer bestimmten Zeit berechnet.

Auch ein nicht mehr vorhandenes Kondom kann eine Tatortspur liefern: Die Gleit- oder Latex-Anti-Verklebemittel sind
von Hersteller zu Hersteller verschieden und können helfen,
einen Täter einem bestimmten Gebiet oder einer bestimmten
Käuferschicht zuzuordnen. Genau das ist die Stärke der Forensik: Aus je mehr Fachrichtungen sie sich zusammensetzt, desto
unwahrscheinlicher wird es, dass eine Spur, und sei sie noch so
klein, übersehen wird oder nicht genutzt werden kann. Solange
sich Forensiker dabei über den Aussagewert ihrer Methoden im
Klaren sind, das heißt, solange sie auch um die Grenzen wissen,
besteht auch in scheinbar hoffnungslosen Fällen Aussicht auf
ein Ermittlungsergebnis, das den Täter letztendlich überführt.

Ich glaube, dass selbst ein geübter Kriminalist es kaum schaffen kann, ein Team guter Spurensucher und anderer Kriminalisten wirklich übers Ohr zu hauen. Es kommt aber natürlich darauf an, wie gut das Team zusammenarbeitet und wie viel Zeit und Aufwand es einsetzt.

DIE ZUKUNFT DER DNA-TYPISIERUNG

Wegen der vielen möglichen Anwendungsbereiche der DNA-Typisierung und ihrer Aussagekraft in Kriminal- und Verwandtschaftsfällen spielen genetische Fingerabdrücke eine sehr große Rolle bei Ermittlungen, gerichtlichen Streitfällen und hin und wieder auch historischen Fragen. Nach der Entdeckung von Hautleistenabdrücken (normalen Fingerabdrücken) waren sie die zweite kriminalistische Revolution. Es gibt in der Zukunft aber noch allerhand weitere Möglichkeiten für den forensischen Einsatz nichtcodierender DNA.

Erstens werden innerhalb der nächsten Jahre technische Verbesserungen anwendungsreif, die zu immer kleineren Apparaten führen. Besonders viel versprechend scheinen kleine Glasplättchen (Chips) zu sein, auf die winzige Bahnen eingefräst werden. In diesen Bahnen vollzieht sich die Elektrophorese mittels kleiner elektrischer Ströme innerhalb von Sekunden, und das ganze Gerät ist nicht größer als ein heutiges Computergehäuse. So können Hunderte (statt bislang Dutzende) von DNA-Proben innerhalb von Minuten (statt Stunden) aufgetrennt werden. Es ist ohne weiteres vorstellbar, dass ein Labor von heute 50 Quadratmetern in einigen Jahren auf zwei großen Schreibtischen Platz findet. Der erhöhte Probendurchsatz erlaubt es außerdem, immer mehr DNA-Typisierungen von immer mehr Menschen zu erstellen. Allerdings ist Durchsatz gerade in kriminalbiologischen Labors nicht immer wichtig. Es

gibt auch Labors, die an eher wenigen, dafür aber komplizierten Fällen arbeiten, die alle unterschiedlich bearbeitet werden
müssen. Reine Datenbanklabors, die vor allem auf Massen
und Geschwindigkeit getrimmt sein können, arbeiten dagegen
an sehr vielen Fällen, die möglichst alle vom selben Proben-
material ausgehen, beispielsweise einer Speichelprobe, die
immer auf einem vier mal vier Millimeter großen Stück Filterpapier getrocknet vorliegt. Hier ist die Automatisierung sinn-
voller und einfacher durchführbar als in einem Labor, das
sich am ersten Tag mit einem faulen Fötus, am zweiten mit
einem Knochen aus Vietnam und am dritten mit einem Finger-
nagelabrieb beschäftigen muss.

Trotz der stark steigenden Effizienz der Datengewinnung
werden zwei Arten von DNA-Typen grundsätzlich nie in Datensammlungen (Datenbanken) eingetragen und gespeichert werden: genetische Fingerabdrücke aus Verwandtschaftstests und
aus freiwilligen Reihenuntersuchungen. Diese Untersuchungen
werden nicht nur bei Sexualdelikten durchgeführt, sondern auch
bei anderen schweren Straftaten. Beispielsweise wurde im Oktober 2004 in Niederbayern an einem Umschlag, der eine
Briefbombe enthielt, DNA gefunden. Es war die siebte Bombe
seit April des Jahres; allerdings waren die meisten Sprengsätze
rechtzeitig entdeckt und entschärft worden.

Das bayerische Landeskriminalamt speiste das DNA-Profil
nun in die BKA-Datenbank ein. Dieser Vergleich erbrachte eine
Übereinstimmung (Match) mit einer ebenfalls anonymen Tatortspur von einer Einbruchserie im Walddorf Hutthurm in der
Gemeinde Bayenwald. Dort war mindestens 14-mal derselbe
Täter in Schulen, Bauernhäuser und Kindergärten eingestiegen,
hatte aber kaum etwas erbeutet. Insgesamt wurden nur knapp
1000 Euro Schaden gemeldet.

Es lag nahe, nun alle infrage kommenden Menschen aus
der Gegend um Hutthurm aufzufordern, an einem freiwilligen
DNA-Test teilzunehmen. Musste dazu früher noch Blut abgenommen werden, ist diese Hürde heute wesentlich erleichtert,

weil nur noch der Abrieb von Haut an der Wangeninnenseite (Speichelprobe, »Speicheln«) erfolgt.

Ende November 2004 wurden tatsächlich alle 2300 männlichen Dorfbewohner im Alter von 17 bis 70 Jahren gebeten, in die Hutthurmer Mehrzweckhalle zu kommen, um ihre Speichelprobe abzugeben. Da es sich dabei um einen der umfangreichsten DNA-Tests in der Geschichte Deutschlands handelte, gab es einige Diskussionen darüber, ob die Daten all derer, die nicht mit den Spuren an der Bombe und an den Einbruchstatorten übereinstimmten, auch wirklich gelöscht würden. Vom mangelnden Vertrauen seiner Bürger überrascht, gab der Hutthurmer Bürgermeister Hermann Baumann aber den richtigen Leitsatz aus: »Alle Bürger sollen hingehen, damit dieser Schrecken endlich ein Ende nimmt.«

Der 22-jährige Hans L. wartete die Auswertung der DNA-Proben aber nicht ab. Nur 700 Meter von der Mehrzweckhalle entfernt sprengte er sich schon am ersten DNA-Sammeltag auf einer Wiese in die Luft. Er hatte eine Gaskartusche mit explosivem Material gefüllt und starb durch großflächige Verbrennungen und Herz-Lungen-Quetschungen.

Durch den Selbstmord war natürlich noch nicht bewiesen, dass Hans L. der Täter war. Zuerst musste noch DNA aus seiner Leiche gewonnen und untersucht werden. Sie stimmte sowohl mit den Spuren der Einbrüche als auch mit denen von der Briefbombenserie überein. Die Daten aller freiwilligen Spender wurden daraufhin sofort aus der Datenbank gelöscht.

ALLELHÄUFIGKEITS-DATENBANKEN

Örtlich begrenzte Datenbanken, die nur die Allelhäufigkeiten einer Stichprobe von Bewohnern einer bestimmten Region enthalten, können wichtig werden, wenn vor Gericht Streitereien um die Aussagekraft der Wahrscheinlichkeitswerte, also der

Aussagekraft eines genetischen Fingerabdruckes, beginnen. Gerade in multikulturellen Städten versuchen Verteidiger immer wieder, den Kopf ihres hoffnungslos verlorenen Mandanten dadurch zu retten, dass sie der Jury folgende Gedankenkette präsentieren (hier am Beispiel New York): »Da der Verdächtige aus einer kleinen asiatischen Bevölkerungsgruppe (Subpopulation in Queens) stammt, ist die gesamte Wahrscheinlichkeitsberechnung, die von der mittleren Häufigkeit der bei ihm gefundenen Allele ausgeht, zweifelhaft. Denn wer sagt denn, dass die Asiaten in Queens dieselben Allelhäufigkeiten haben wie der Rest von New York, in dem Spanischstämmige, Europäischstämmige und Afrikanischstämmige leben?«

Weil die Jury sich manchmal auf diese Argumentation einlässt und weil es zudem wirklich kleinere Verschiebungen in den mittleren Allelhäufigkeiten verschiedener Subpopulationen gibt, sind kriminalbiologische Institute in Multikulti-Städten teilweise dazu übergegangen, für jede Ethnie eine eigene örtliche Allelhäufigkeits-Datenbank anzulegen. In den meisten Fällen ergibt sich aber nur ein kleiner Unterschied im errechneten Endergebnis: Beispielsweise könnte die Wahrscheinlichkeit, dass eine andere Person zufällig dasselbe DNA-Muster aufweist, von eins zu 600 000 auf eins zu 500 000 sinken. Es ist eher eine Frage der Fairness und des Prinzips, verschiedene Allelsammlungen zu verwenden. Ändern wird es meist nichts.

DNA-Typisierungsdaten aus örtlich begrenzten Reihenuntersuchungen werden ausschließlich dann vereint (gepoolt), wenn eben die Häufigkeit von Allelen in einer bestimmten Bevölkerungsgruppe ermittelt werden soll. Solche Sammlungen gibt es beispielsweise für eine deutsch-türkische Population in Südwestdeutschland, den Stamm der Ovambos, für Kroaten, Nordostspanier, Süd-Thais, Polen, die Bewohner der Großstadt Manila und so weiter. Es ist bei solchen zusammengefassten Datensammlungen nicht möglich, die einzelnen DNA-Muster jemals wieder ihren Trägern zuzuordnen, weil nur die reinen Allelbezeichnungen (21, 22, 23 etc.) ohne persönliche Informationen erfasst werden. Auch mit bösestem Willen ist es ausgeschlossen, die Daten rückwärts aufzuschlüsseln und zur betreffenden Person zurückzuverfolgen.

Umgekehrtes gilt für DNA-Typisierungen von Straftätern. Hier zeichnet sich weltweit die Tendenz ab, auch DNA-Typen von Menschen abzuspeichern, die sich wegen schwerer Straftaten bereits in Haft befinden, also ohne dass gerade ein Gerichtsverfahren gegen sie läuft. Dadurch soll es zum Beispiel nach der Freilassung dieser Menschen schnell möglich sein, Rückfälle anhand neuer, von ihnen gelegter biologischer Tatortspuren zu erkennen. Solche anonymen DNA-Typen von Tatorten werden dabei in die Datenbank eingegeben und dort blind mit allen gespeicherten genetischen Fingerabdrücken verglichen. Die kriminalistische Suche nach einem Verdächtigen entfällt in diesem Fall erst einmal, weil die DNA-Muster der betreffenden Person schon in der Datenbank gespeichert sind – aus der Zeit, als er noch im Gefängnis saß.

Die bislang größte Datenbank beim FSS in England benutzt als Erkennungsmerkmal zur Individualisierung 14 STRs, die von Hunderten Forschern und Technikern nach einem festgelegten Ablaufplan verglichen werden (vgl. Abb. 67, S. 165, Text, S. 164). Zwei Wissenschaftler typisieren dabei getrennt voneinander die nur durch einen Code gekennzeichneten Proben; ein Operator überwacht die Arbeit. Findet sich beim Vergleich einer neuen Tatortspur eine Übereinstimmung zu einem schon in der Datenbank vorhandenen genetischen Fingerabdruck (Match), wird die gesamte DNA-Typisierung zur Bestätigung ein weiteres Mal durchgeführt.

Dazu wird meist aus den Mundschleimhautzellen einer getrockneten, kühl gelagerten Speichelprobe erneut die DNA gewonnen und typisiert. Erst wenn das erneut zum selben Ergebnis führt, gilt die Untersuchung als bestätigt. Eine so doppelt abgesicherte Übereinstimmung zwischen zwei DNA-Mustern ist wegen der 14 untersuchten STRs sehr sicher. Nur wenn die Allele an mindestens 13 STRs übereinstimmen, werden die dazugehörigen Personendaten von einer räumlich und organisatorisch getrennten Stelle herausgesucht und an die Ermittler weitergeleitet.

Wie alle wissenschaftlichen Techniken, die in der Praxis angewendet werden, ist die DNA-Typisierung heute eine sichere und wertvolle Methode der Kriminalistik und Rechtsmedizin. Ebenso wie die forensische Entomologie und viele andere Methoden kann die DNA-Typisierung ganz unterschiedliche Fragestellungen beantworten. Darin liegt die Stärke kriminalbiologischer Methoden. Man muss nur daran denken, auch die passenden Fragen zu stellen.

TEIL 3

DIE ALTE KRIMINALBIOLOGIE

GIBT ES MENSCHENRASSEN, UND KANN MAN SIE VEREDELN?

Als die erste Auflage des vorliegenden Buches erschien, erhielt ich einen seltsamen Anruf. Ein Journalist fragte mich, wie ich »so etwas« machen könne und ob ich eine Knochensammlung besäße. Ich hatte keine Ahnung, worum es ging, bis ich Jahre später das Buch *Wessen Freund und wessen Helfer? Die Kölner Polizei im Nationalsozialismus*, herausgegeben von Harald Buhlan und Werner Jung, las (Band 7 der Schriften des NS-Dokumentationszentrums der Stadt Köln). Darin wird gezeigt, dass Kölner Polizisten vor und im Krieg Mitglieder aller Ethnien und Religionen, die weder kölsch-katholisch noch »arisch« waren, viel stärker verfolgten, als es selbst mit »Befehl von oben« noch zu begründen gewesen wäre. Gerade die Kölner, die sich mehr als alle anderen Bürger Deutschlands mit Toleranz und Menschenfreundlichkeit brüsten, gaben damals ein sehr trauriges Bild ab. Nicht nur katalogisierten die Polizisten »vorbeugend« Sinti und Roma, ohne dass diese eine Straftat begangen hätten. Sie stellten später auch Polizeibataillone, die in den Niederlanden Widerständische und Streikende erschossen.

Das Kölner Polizeibataillon 309 erreichte besonders traurigen Ruhm. Hauptsächlich »ganz normale« Polizisten im Alter um die 32 Jahre rutschten durch allerlei Umgruppierungen in die Wehrmacht. Dort rückten sie hinter den kämpfenden Einheiten der »Heeresgruppe Mitte« her, die Russland erobern sollte. Schwere Gefechte gab es für diese Polizisten nicht. Das Ende des Krieges erlebten sie in Norwegen, wohin sie verlegt worden waren.

Das wäre wenig aufregend, wenn das Bataillon 309 nicht am 27. Juni 1941 in Bialystok eingetroffen wäre. Die Stadt war zuvor vom deutschen Heer erobert worden und sollte nun von den ehemaligen Polizisten gesichert werden.

Sofort brachte das Bataillon die Hälfte der Ortsbewohner, nämlich alle jüdischen Menschen – ganz gleich, welchen Alters und Geschlechts –, auf den Marktplatz vor die Synagoge. Deren Türen wurden geöffnet und alle 800 Versammelten in das Gebetshaus gebracht. Um mir die Beschreibung zu ersparen, zitiere ich aus der Anklageschrift gegen die Expolizisten, die im Jahr 1967 in Wuppertal verlesen wurde:

»Die Eingangstüren zur Synagoge wurden verbarrikadiert. Um ein Ausbrechen und ihre Befreiung durch Dritte zu verhindern, ... wurde ein innerer und äußerer Absperrungsring gebildet. [Dann] setzten ... Angehörige des Polizeibataillons 309 ... mit einigen geballten Ladungen das Synagogengebäude in Brand. Da ... Angehörige des Bataillons zuvor Benzinfässer in die Synagoge gebracht hatten und an diesem Tage trockenes, sehr heißes Wetter herrschte, stand die Synagoge bald in hellen Flammen. Die eingeschlossenen Juden brachen in ihrer Todesangst in lautes Geschrei aus und versuchten, sich zu befreien.

Der Versuch einiger Juden, aus dem Hauptportal der Synagoge auszubrechen, misslang aber, weil aus dem in Stellung gebrachten (schweren) MG [Maschinengewehr] das Feuer eröffnet wurde. Andere Juden kletterten an den Synagogenwänden hoch, um aus den Fenstern ins Freie zu gelangen. Sobald jedoch an einem Fenster der Kopf eines Juden sichtbar wurde, schossen die der inneren Absperrung zugeteilten Angehörigen des Bataillons mit ihren Pistolen oder Gewehren auch auf diese Juden ...

Erst als sich nach geraumer Zeit in der brennenden Synagoge kein Leben mehr rührte und der Synagogenbrand sich auf die in der Nähe gelegenen Wohnhäuser und Straßenzüge ausdehnte, wurden Angehörige des Polizeibataillons 309 zur Brandbekämpfung eingesetzt. Es konnte jedoch nicht verhindert werden, dass durch den entstandenen Großbrand auch ein großer Teil der Stadt Bialystok vernichtet wurde.«

Der Prozess gegen die Täter ging schlimmer aus, als man es erwarten konnte. Vor Gericht hielten die mittlerweile in ihren neuen Berufen gealterten Lackierer, Metzger, Schreiner,

Büroangestellten, Polizisten und Kraftfahrer zwar zusammen. Nur zwei wollten von dem grauenhaften Geschehen überhaupt etwas mitbekommen haben; alle anderen hatten an diesem Tag angeblich geschlafen (die Synagoge wurde tags angezündet) oder, wenn überhaupt, nur aus weiter Ferne »von der Front her« leise Schüsse vernommen. Der vorsitzende Richter Norbert Simgen musste daher 22 Jahre nach dem Krieg feststellen: »Haben wir [hier] Polizeibeamte, hören wir die Unwahrheit.«

Trotz derer dauernden Lügen verhängte das Gericht hohe Freiheitsstrafen. Allerdings wurden sie nie rechtskräftig. Der Grund: Einer der Schöffen war früher für kurze Zeit psychisch auffällig gewesen. Deswegen wurde beschlossen, das ganze Verfahren 1973 noch einmal zu wiederholen. Zwar wurden auch in diesem Wiederholungsverfahren (immerhin) noch niedrige Haftstrafen ausgesprochen, doch wurden sie diesmal zur Bewährung ausgesetzt. Doch wegen einer Gesetzesänderung wurden nicht einmal die Bewährungsstrafen wirksam. Niemand wurde jemals für das Massaker von Bialystok zur Rechenschaft gezogen.

Diese Geschichte hat wenig damit zu tun, dass viele der Täter Polizisten waren. Auch Angehörige aller anderen Kampfeinheiten, beispielsweise der Marine, haben nicht nur »mannhaft« gekämpft, sondern auch an feigen Massakern mitgewirkt. Die Frage ist eine ganz andere und führt uns sofort zur Kriminalistik und Kriminalbiologie: Warum meinten alle – wirklich alle – Mitglieder dieses und vieler anderer Bataillone wie selbstverständlich, dass sie alle jüdischen Kinder, Frauen, Männer und Alten erschießen bzw. lebendig verbrennen durften, ohne auch nur irgendetwas über diese Menschen zu wissen? Die Erklärung lautet: Dummheit, hündischer Gehorsam – und eine falsche Grundannahme.

Die grundlegend falsche Annahme war der Glaube, dass Politiker und Forscher eine vernünftige Lösung gefunden hätten, wie die Welt schöner und besser werden könnte: durch genetische Veredelung der Menschen.

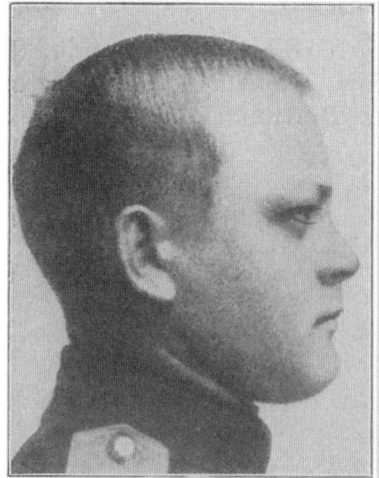 

Abb. 90: Irrglaube Rassenlehre
Die Rassenlehre beruht auf dem Irrglauben, Körper und Charakter stünden in direkter Beziehung zueinander. Diese Annahme wurde vor allem von Tierzüchtern bestätigt: Bei vielen Tieren gelingt es, körperliche Merkmale an- oder fortzuzüchten. Die Rassenkundler übertrugen die Begriffe und Methoden der Tierzucht direkt auf den Menschen. Das war ein Irrtum, weil es die angenommene Koppelung zwischen Charakter und Abstammung (Ethnie) nicht gibt. Die originalen Bildtexte zu obigen Abbildungen zeigen deutlich den tierzüchterischen Ton. Links: »Deutschland (Baden). Hinterhaupt zu weit ausladend; nordischer Einschlag« (aus: Günther, H. F. K., *Rassenkunde Europas*, München 1926); rechts: »Kopf hat zu wenig Ausladung nach oben. Die gleichmäßigen Kehltupfen sollten größer sein« (aus: Radtke, G. A., *Farbiger Fehlerfinder Wellensittiche*, Braunschweig 1970).

Diese in der ganzen westlichen Welt verbreitete Idee leuchtete jedermann ein. Seit Jahrhunderten war beispielsweise bekannt, dass sich Wirbeltiere – und damit auch Menschen – so züchten lassen, dass erwünschte Merkmale verstärkt und andere weggezüchtet werden können. Das gelingt nicht nur für äußere Details, beispielsweise Farben und Punkte des Wellensittichgefieders (deren Vererbungsgänge genau bekannt und kontrollierbar sind), sondern tatsächlich auch für kleine Teile des Charakters.

Ein Hirtenhund (»familienfreundlich«) wird sich, ein liebevolles Herrchen oder Frauchen vorausgesetzt, anders benehmen als ein Mops (»verständnislos«) oder Pudel (»intelligent«). Dasselbe gilt für Neigung zu Aggression, Niedergeschlagenheit oder Schizophrenie. Niemand weiß aber, ob diese ohnehin verschwommenen Charakterzüge an bestimmte Körpermerkmale (etwa die Form von Augen, Nase oder Ohren) gebunden sind. Ebenso wenig ist bekannt, inwieweit diese Charakteranteile direkt erblich sind und wie stark sie von Umwelteinflüssen geprägt werden.

Leider war aber der scheinbare Zusammenhang zwischen Körperbau und Charakter so bestechend, dass sogar Psychiater wie Ernst Kretschmer diesem verführerischen Irrtum erlagen (vgl. Abb. 90, S. 257). Kretschmer veröffentlichte ein Buch desselben Titels *(Körperbau und Charakter)*, das von 1921 bis 1955 in 22 (!) immer weiter »verbesserten« Auflagen beim bis heute renommierten Wissenschaftsverlag von Julius Springer erschien.

Leider war der scheinbar offensichtliche Zusammenhang zwischen dem Äußeren und dem Inneren eines Menschen ein völliges Truggeschehen. Nur weil sich beispielsweise einige Merkmale bei Tieren züchten lassen, lassen sie sich bei Menschen noch lange nicht durch Zucht herausbilden. Das war sehr vielen Biologen klar, bloß schrieben sie keine allgemein verständlichen Bücher zu diesem abwegigen Thema (vgl. Abb. 91). Auch das ewige Missverständnis, dass angeblich die Stärkeren stets gewinnen, fiel in diese Kategorie. So bemerkte beispielsweise der Zoologe Rosen 1912 in seinem Buch *Brutpflege und Elternfürsorge*:

»Es ist ein alter, unausrottbarer Fehler der Menschen, jeden neuen Gedanken, besonders wenn derselbe erfolgreich war, sofort zu verallgemeinern und, oft bis zur Absurdität, zu steigern.

Diesem Schicksal sollte auch Darwins Lehre vom Kampfe ums Dasein nicht entgehen. Während Darwin selbst den Daseinskampf mehr im bildlichen Sinne als eines unbewussten

Abb. 91: Muskelprotz und Akademiker
Auch heute noch ist die Meinung weit verbreitet, es gebe Körpermerkmale, die
direkt mit dem Charakter zusammenhängen. Der brustschwache Akademiker
und der hirnlose Muskelprotz sind dafür bekannte Beispiele. Ursache und Wirkung sind aber trotz der bestechenden Scheinlogik und der durchaus vorhandenen Beobachtbarkeit völlig unklar: Wird ein körperlich schwacher Mensch
Akademiker, weil er körperlich schwach ist? Oder ist er körperlich schwach,
weil er wegen seiner Arbeit im Labor oder in der Bibliothek selten vor die Tür
geht? Quelle: »Uhu«, abgedruckt in: Venzmer, G., *Körpergestalt und Seelenanlage*,
Stuttgart 1930.

Wettbewerbes der Artgenossen untereinander verstand, vor allem auch die Mitwirkung zahlreicher anderer Faktoren … voll anerkannte, verwandelte sich dieser Begriff bei vielen seiner Nachfolger zu … einem blindwütigen Ringen ›einer gegen alle und alle gegen einen‹ Ja, dieser ruhelose und nichts achtende Streit wurde zum obersten Gesetz des gesamten Naturgeschehens erhoben und bis auf die Sternenwelt ausgedehnt.«

Charles Darwin war nicht ganz unschuldig an diesem Missverständnis. Er hatte nämlich die Faulheit der Massen unterschätzt. Anstatt seine auch heute noch gut verständlichen Bücher zu lesen, prägten sich viele Menschen nur die Titelseite seines Buches *Die Entstehung der Arten* ein. Und auf der stand tatsächlich als Untertitel:

»Die Erhaltung der bevorzugten Rassen im Kampfe ums Dasein« (»The preservation of favoured races in the struggle for life«; vgl. Abb. 92).

Wenn man wollte, konnte man diesen Untertitel missverstehen und aus dem Blickwinkel der Tier- und Pflanzenzucht deuten. Das bedeutete aber, dass es wie im Gemüsegarten oder Hühnerstall auch bei Menschen

1. Rassen,
2. bevorzugte Rassen und
3. einen Kampf der Rassen ums Dasein geben müsste.

Nichts davon hatte Darwin je gemeint, wie ein Blick in sein Buch zeigt. Darwins »Rassen«-Begriff bezieht sich auf Gruppen von Lebewesen, die sich meist sehr langsam genetisch voneinander weg bewegen, bis sie so verschieden sind, dass sie keine gemeinsamen Nachkommen mehr zeugen können. Menschen»rassen« besprach Darwin in seinem Buch überhaupt nicht, denn alle Menschengruppen (»Rassen«) können miteinander Nachkommen zeugen. Sie gehören also zur selben Art.

Auch der Begriff »bevorzugt« hat nichts mit menschlicher Bevorzugung zu tun. Darwin meinte damit die je nach den

Abb. 92: Darwins Hauptwerk
Lesefaule Menschen müssen wegen des missverständlichen Titels von Darwins
Entstehung der Arten meinen, die Rassenkunde ließe sich hieraus ableiten. Das
ist aber nicht der Fall. Weder meinte Darwin »Kampf« noch »Rasse« in dem
harten Sinn, den die Worte später erhielten. Foto: © Mark Benecke.

Launen der Natur, das heißt den sich ständig ändernden Umweltbedingungen, besten Anpassungen. Es ging ihm nicht um
die Bevorzugung einer bestimmten Art. Denn »die Natur«, also
die Umwelt, ist unberechenbar. »Bevorzugt« sind alle Eigenschaften, die an örtliche Bedingungen gut angepasst sind. So ist
eine dunkle Haut bei ständig starker Sonne eine »bevorzugte«
Anpassung, und eine geringe Körperlänge kann beim Leben in
Wäldern von Vorteil sein. Die Definition des »Ariers« als Wun-
derkind der Natur ist daher so beliebig und unsinnig wie jede
andere angebliche »Bevorzugung« einer Rasse. Denn sobald
sich die Umwelt ändert, ist auf einmal eine andere, besser angepasste Lebensform von der Natur »bevorzugt«.

Selbst das Wort »Kampf« im Buchtitel war nicht im kriegerischen Sinn gemeint. Im Original steht dort *struggle* (nicht *fight*) –
gemeint sind also dauernde Mühen und vor allem ständige Erprobung der Eigenschaften an der Natur. Der heute kaum noch
verwendete Begriff »Kräftemessen« wäre vielleicht am treffends-
ten. Er war für einen Buchtitel wohl zu sperrig.

Dass unter Tieren, Pflanzen und Menschen viele Formen des Bewährens und Kräftemessens stattfinden, ist unstrittig. Der Grund ist nach darwinscher Denkweise, dass die weniger gut an die aktuelle Umwelt angepassten Individuen sich ganz ohne Blutvergießen und Kampf seltener fortpflanzen werden. Möchte man sich auf Darwin berufen, so ist also jeder Krieg überflüssig, weil die Kräfte der Natur auch ohne Menschen und erst recht ohne geplante Vernichtung der anderen wirken.

Den wahren Grund für ihre Eroberungs- und Vernichtungspolitik gaben die Nazis im Grunde offen zu: Sie wollten nicht einen besseren Menschen, sondern »Lebensraum« schaffen. Das war der Grund, warum sie alle Menschen beseitigten, die in irgendeiner Weise anders waren. Die Veredelung der Menschheit stand hinter diesem Ziel zurück. Die Nazis hätten ihren Menschen-Vernichtungskrieg mit oder ohne Darwin, mit oder ohne Biologie geführt. Sie waren allerdings so schlau, die zwar falsch verstandenen, aber einleuchtend klingenden und weit verbreiteten biologistischen Annahmen zu nutzen, um ihre politischen Ziele scheinbar sachlich und »wissenschaftlich« zu begründen.

UNVORSICHTIGE FORSCHER

Viele Forscher machten den Fehler und ignorierten, was sie eigentlich hätten wissen müssen: dass es im menschlichen Leben – selbst aus Sicht der reinen Biologie – weder um »Bevorzugung« noch um »Rassen«, noch um »Kampf« geht. Stattdessen ist die Welt des Lebens ein Netzwerk, das man viel besser als »Daseinsstreben und gegenseitige Hilfe« bezeichnen könnte. Das meinte auch der schon erwähnte Kollege Rosen, als er 1912 schrieb:

»Noch schlimmere Verheerungen richtete dieser an sich so fruchtbare Gedanke in den Köpfen zahlreicher populärer

Schriftsteller an, deren naturwissenschaftliche Aufsätze und Bücher vielfach wie blutrünstige Schauerromane anmuten ... Einer der Ersten, der im Gegensatz zum Daseinskampfe auf die hohe Bedeutung der Geselligkeit und der gegenseitigen Hilfe im Tierreich hinwies, war der russische Zoologe Professor Kessler. In einer denkwürdigen Rede auf dem russischen Naturforscherkongress 1880 in Petersburg protestierte er energisch gegen die missbräuchliche Behauptung des Daseinskampfes als eines Schlagwortes. Die Zoologen betonen immer das, was sie den erbarmungslosen Kampf ums Dasein nennen, aber sie vergessen dabei ganz die Gültigkeit eines anderen Gesetzes, das der gegenseitigen Hilfe. Dieses ist dabei ... von entschieden höherer Bedeutung.«

Trotzdem waren nur wenige Jahre später große Teile der westlichen Welt – nicht nur die Nazis – überzeugt, dass es zur Veredelung der Menschheit zweckmäßig sei, kranke Menschen umzubringen oder zu sterilisieren, Juden auszugrenzen, »Zigeuner«, Randgruppen und Homosexuelle beiseite zu schaffen und zugleich die Vermehrung von »erbgesunden« Menschen zu fördern. Warum konnte sich dieser Irrtum, hierzulande unter den Begriffen »Rassenkunde« und »Kriminalbiologie«, so verbreiten, dass zuletzt Adolf Hitler nur noch die vollreifen Früchte pflücken und in *Mein Kampf* zu einem allen Beteiligten verdächtig gut schmeckenden Kompott einzukochen brauchte?

HITLERS FINKEN UND MEISEN

Der Knackpunkt ist der Rassenbegriff, denn ohne ihn fällt auch die übrige Lehre von genetisch besseren Menschen in sich zusammen. Gibt es tatsächlich »Menschenrassen«, über die sich seit Ende des Zweiten Weltkrieges bloß niemand mehr zu sprechen traut?

Der Genetiker und Biometriker Luigi Cavalli-Sforza von der Universität Stanford antwortet darauf heute:

»Jeder Versuch, die Völker der Erde aufgrund ihrer Haut-, Haar-, Augenfarbe, Statur und Nasenform zu ›katalogisieren‹, ist wissenschaftlich unhaltbar. Die ›äußere Verpackung‹ des heutigen Homo sapiens, sei sie schwarz, weiß, gelb oder rot, verhüllt nur ein kunterbuntes Puzzle von Erbteilen der verschiedensten Völkergruppen der Erde.

Drei bis sechs Millionen unter den drei Milliarden DNS-Bausteinen der menschlichen Erbanlagen sind innerhalb der Bevölkerung hochvariabel. Jeder Mensch erscheint so gesehen als genetischer Mikrokosmos – die als Rassenmerkmale gewerteten Eigenheiten verblassen vor dieser Gen-Vielfalt.«

Diejenigen Forensiker, die wie ich genetische Fingerabdrücke durchführen, werden diese Ansicht nicht ohne weiteres teilen. Zwar gibt es große DNA-Bereiche, die so kunterbunt sind, dass man daraus keine Rassen ableiten kann. Es gibt aber durchaus andere Stellen, an denen Merkmale sehr wohl und je nach Herkunft der Person gehäuft vorliegen.

Dass es auch sichtbare Merkmalsähnlichkeiten bei Menschen gleicher Herkunft gibt, wird ein Weltreisender ebenso wenig infrage stellen wie ein Hunde- oder Taubenliebhaber bei Zuchttieren. Das Problem des Begriffs »Rasse« in Bezug auf den Menschen muss also anderswo liegen.

Auch das sehr kritische Buch *Tödliche Wissenschaft* des Genetikers Benno Müller-Hill aus dem Jahr 1989 hilft hier nicht weiter, da er den Begriff der Rasse gar nicht erst zum Thema macht. Es zeigt allerdings, wie stark vor allem Anthropologen, also »Menschenvermesser«, in die Aussonderung und Vernichtung von Juden verstrickt waren, ohne es nach dem Krieg zugeben zu wollen. Mit Erstaunen stellte ich aber beim Lesen etwas anderes fest: Hitler hatte in seinem millionenfach verbreiteten Buch *Mein Kampf* Passagen aus einem soliden Lehrbuch der Genetik übernommen. Hatte der Führer also doch etwas sachlich Richtiges erkannt, obwohl es ihm eigentlich nur um einen

guten Vorwand für die rein strategisch gewollte Vernichtung der
Menschen in künftig »deutschem Lebensraum« ging?

Keineswegs. Schaut man sich in kriminalistischer *old school*
den Tatort (hier: das Buch *Mein Kampf*) an, so zeigt sich, dass
Hitler seine papiernen Lehrmeister (Hitler saß im Gefängnis,
als er sein Buch schrieb) falsch verstanden hat. Die eingängigs-
te und zugleich interessanteste Stelle ist dabei die folgende aus
Mein Kampf, Kapitel 11:

»Jedes Tier paart sich nur mit einem Genossen der gleichen
Art. Meise geht zu Meise, Fink zu Fink, der Storch zur Störchin,
Feldmaus zu Feldmaus, Hausmaus zu Hausmaus, der Wolf zur
Wölfin usw. … Jede Kreuzung zweier nicht ganz gleich hoher
Wesen gibt als Produkt ein Mittelding zwischen der Höhe der
beiden Eltern.

Das heißt also: Das Junge wird wohl höher stehen als die
rassisch niedrigere Hälfte des Elternpaares, allein nicht so hoch
wie die höhere. Folglich wird es im Kampf gegen diese höhere
später unterliegen …

Wäre der Vorgang ein anderer, würde jede Weiter- und Höher-
bildung aufhören und eher das Gegenteil eintreten. Denn da
das Minderwertige der Zahl nach gegenüber dem Besten immer überwiegt, würde bei gleicher Lebenserhaltung und Fort-
pflanzungsmöglichkeit das Schlechtere sich so viel schneller
vermehren, dass endlich das Beste zwangsweise in den Hintergrund treten müsste. Eine Korrektur zugunsten des Besseren
muss also vorgenommen werden.«

Hitler war ein guter Schreiber und verpackte seine Ansich-
ten in eine derart bestechende Scheinlogik, dass selbst heutige
Biologiestudenten und -studentinnen oft nicht in der Lage sind,
den grundsätzlichen Denkfehler zu entlarven: In Wirklichkeit
sind alle Menschen »Finken« – soll heißen, Mitglieder derselben Art. Wenn Hitler also schreibt, dass natürlicherweise »Fink
zu Fink« (also Art zu Art) geht, so meint er damit zugleich, dass
Menschen jeder Hautfarbe und Rasse sich problemlos paaren
können – und sollten! Das war aber genau das Gegenteil des-

sen, was er eigentlich meinte. Es traute sich offenbar niemand, den unfreiwilligen Witz, der auch noch zulasten des späteren Führers ging, zu korrigieren.

Doch Hitler kupferte im Knast nicht nur bar jeder Sachkenntnis ab und widerlegte sich dabei selbst. Auch dass er überhaupt die Idee des guten, züchtbaren Menschen verfocht, widerspricht seiner unmittelbaren – von ihm selbst aufgeschriebenen – Lebensgeschichte und -erfahrung. Denn der spätere Führer wusste genau, dass ein Mensch auch durch seine Umgebung, keineswegs bloß durch seine kreuz- und erbbare DNA geformt wird:

»Übel aber endet es«, schrieb er 1924 während seiner Haft im Gefängnis in Landsberg am Lech für den ersten Teil von *Mein Kampf*, »wenn der Mann von Anfang an seine eigenen Wege geht und das Weib, gerade den Kindern zuliebe, dagegen auftritt. Dann gibt es Streit und Hader, und in dem Maße, in dem der Mann der Frau nun fremder wird, kommt er dem Alkohol näher.

Jeden Samstag ist er nun betrunken, und im Selbsterhaltungstrieb für sich und ihre Kinder rauft sich das Weib um die wenigen Groschen, die sie ihm, noch dazu meistens auf dem Wege von der Fabrik zur Spelunke, abjagen muss. Kommt er endlich Sonntag oder Montag nachts selber nach Hause, betrunken und brutal, immer aber befreit vom letzten Heller und Pfennig, dann spielen sich oft Szenen ab, dass Gott erbarm' …

Unglückliche Opfer schlechter Verhältnisse.«

Hier tritt uns Hitler noch als Person mit einigem sozialem Gespür und Wahrnehmen entgegen. Vor allem beruft er sich noch nicht auf die reine, »unparteiische« Forschung, sondern auf persönliche Erfahrung. Das änderte sich, als er die zweite Auflage des zweibändigen Genetik-Lehrbuchs *Menschliche Erblichkeitslehre* von Erwin Baur, Eugen Fischer und Fritz Lenz (1923) in die Hand bekam.

Es ist wichtig, die Autoren dieses Buches kurz vorzustellen. So zeigt sich, wie der katastrophale Denkfehler von der scheinbar machbaren Menschenzucht mithilfe von Wissenschaftlern zu Hitler durchdringen konnte.

Erwin Baur hatte zwar eine ärztliche Ausbildung, ihm gefiel der Beruf aber nicht. Darum studierte er zusätzlich Biologie und wurde Leiter eines vorwiegend auf Pflanzenzüchtung spezialisierten Teams. Die Verbesserung von Pflanzensorten zum Wohl der kultivierten Menschheit – hier: der Deutschen – war ihm ein persönliches Anliegen. Er wollte vor allem widerstandsfähige Pflanzensorten entwickeln. Dafür gab er den Leitsatz aus, dass »der schlechteste Boden und die ungünstigsten klimatischen Bedingungen erforderlich sind, um eine Neuzüchtung den härtesten Proben auszusetzen« – ganz im Sinne des Daseinskampfes, den ja nur der Härteste überlebt.

Baur war ein begeisterter Forscher. Mit seinen Studenten führte er auch während der vorlesungsfreien Zeit Pflanzenzüchtungsversuche durch. Nebenbei experimentierte er mit Schweinen und einem Wisent-Bison-Paar. Im Kern war Baur aber ein Pflanzengenetiker.

Die praktische Erfahrung auf seinem Versuchsgelände lehrte ihn, dass man durch Züchtung Pflanzensorten innerlich umgestalten und auch äußerlich verändern kann. Warum Baur daraus ableitete, dass die Zuchtmethoden auch bei Menschen anschlagen müssten, ist unbekannt. Er war zwar ein Konservativer und Patriot, aber weder dumm noch ein schlechter Forscher. Vielleicht dachte er angesichts der bestechenden Einfachheit der Überlegung einfach nicht genug nach. Denn, noch einmal: Es war längst bekannt, dass nicht einmal Darwin eine Menschenzüchtung gemeint hatte oder für möglich hielt, als er die »Erprobung der Lebewesen an ihrer Umwelt« beschrieben hatte.

Der Anteil Baurs am »Baur-Fischer-Lenz« beträgt im Übrigen nur 79 Seiten und stellt die einführenden Grundlagen der Genetik dar. Der zu seiner Zeit hoch angesehene Genetiker starb im Dezember 1933 im Alter von 58 Jahren an einem Herzinfarkt.

Der zweite Autor des »Baur-Fischer-Lenz« war Eugen Fischer.
Anfang des 20. Jahrhunderts hatte er die Konzentrationslager im
damaligen Deutsch-Südwestafrika (heute Namibia) besucht.
In diesen Lagern wurde vor allem die Volksgruppe der Hereros
derart rüde behandelt, dass mindestens drei Viertel der Inter-
nierten starben. Das interessierte Fischer aber weniger als die
dortigen Mischlingskinder, die von niederländischen Männern
und Hererofrauen abstammten. Er vermaß die Kinder äußerlich und führte auch mit den damals noch sehr einfachen Mitteln Bluttests durch. Nach diesen Tests, die selbst heute keine
sinnvollen Schlussfolgerungen ermöglichen würden, stand für
ihn fest, dass alle Mischlinge durch den genetischen Einfluss
der dunkelhäutigen Menschen dümmer und kulturell minder-
wertiger wurden.

Daheim in Deutschland wurde Fischer Leiter des anatomi-
schen Instituts der Universität Freiburg und später Chef des
Kaiser-Wilhelm-Instituts für Anthropologie, menschliche Erb-
lehre und Eugenik, das heißt für »Rassenhygiene«. Fischers
Forschungsgelder stammten aber nicht nur aus Deutschland,
sondern auch von der Rockefeller-Stiftung in den USA.

Die deutschen Eugeniker blickten gerne auf ihre Mitstreiter
in den USA und tauschten sich, so gut es ging, auch aus. Besonders Fritz Lenz, der dritte Autor, betonte, dass es überhaupt
keine sachlichen Unterschiede zwischen den eugenischen Auf-
fassungen in Deutschland und den USA gäbe. Man sei auf beiden Seiten des Atlantiks »gewohnt, biologisch zu denken«. Zur
Eröffnung des Kaiser-Wilhelm-Instituts, dem Fischer vorstand,
lud er seinen amerikanischen Kollegen Charles Davenport ein,
der auch anreiste. Die beiden gründeten später ein Komitee gegen Rassenvermischung, das sich auch gegen Verheiratungen
mit Juden aussprach.

Fischer war nicht einfach ein harter Eugeniker, der »schlechtes« Erbgut zum Verschwinden bringen und stattdessen besse-
res anreichern wollte, wie er es von der Ertragssteigerung von
Pflanzen-, Kuh- und Schweinerassen kannte. In diesem Fall

hätte er sich vielleicht vor allem mit Mitgliedern seiner eigenen »Rasse«, den angeblichen Ariern und deren Veredelung, beschäftigt. Doch Fischer war zugleich ein Rassist ersten Ranges. Besonders hatte er es auf die Vernichtung von Juden, Schwarzen und Mischlingen abgesehen. Ab 1934 trainierte er im Kaiser-Wilhelm-Institut die SS-Ärzte, die später unter anderem in den KZs ihren Dienst taten.

Zusammen mit Fritz Lenz hatte Fischer beispielsweise schon in den 1920er-Jahren die deutsche Regierung dabei beraten, die »Rheinland-Bastarde« zu beseitigen. So nannte man Kinder von deutschen Müttern, deren Väter aus Afrika stammende Soldaten der französischen Truppen waren. Diese hielten von 1920 bis 1930 (wobei die Kölner Zone schon 1925 geräumt wurde) das Rheinland besetzt. Die »Bastarde« von dunkelhäutigeren Vätern fielen äußerlich natürlich stärker auf als die nicht minder häufigen Nachkommen hellhäutiger Besatzungssoldaten mit rheinischen Müttern. Sie waren daher ein leichtes Ziel für Fischer und Lenz. Die beiden schlugen in der zuständigen Kommission vor, diese Kinder zeugungsunfähig zu machen, sodass die »bastardisierten Erblinien« mangels weiterer Nachwuchses zusammenbrechen müssten.

Fischer und Lenz waren also ursprünglich keine Nazis. Sie drehten ihre Forschung auch nicht nach dem Wind. Als Hitler an die Macht kam, hatten sie schon jahrzehntelange Vorarbeit geleistet, die nun bloß von den Nazis aufgegriffen wurde. In den USA hört man daher gelegentlich, dass Hitler das Haustier *(pet)* von Eugen Fischer gewesen sei – nicht umgekehrt.

Ganz sicher waren Lenz und Fischer von Hass und Angst gegen andere Kulturen getrieben. Darüber vergaßen sie, dass ihre zunächst sachlich richtigen Messungen eine grundfalsche Annahme prüften: dass es genetisch bessere und schlechtere Menschen gäbe. Diese Grundvoraussetzung der Eugenik hätte weder damals noch heute einer experimentellen Überprüfung standgehalten. Obwohl die gesamte Eugenik also von der Wurzel her ein Truggebilde war, ließ sie sich als nüchterne Wahrheit und Notwendigkeit verkaufen, weil sie so gut klang und auch politisch passte. Besonders Laien muss es schwer gefallen sein, die eugenische Melange aus Annahmen, scheinbarer Vernunft und professoraler Autorität zu widerlegen. Dazu ein kleines Beispiel; der Text stammt von Fritz Lenz aus Band 1 der *Menschlichen Erblichkeitslehre*:

»Auch die Abneigung der Juden gegen den Krieg kann als Folge von Auslesevorgängen verstanden werden. Als der alte Judenstaat stärkeren Nachbarn politisch unterlag, wurden natürlich vorab die kampfesmutigsten Familien ausgetilgt, zum Beispiel in den blutigen Kämpfen der Makkabäer gegen die Ptolemäer. Die unterwürfigen Bevölkerungsteile blieben erhalten … Übrigens ist auch das deutsche Volk in der Gegenwart einer gleichgerichteten Auslese unterworfen. Durch den [Ersten] Weltkrieg sind in einer ganzen Generation die kriegerischen Rasseelemente zum größten Teil ausgetilgt worden; und wenn das so weitergeht, wird sich das deutsche Volk von den Juden in dieser Hinsicht schließlich kaum noch unterscheiden.«

Wo liegt der Denkfehler? Ganz einfach: Es ist für das Überleben gewiss besser zu überleben, als zu sterben. Es ist objektiv klüger, durch Diplomatie und Handel einen Krieg zu vermeiden, anstatt ihn zu führen. Es ist nutzbringender, zusammenzuarbeiten anstatt gegeneinander. Doch das war für die meisten Menschen damals nicht zu durchschauen. So wurde aus einer von Charles Darwin gut belegten, menschenfreundlichen Idee ein von Hass, Gier, Neid und Eifersucht durchtränktes Zerrbild – und eine Steilvorlage für Adolf Hitler. Wo selbst in seinen eigenen Texten zuvor noch eine gefühlsbetontere Sichtweise durchschien, schwenkte Hitler nun komplett auf die pseudosachliche Linie der Biologisten um. Man spürt förmlich, wie er sich vor die Stirn geschlagen haben muss, als ihm diese Argumentationshilfe endlich zuflog. Dramatisch leitet er im elften und umfangreichsten Kapitel (»Volk und Rasse«) von *Mein Kampf* seine frisch angelesenen Erkenntnisse ein:

»Es gibt Wahrheiten, die so sehr auf der Straße liegen, dass sie gerade deshalb von der gewöhnlichen Welt nicht erkannt werden. Sie geht an solchen Binsenwahrheiten manchmal wie blind vorbei und ist auf das Höchste erstaunt, wenn plötzlich jemand entdeckt, was doch alle wissen müssten. Es liegen die Eier des Kolumbus zu Hunderttausenden herum, nur die Kolumbusse sind eben seltener zu treffen.«

Genau so war es: Hitler hatte mangels Ausbildung die Eier nicht herumliegen sehen. Doch nun wurde der Parteichef sein eigener Kolumbus: Er übernahm es, im Sinne des »Baur-Fischer-Lenz« das Erbgut seines Volkes zu verbessern, und zwar durch Auslese und geförderte Paarung der einen und schonungslose Vernichtung der anderen.

Dieses traurige Kapitel der kriminalbiologischen Fehlforschung hat als Lehrstück immer noch Bedeutung. Denn es handelt sich bei der Rassenkunde um eine rein politische, also im Grunde beliebige Idee, die aber sowohl von Forschern als auch von Laien für verständlich, nachvollziehbar und in den Folgerungen nahe liegend angesehen wurde. Genauso geht es heute Sachverständigen vor Gericht, die ihr Wissen überschätzen und glauben, erkennen zu können, wer im Saal »gut« und wer »schlecht« ist. Das kann aber niemand, und es spielt in der Forschung auch keine Rolle. Die wissenschaftliche Wahrheit hat nichts mit kulturellen oder privaten Annahmen zu tun.

Stattdessen muss gelten: Egal, wie einleuchtend etwas klingt, es muss auch durch Tatsachen bewiesen werden. Bei der scheinbar kristallklaren Rassenlehre sind beispielsweise sämtliche biologischen Grundannahmen falsch. Das muss man sich immer wieder klar machen, um nicht der auch heute noch bestechenden Scheinlogik auf den Leim zu gehen. Die Widerlegung der Rassenkunde geht so:

Erstens gibt es nur wenige naturwissenschaftlich einwandfrei abgrenzbare Menschenrassen, man könnte sie »Grob-« oder »Großrassen« nennen: die hellhäutigeren Menschen (»Kaukasier«), die dunkelhäutigen Menschen (»Afrikanischstämmige«)

und die Asiaten. Nur gibt es darunter keine allgemein stärkere und schwächere, bessere oder schlechtere Rasse. Was sollte in diesem Zusammenhang auch stärker oder schwächer heißen? Doch bestenfalls: an die jeweiligen Verhältnisse der Umgebung angepasst. Weil aber genau diese Anpassungen der Grund der körperlichen Unterschiede der drei Großrassen sind, muss per Definition *jede* dieser Rassen »gut« sein. Denn das müssten selbst Eugeniker einräumen: Gut an die jeweilige Umwelt angepasst = »stark« = »gut«.

Zweitens sind die meisten Erbanlagen »unsichtbar«, das heißt, sie werden auf eine Weise vererbt, die anhand der äußeren Erscheinung von Menschen nicht vorhersagbar ist. Selbst wenn es also stimmen würde, dass die eine Rasse edel und gut, die andere aber niederträchtig und faul wäre: Welche Beziehung bestünde dann zwischen Charakter und Körperform? Darauf gibt es keine Antwort, denn diese Beziehung besteht nicht.

Bei den in den *Kleinen-Rassenkunde*-Büchern abgebildeten Menschentypen, die in der Tat bestimmten Regionen zugeordnet werden können, handelt es sich also bloß um scheinbare Rassen (vgl. Abb. 93). Ihre Merkmale haben sich früher dadurch ausgeprägt, weil die Menschen durch Sprache, Kultur und Arbeit oft nah unter sich und weit von anderen entfernt blieben. Dass die ebenfalls vorhandenen Charakterzüge bestimmter Volksgruppen deswegen aber genetische Gründe haben, ist eine unbewiesene Vermutung. Ebenso gut könnte man das Klima oder die Nahrung für diese Eigenschaften verantwortlich machen. Mit anderen Worten: Die Zuordnung regionaler Charakterausprägungen, die es geben mag, zu äußerlich sichtbaren Körpermerkmalen ist zufällig und könnte auch auf die Umwelteinflüsse statt auf Gene zurückzuführen sein.

Drittens gelten für die Paarung von Menschen andere Regeln als zwischen verschiedenen Tierarten, denn alle Menschen gehören zur selben Art. Hitlers Herleitung von den Meisen und Wölfen, die ich übrigens in keinem mir vorliegenden Lehrbuch der 1920er-Jahre gefunden habe, ist also nicht nur purer Unsinn, sondern zeugt von Hitlers Missverstehen.

Abb. 93: »Rassenkunde«
Auch »Rassen«, die nicht dem »nordischen« Ideal entsprachen, wurden mit
guten Eigenschaften belegt. Das war politisch notwendig, weil sonst auch die
meisten Deutschen – vor allem im Westen, Süden und Osten – aus dem Ras-
ter gefallen wären. Als angeblich »gute Rassen« wurden daher neben den rein
nordischen oder nordisch gesinnten (!) Menschen definiert: »fälisch-nordisch«
(links), »dinarisch« (Mitte) und »fälisch« (rechts). Repro: Mark Benecke nach
verschiedenen Tafeln in: Hans Friedrich Karl Günther, *Kleine Rassenkunde des
deutschen Volkes*, München 1933.

Und viertens – das hatte selbst Hitler einmal gewusst – bestimmt die Umwelt viele der Eigenschaften, die Rassengläu-
bige gerne der Vererbung zugeschrieben hätten. Ehre, Liebe
und Glaube lassen sich nicht durch Kreuzung züchten. Das
scheinbar einfache Denkgebäude der Menschenzüchter bricht
so in sich zusammen.

EIN POPULARISIERTER DENKFEHLER

Warum fällt uns dieser 100 Jahre alte Denkfehler erst heute in
voller Schärfe auf? Es liegt wohl daran, dass sich Aberglaube
jeder Art sehr zäh hält. Die Lächerlichkeit der Annahmen wird
erst offensichtlich, wenn auch die kulturellen Rahmenbedin-
gungen, in denen sie entstanden sind, wegfallen. Die Rassen-

kunde war aber derart tief im Volksglauben verankert, dass niemand sie überprüfte. Ein kurzer Blick in vier Bücher, die ich aus einer alten Volksbibliothek herausgezogen habe, soll verdeutlichen, wie tief der Aberglaube saß:

1. Robby Kossmann (1905), *Züchtungspolitik*, Schmargendorf, Renaissance/O. Lehmann.
2. Hans Günther (1933), *Kleine Rassenkunde des deutschen Volkes*, 3. Auflage, München, Lehmanns.
3. Franz Exner (1939, 1944), *Kriminalbiologie*, Hamburg, Hanseatische Verlags-Anstalt.
4. Franz Exner (1949), *Kriminologie*, Berlin, Springer.

Es wird Sie nicht mehr erstaunen, dass schon 1905 ein Werk zur Züchtungspolitik erschien. Wie gesagt, die Nazis griffen später nur auf, was schon lange vorgeformt war. (Seltsamer eher der wechselnde Titel des Buches, das im Krieg noch *Kriminalbiologie* hieß, nach dessen Ende aber in *Kriminologie* umbenannt wurde.) Ich will Ihnen alle vier Bücher kurz vorstellen, um zu zeigen, dass die Rassenlehre alle Bereiche der Gesellschaft und alle Wissenschaften durchdrungen hatte.

Die *Züchtungspolitik* des Staatstheoretikers Robby Kossmann versucht, eine streng logische und »auf rein biologische Gesetze gegründete Politik« zu entwickeln. Bei seinen Vorschlägen zur Veredelung der Menschheit (besonders der Deutschen) beruft sich der Autor auf die Erfahrungen »intelligenter Tierzüchter« und einen »klaren Verstand«. Er ist überzeugt, dass auf diese Weise »richtige Folgerungen, ohne mit Darwin oder gar mit Haeckel durch dick und dünn zu gehen«, möglich sind.

Nun bin auch ich der Meinung, dass gesunder Menschenverstand und naturwissenschaftliches Denken zwei wertvolle und gute Werkzeuge sind. Was der Staatstheoretiker anscheinend nicht weiß: Naturwissenschaften müssen zwangsläufig auf Experimente und Beobachtungen gestützt sein. Klarer Verstand und Logik sind zwar auch notwendig, können aber gerade in der Biologie nicht vom Experiment abgekoppelt werden. So kam es, dass die falschen Grundannahmen der Rassenlehre – durch »klaren Verstand« – auch in die Geisteswissenschaften einziehen konnten.

Die durchaus logischen (deswegen aber noch lange nicht wahren oder guten) Ableitungen Kossmanns sind übrigens von immenser Grausamkeit. In pseudodarwinistischer Plumpheit lauten seine sachlichen Vorschläge:

1. Geburtenüberschuss in Deutschland zulassen und fördern. Viele deutsche Kinder zeugen.
2. »Individuen mit ganz unzureichender Widerstandsfähigkeit gegen Krankheiten« und »gemeinschädliche Individuen« deportieren, kastrieren oder besser noch zur Auswanderung zwingen.
3. Den Nachbarstaaten Geld für die sofortige Einbürgerung der aus Deutschland aussortierten Menschen zahlen.
4. Falls das nicht klappt: Kolonien öffnen. »Die Kolonien sind dann eben nicht mehr dazu da, das Mutterland zu bereichern, sondern sie dienen dann zur Regulierung der heimischen Bevölkerungsziffer«, mit anderen Worten, als Müllkippe für aussortierte Menschen.

Anders als die Biologen rechnete der Theoretiker Kossmann nun tatsächlich durch, welche Folgen ein solches Programm haben könnte. Die hohe Anzahl von Kindern würde beispielsweise dazu führen, dass die Eltern ihre Kinderschar nur noch schwer versorgen könnten. Zwei Vorschläge Kossmanns lösen auch dieses Problem sehr einfach:

1. Kindermorde gab es schon bei Brutus, Veturia und Marcelus Coriolanus. Sie liebten ihr Vaterland mehr als die eigenen Kinder. Das sollten sich deutsche Eltern zum Vorbild nehmen und die schwächeren ihrer Sprösslinge freiwillig umbringen.

2. Da nicht zehn Kinder das Erbe der Eltern sinnvoll auftei-
len können, sollte das Erstgeborenenrecht wieder eingeführt werden. Nur der oder die Älteste sollte etwas erben,
sodass das Geld nicht »im Laufe weniger Generationen
zerrinnen muss«.

Auch der hemdsärmeligste Leser wird damals gemerkt haben,
dass Kossmanns Ideen zu akademisch, kalt und in der Praxis niemals umsetzbar sein würden. Es wäre bei Umsetzung
seines Plans vermutlich ein Volk verarmter, zerstrittener Kinder entstanden, deren Eltern allesamt Kindermörder gewesen
wären.

EIN RASSENFORSCHER
IN ERKLÄRUNGSNOT

Argumentativ fortgeschrittener ist die *Kleine Rassenkunde*, eine
abgespeckte Volksausgabe der *Rassenkunde des Deutschen Volkes*.
Obwohl die dicke *Rassenkunde* 1928 schon ihre zwölfte Auflage erlebt hatte, erschien sie für eine noch weitere Verbreitung
im Volk zu umfangreich und wissenschaftlich. Also wurde der
Autor Hans Günther bedrängt, eine Volksausgabe (den »Volks-
Günther«) zu schreiben, obwohl er dazu keine besondere Lust
hatte, wie er im Vorwort selbst schrieb.

In seiner *Kleinen Rassenkunde* treten die grundsätzlichen
Denkfehler der Rassenlehre klar hervor. Günther definiert eine
Rasse so:

»Eine Menschengruppe, welche sich durch die ihr eigene
Vereinigung leiblicher Merkmale und seelischer Eigenschaften von jeder anderen (in solcher Weise zusammengesetzten)
Menschengruppe unterscheidet und immer wieder nur ihres-
gleichen zeugt.

Eine Rasse ist also eine in sich erbgleiche Menschengruppe.«

Diese aus der Praxis – vor allem aus Tausenden von Schädelvermessungen – korrekt abgeleitete Rassendefinition führte
allerdings zu schweren politischen Problemen. Mit ihr lassen
sich weder politische Auslesebestrebungen im Allgemeinen
noch die Vertreibung von Juden im Speziellen begründen.
Günther wusste:

Nur weil verschiedene Menschengruppen erblich verschiedene Schädelformen und Körperlängen aufweisen, ist keine Rasse der anderen überlegen. Erst recht nicht, wenn diese
körperlichen Eigenarten sinnvolle Anpassungen an bestimmte
Lebensumstände sind.

Juden konnten gemäß der Schädelvermessungen keine einzelne Rasse sein. Günther schreibt dazu: »Dürfte man von einer
›jüdischen Rasse‹ reden, wo es doch große und kleine, schlanke
und untersetzte, helle und dunkle, schmalgesichtige und breit-
schultrige Juden gibt, Juden mit ›Judennase‹ und ohne ›Judennase‹, von den Verschiedenheiten im seelischen Verhalten der
einzelnen Juden ganz zu schweigen?«

Günthers Buch zeigt deutlich, dass eine experimentelle
Überprüfung von Annahmen immer den richtigen Weg weist.
Er steckte tief in diesem Dilemma. Seine eigenen Messungen widerlegten die politische Forderung, dass es bessere und
schlechtere Rassen geben sollte. Vor allem widerlegten sie, dass
Juden eine Rasse sind, was besonders den Nazis missfallen
musste.

Um doch wieder auf die politisch richtige Spur zu gelangen,
führte Günther eine neue Definition ein: Juden seien keine Rasse, sondern ein »Rassengemisch«, also ein »Volk«, in dem sich
die Merkmale vieler Rassen finden. Doch damit tauchte gleich
das nächste Problem auf. Man konnte zwar ohne weiteres
wegdiskutieren, dass sich im jüdischen »Rassengemisch« auch
Anteile der angeblich optimalen »nordischen Rasse« fanden.
Doch die »Arier« waren selbst in den Augen der härtesten Nazis
nicht die einzige bevorzugte »Rasse«. Auch einige andere eu-
ropäische Gruppen, vor allem die »fälische« und »dinarische«,

sollten aus politischen Gründen als brauchbar bis hochwertig gelten (vgl. Abb. 93, S. 273). Das war problematisch, denn fälische und dinarische Anteile fanden sich eindeutig auch bei manchen Juden. Günthers halbherzige Antwort lautete, dass alle Rassen, die sich im jüdischen Volk fänden, nicht europäischen Ursprungs sein könnten. Er definierte einfach alle europäischen Einflüsse in jüdischen Menschen weg – eine abenteuerliche Konstruktion, an die er wohl selbst nicht geglaubt hat.

Um die falsche Grundannahme der Rassenlehre von »erbguten« und »erbschlechten« Menschen zu stützen, machte Günther noch einen letzten Schritt. Ohne einen Beweis dafür zu haben, ordnete er Erbmerkmale wie Körperlänge und Form der knöchernen Schädelbestandteile zwingend bestimmten Charaktereigenschaften zu. Auch das war eine politische Forderung, denn nur so konnte man die Zucht bestimmter »Rassen« bei gleichzeitiger Tötung aller anderen rechtfertigen.

Die Dinaren wurden nun »kühne und kraftvolle Alpenjäger mit Ehrsinn und Heimatliebe«, die nordische Rasse war »zielbewusst, entschlossen, edel, vornehm und heldisch«, die Falen hatten »eine wuchtige Kraft der Seele, trotzige Festigkeit und redliche Verlässlichkeit«. Als Günther aus politischen Gründen auch noch die »Rasse« der Sudeten beschreiben sollte, gelangte er allerdings an die Grenzen seiner Fantasie. Diese Rasse läge so vermischt mit anderen vor, dass »ihr seelisches Verhalten nicht leicht zu erforschen« sei, wand er sich aus der Misere.

Die Zuordnung von Charakter und Körperbau könnte man, gäbe es nicht jenen verhängnisvollen politischen Hintergrund, als teilweise sympathischen, volkstümlichen Irrtum belächeln. Wissenschaftlich rannten die Rassenkundler mit dieser Verknüpfung aber nun endgültig gegen die Wand. Denn wenn es wirklich einen Zusammenhang zwischen Charakter und äußerlich sichtbaren Körpermerkmalen gäbe – wie sollte dann das Rassengemisch der Juden einen auch nur halbwegs einheitlichen Volkscharakter aufweisen?

Hier war die Endstation jeden Denkens erreicht. Günther hatte sich und die ganze Forschungsrichtung selbst widerlegt! Der bekannteste Rassenforscher der damaligen Zeit hatte bewiesen, dass Juden weder im Körperbau noch charakterlich eine Einheit darstellen. Warum sollte man sie dann aber bekämpfen? Weil Juden außereuropäische Wurzeln hatten? Dieses offensichtlich unsinnige Argument ließ sich noch nicht einmal durch die ohnehin falsche Rassenlehre stützen. Selbst mithilfe der krummsten Denkpfade ging es hier nicht weiter, und die Sache hätte erneut im Sand verlaufen können und müssen. Doch das tat sie nicht.

GENETISCH BEDINGTE CHARAKTERAUSPRÄGUNGEN

Das Kapitel »Die alte Kriminalbiologie« beschäftigt sich unter anderem damit, warum die Annahme, Charakter und Körperform würden sich gegenseitig bedingen, falsch ist. Dazu ist noch einiges zu sagen.

Der Charakter eines Menschen wird zwar von seiner Umwelt geformt, aber es gibt natürlich einen starken genetischen Einfluss. Dieser ist bei getrennt aufgewachsenen eineiigen Zwillingen (= selbes Erbgut, also selber genetischer Fingerabdruck [nichtcodierende DNA] und selbe Gene [codierende DNA]), die sich dennoch stets ähneln, gut zu erkennen. Zweieiige Zwillinge ähneln sich nach getrenntem Aufwachsen viel weniger.

Es gibt aber mangels Wissen noch immer viel Streit um den wirklichen Anteil der Gene und der Umwelt auf den Charakter. Deshalb sagen wir Biologen gerne: »Es wird wohl halb und halb sein.« Mehr wissen wir im Moment noch nicht, und auch das »halb und halb« ist eher eine vage Ausrede.

Zweitens bedeutet die Aussage, dass Körperform und Charakter nicht miteinander zusammenhängen, dass die vererblichen Anteile meist weder erkennbar noch auswählbar sind.

Hinzu kommt, dass die Bewertung von Charaktermerkmalen sehr schwankt. Denn ob jemand als guter Mensch angesehen wird, ist von den Zeitumständen abhängig: Der eine Revolutionär wird Volksheld, der andere ein gejagter Terrorist, obwohl beide dasselbe tun.

Das soll nicht heißen, dass geistige Merkmale nicht erblich sein könnten. Hierzu gehört beispielsweise Autismus. Autisten sind in ihrem Sozialverhalten eingeengt, führen kaum Gespräche, suchen keinen Trost (zumindest nicht erkennbar), sind fürchterlich stur und interessieren sich kaum für Neues. Möchte man das alles als »Charakterzug« bezeichnen, so muss man eingestehen, dass hier ein genetischer Einfluss vorliegen könnte. Eines der Gene, das bei manchen Autisten verändert ist, heißt beispielsweise HOXA1. Es spielt in der ganz frühen Entwicklung des Kindes im Mutterleib eine Rolle – Erziehungseinflüsse können hier noch nicht vorliegen.

Andere Gen-Veränderungen haben noch deutlicher gekoppelte Folgen:

Menschen, denen ein kleines Stück des Chromosoms 7 fehlt, entwickeln das Williams-Beuren-Syndrom (auch einfach Williams-Syndrom genannt). Als Kinder sehen sie aus wie Elfen (spitze Ohren, koboldhafte Gesichtszüge) und fallen als Erwachsene durch geringere Intelligenz, manchmal aber sehr große Musikalität und wunderschöne, poetische Sprachideen auf.

Bei einem anderen, dem Prader-Willie-Syndrom, essen die Kinder sehr gerne und zu viel – sie fühlen sich nie satt. Scheinbar sind sie auch »faul«, in Wirklichkeit sind ihre Muskeln aber durch einen genetischen Einfluss schlaff. Grund dafür ist eine Veränderung auf Chromosom 15. Die mütterliche Kopie eines dort liegenden Gens ist abgeschaltet. Wenn die väterliche Kopie ebenfalls ausfällt, kommt es zu dieser Erkrankung.

Das Gesicht von Kindern bei einer weiteren Charakterveränderung, dem Angelman-Syndrom, wirkt oft glücklich und strahlend, obwohl die Kinder schlecht lernen und nicht sinnvoll sprechen können (Veränderung auf Chromosom 15). Sie bewegen sich oft ruckartig und lachen viel.

Es gibt auch nur zeitweise auftretende Charaktermerkmale, die genetisch bedingt sind. Beim »Engelsgesicht«

(Cherubismus) entwickeln Kinder bis zum sechsten Lebens-
jahr durch eine Knochenveränderung ein so pausbäckiges
Gesicht mit teilweise nach oben (»zum Himmel«) gerich-
tetem Blick, dass sie »engelsgleich« oder, besser gesagt, wie
Putten wirken können. Ob sie sich auch wie Engel benehmen,
ist aber eine ganz andere Frage. Trotzdem überschreitet hier wie bei Angelman-Kindern der genetische Einfluss
die Schwelle zum Umwelteinfluss: Wirkt man auf andere
»wegen der Gene« nett oder fröhlich, so wird man auch
nett behandelt. Das wiederum kann dazu führen, dass man
wirklich ein freundlicher Mensch wird.

Alle hier vorgestellten Merkmale sind so deutlich ausgeprägt, dass man sie ebenso gut als Krankheiten und nicht
als Charakterzüge bezeichnen könnte. Doch wo ist die
Grenze zwischen krankhafter und normaler Fröhlichkeit?
Gibt es überhaupt krankhafte Fröhlichkeit? Und was passiert, wenn eine der »Krankheiten« in abgeschwächter Form
vorliegt? Ab wann ist ein dickschädliger Mensch autistisch? –
Man sieht, welch starken Einfluss codierende DNA-Bereiche
(Gene) auf das Verhalten haben können.

Das gilt auch für andere Lebensbereiche. So hat man
im Jahr 2000 besonders lernfähige Mäuse (»Doogie-Mäu-
se«) gezüchtet. Bei ihnen bleiben bestimmte Ionen-Kanäle
(NMDA-Rezeptoren) länger geöffnet, sodass sich im Gehirn
Erinnerungsspuren schneller einprägen können. Die Mäuse wirken deutlich intelligenter – sie können zumindest
rascher Probleme lösen als ihre Artgenossen (beispielsweise Gegenstände wieder finden). Bei Menschen würde man
das, etwa im Arbeitszeugnis, »rasche Auffassungsgabe« und
nicht »veränderte Ionen-Kanäle im Gehirn« nennen.

All diese genetisch-körperlichen Zusammenhänge haben aber eine Gemeinsamkeit, die nicht auf die Verknüpfung von Geist und Körper passen, die in der Rassenlehre

gemeint ist: Sie treten nicht nur in einer, sondern in allen »Rassen« auf. Menschen jeder geografischen Herkunft können diese Veränderungen entweder durch die DNA der Eltern erben, oder man kann sie gentechnisch erzeugen. Und das beweist erneut: Alle Menschen gehören zur selben Art – eben der menschlichen.

Selbst wenn man annehmen wollte, dass es Rassen gäbe, die erbliche Charakterunterschiede dauerhaft aufweisen – wegen der komplizierten Verbindungen der Gene untereinander wäre es technisch unmöglich, Menschen zu züchten, die auf lange Sicht den Vorstellungen einer Gesellschaft entsprechen. Hinzu kommt, wie gesagt, dass wir uns auch nicht auf einen perfekten Menschentypen einigen könnten. Oder wären Sie gerne von einer Million Nicole Kidmans, Tara Patricks oder Johnny Depps umgeben?

WISSEN VS. GLAUBEN

Wie in den Religionen gilt auch beim Aberglauben: Wenn Wissen nicht mehr greift, muss man eben glauben. Oder auch nicht. Die Rassenforscher jedenfalls entschieden sich für den Glauben. Das war nicht nur auf menschlicher Ebene ein trauriger Fehler. Es war vor allem auch eine sachliche Unmöglichkeit, die der Idee von Naturwissenschaften zuwiderlief.

Wie gesagt, war es beispielsweise dem Autor Günther bei der politisch erwünschten, naturwissenschaftlich aber widersinnigen und nicht belegbaren Koppelung von Charakter und Körperform ohnehin nicht wohl. In seiner Volksausgabe zitiert er daher horoskopartig unklare Quellen und beschreibt die Wesenszüge seiner »Rassen« nur mit allerschwammigsten Begriffen:

»Will ein Zeichner mitteleuropäischer Herkunft den beschaulichen und behäbigen Bürger, den zufriedenen und selbstzufriedenen Stammtischgast, ein ruhiges spießbürgerliches Ehepaar ... oder einen erwerbsamen Kleinkapitalisten ... oder auch Menschen ›formlosen‹ Auftretens und ›mangelnden Anstandsgefühls‹, auch Menschen der mittleren und unteren Stände darstellen, so wird er zumeist untersetzte, runde Menschen mit runden Gesichtern, kleinen Augen und stumpfen Nasen zeichnen, dazu kurze Beine, runde, gepolstert wirkende, kurzfingrige Hände, kurz, ungefähr das Bild der ostischen Rasse wählen.

Der Zeichner wird – unbewusst gemachten Erfahrungen einer unbewusst in ihm entstandenen Rassen-Seelen-Kunde entsprechend – für die angegebenen seelischen Züge keinesfalls die leiblichen Merkmale der nordischen, westischen oder dinarischen Rasse verwenden können. Beschaulichkeit, Erwerbsamkeit und Engherzigkeit sind den Rassenforschern verschiedener Länder am ostischen Menschen aufgefallen, ferner eine gewisse mürrische, misstrauische Verschlossenheit im Verkehr mit ferner stehenden Menschen.«

Die fehlenden Grautöne einerseits und die Schwammigkeit der Beschreibung andererseits sind ein sofort erkennbares Problem der »Rassen-Seelen-Kunde«. Denn seien wir ehrlich – harmlose Vorurteile gegen Sachsen, Brandenburger, Bayern, Hamburger oder Saarländer haben auch viele heutige Deutsche. Es würde allerdings niemand behaupten, dass diese Eigenschaften mit nur einer körperlich definierten »Rasse« zusammenpassen.

Versuchen Sie es einmal selbst: Sind die von Günther beschriebenen »ostischen« Menschen stereotype Schwaben, die angeblich gerne Häusle bauen und in der Tat oft häuslich und sparsam sind? Oder waren Bayern gemeint, die ziemlich misstrauisch gegenüber Fremden sein können? Trifft das Charakterbild nicht auch auf die angeblich wortkarg-mürrischen Friesen zu? Passt es nicht auch auf lebenslustige Franken mit runden Gesichtern? Und wo lassen sich die formlosen Kleinkapitalisten-Stammtische am ehesten finden?

Dass also erstens die »ostische« wie alle anderen »Rassen« scheinbar allerorten auftauchen kann und dass zweitens stereotype Juden selbst nach Lesart der Rassenkundler keine eigene Rasse sein können, stellte Günther vor so große Schwierigkeiten, dass er als allerletztes Mittel versuchte, das völlig verfahrene Kuddelmuddel durch eine Rückwendung zur klassischen, naturwissenschaftlich überprüfbaren Genetik zu lösen.

Dazu behauptet er, dass es die durch Körpervermessungen definierten Rassen zwar gibt, sie zurzeit aber vermischt vorliegen. Teils sichtbar (körperlich ausgeprägt), teils weniger sichtbar (geistig ausgeprägt), schlummern die »reinen« Rassenanlagen angeblich in der Erbsubstanz der vermischten Menschenmassen.

Damit wäre Günther aber schon fast mit der modernen Auslegung von Cavalli-Sforza gleichauf (vgl. S. 264). Denn der behauptet ja, es gäbe *keine* Rassen, weil die Merkmale der Menschen so stark gemischt sind, dass es in Wirklichkeit nur feine Abstufungen gibt. Anders gesagt: Würde man über die Erde spazieren, so würde dem Wanderer während eines Tages-

marsches kein Unterschied zwischen den Menschentypen auffallen, die er trifft. Nur wenn er jede Woche einen Vergleich
anstellt, sind die Unterschiede merklich. Doch solch eine Erkenntnis wünschte sich Günther natürlich nicht. Er forderte im
Gegenteil, das Rassengemenge wieder zu »entmischen«:

»Oft wird angenommen, es entstehe bei Kreuzung zweier
oder mehrerer Rassen eine ›Mischrasse‹, die von jeder der Elternrasse etwa gleich viel beziehe. Die Forschung hat gezeigt,
dass dies nicht der Fall ist, dass vielmehr nach Kreuzung zweier
oder mehrerer Rassen ein Rassengemisch entstehe, bestehend
aus Mischlingen, welche die verschiedenartigsten Zusammenstellungen der Merkmale der gekreuzten Rassen aufweisen, ein
Rassengemisch, in welchem aber durch sog. Entmischung auch
immer Menschen auftreten, welche das leibliche und seelische
Bild der einen oder anderen in die Kreuzung eingegangenen
Rassen bieten.

Die meisten Europäer, wie überhaupt die meisten Menschen, sind Mischlinge. Sie haben eine andere Zusammenstellung von Merkmalen als ihre Erzeuger, sind nicht *reinerbig*,
sondern *spalterbig*, wie die Vererbungslehre sagt, das heißt, auch
in ihren Nachkommen spalten sich die in ihnen zusammengekommenen Erbanlagen wieder auf, gehören gleichsam nicht
zusammen, sind nicht zu einem bestimmten Rassenbild verbunden. Aber unter den Nachkommenschaften spalterbiger
Erzeuger sind reinerbige Kinder möglich, die oben erwähnten
Fälle von Entmischungen.

Diese Gesetze der Rassenkreuzung bei Menschen zu erforschen ist besonders schwierig, weil die meisten Menschen
ja nicht aus Kreuzungen zweier Eltern hervorgegangen sind,
die für sich je rasserein waren, sondern aus Kreuzungen von
Mischlingen und oft Mischlingen nicht zweier, sondern mehrerer Rassen. Beim Pflanzen- und Tierversuch lassen sich die
Verhältnisse einfacher wählen und lassen sich verwickeltere
Verhältnisse in einer jeweils überprüfenden Weise aus einfacheren ableiten.«

Erneut hat der Forscher in Günther bemerkt, dass es an einer experimentellen Grundlage seiner Anschauung mangelt: »Bei Menschen sind die Gesetze der Rassenkreuzung schwierig zu erforschen.« Doch um Menschen geht es.

Hinzu kommt, dass die »Rückkreuzung von Rassen« nicht nur bei Menschen, sondern auch bei anderen Lebewesen schwierig ist. Selbst bei Hunderttausenden von Pflanzen lässt sich ein so genanntes Heraus-»Mendeln« (»Wiederauftauchen«) komplexer Merkmalskombinationen kaum noch durchführen, wenn die genetische Vermischung schon viele Generationen lang angedauert hat.

Theoretisch ist das Heraus-»Mendeln« aber machbar. Mit gewaltigem Aufwand wäre es unter scharf kontrollierten Laborbedingungen zu erzwingen. Schon in der alltäglichen züchterischen Praxis oder beim kleinsten Fehler ist eine Rückkreuzung von zahlreichen Rassenmerkmalen aber ein Ding der Unmöglichkeit. Auf Menschen lässt es sich erst gar nicht anwenden, denn sogar die Nazis sahen ein, dass man keine Menschenrassen-Rückzuchtfabriken errichten konnte. (Das öfter gehörte Gerücht, dass der Lebensborn-Verein solche Ziele verfolgte, stimmt nicht. In den Lebensborn-Heimen wurden zwar uneheliche Kinder mit »rassisch wünschenswerten« Anlagen untergebracht. Es handelte sich aber nicht um ein Züchtungsprogramm.)

Abgesehen davon, dass es die Koppelung zwischen Rasse und Charakter nicht gibt, bräuchte man für eine Rückzüchtung der vielen erwünschten Merkmale zudem einen »absolut reinrassigen« Partner. Nur mit einem solchen »reinen« Elternteil kann die Mendel'sche Rückkreuzung gelingen, wie jedes heutige Schulkind weiß. Elternpaare, bestehend aus einem »reinrassigen« und einem »gemischtrassigen« Partner, müssten also Dutzende, eher noch Hunderte oder Tausende Kinder erzeugen, um darunter die gewünschte, seltene, »zurückgemendelte« Merkmalszusammenstellung der »reinen Rasse« wieder zu finden. Selbst wenn es klar beschreibbare Menschenrassen und Rassenmerkmale gäbe (es gibt sie nicht), könnte also auch der reichste und gefühlskälteste Menschenzüchter keine Rückzüchtung organisieren. Es müssten zu viele Merkmale erst einmal katalogisiert, dann über ihren »Wert« entschieden, dann »Reinrassige« gesucht und diese schließlich rückgekreuzt werden.

Doch selbst wenn das in einer zukünftigen Welt einmal geschehen sollte, gibt es ein noch grundlegenderes Hindernis. Die meisten Rassenmerkmale, selbst wenn sie genetisch programmiert wären, sind von außen gar nicht erkennbar. Damit ist nicht nur der Charakter gemeint, der ohnehin nur zum kleinen Teil erblich bestimmt ist (Gen für Gemütlichkeit? Gen für Humor? Gen für Coolness?). Viel problematischer ist, dass zahllose Erbanlagen auf unserer DNA liegen, die von außen zwar nicht sichtbar sind, aber sehr wohl sichtbar werden können. Bestes Beispiel dafür ist das »Durchschlagen« von Erbmerkmalen der Großeltern, die scheinbar »eine Generation übersprungen« haben, etwa eine bestimmte Nasen- oder Augenform. Es werden also bei den Enkeln Merkmale wieder sichtbar, die bei deren Eltern zwar auf der DNA vorhanden, aber nicht äußerlich erkennbar waren.

Die Eltern in unserer gedanklichen, zukünftigen Zuchtanstalt könnten deshalb »reinrassig westisch« erscheinen, obwohl ihre Erbsubstanz (körperlich nicht sichtbare) »ostische« Merkmale enthält. Diese »unerwünschten« Merkmale würden nun unerkannt weitervererbt und sich in irgendeiner späteren Generation garantiert wieder ausprägen (durchschlagen). Die ganze Zuchtidee ist also auch deswegen von vornherein sinnlos.

Immerhin begann Günther seine Rassenforschung mit sachlichen Messungen. Dann allerdings kam er vom Weg ab. Dass der messende und beobachtende Forscher anfangs an Rassen im Sinne von »Menschengruppen bestimmter geografischer Herkunft« glaubte, kann ich nachvollziehen. Er lebte in einer noch wenig reisenden Gesellschaft, in der Menschen aus anderen Gegenden tatsächlich durch lange genetische Konzentration deutlich anders aussehen konnten und deutlich einer Region zuzuordnen waren. Die von ihm als selbstverständlich dargestellte Verquickung körperlicher und geistiger Merkmale hat Günther aber schlichtweg nicht bewiesen – er hat es noch nicht einmal versucht. Stattdessen berief er sich bei seinen Charakterbeschreibungen auf empfundene, »künstlerische« Eindrücke. Das macht die Schwäche seiner Arbeit deutlich. Denn wo ein Künstler sich um Fühlen und Ausdruck bemüht, sollte der Naturwissenschaftler wertfrei messen oder schweigen.

Hans Günthers Arbeit zeigt also, was geschieht, wenn man aus politischen Gründen oder Faulheit den Unterschied zwischen einem Beweis und einer erwünschten Vermutung vergisst. Doch diese Grenze wird – zum Schaden der Menschen und der Wahrheit – leider immer wieder überschritten.

DIE KRIMINALBIOLOGIE WIRD ZUR KRIMINOLOGIE

Das letzte Buch für meinen kleinen Vergleich von Rassen- und Charaktertheorien zog ich zunächst vor allem deswegen aus dem Regal, weil es denselben Titel wie mein eigenes Buch trug. Mit der dritten Auflage 1949 (das heißt vier Jahre nach Ende des Zweiten Weltkrieges in Europa) wurde es aber auf einmal umbenannt: Zunächst lautete der Titel *Kriminalbiologie*, später aber *Kriminologie*. Gemeint war in beiden Fällen nicht die Vermessung von Menschen im Sinne der oben beschriebenen (Kriminal-)Anthropologie, sondern die Annäherung der sozialwissenschaftlichen Kriminologie an »biologische Vorgänge«, die dem Verbrechen zugrunde liegen sollten.

Der Autor der *Kriminalbiologie*, Franz Exner, war Professor für Rechtslehre an der Universität München. Anders als Robby Kossmann und Hans Günther versuchte er, zwei Fachgebiete (Natur- und Sozialwissenschaften) zu verschmelzen, obwohl

er von keinem der beiden etwas verstand. Da er beruflich mit
Verbrechern arbeitete und weil er zudem den »Baur-Fischer-Lenz«
gelesen hatte, fühlte sich Exner aber gewappnet: »Darf der Jurist da beiseite stehen?«, schrieb er und antwortete sich darauf:

»Das ist unzweifelhaft, wenn man ... den Begriff Kriminalbiologie in einem weiten Sinne fasst, nicht lediglich als Lehre
von der Persönlichkeit des Verbrechers, sondern als Lehre von
der Gesamterscheinung des Verbrechens im Leben des Volkes
wie im Leben des Einzelnen. So gesehen, spottet dieser Gegenstand zunftmäßiger Beschränkung. Wenn der Einzelne dabei
die Grenzen seines wissenschaftlichen Heimatlandes zu überschreiten genötigt ist, wird freilich Vorsicht und Bescheidenheit
am Platze sein ...

Manche zählen zum Gegenstand der Kriminologie oder
Kriminalbiologie auch andere sog. sozialpathologische Erscheinungen wie Prostitution, Selbstmord, Alkoholismus,
Illegitimität, Pauperismus [Verarmung der Menschen ganzer
Landstriche, zum Beispiel der schwäbischen Weber]. Wenn
diese Erscheinungen auch mit dem Verbrechen zusammenhängen und oft auf den gleichen Quellen beruhen, ist dies doch
grundsätzlich verfehlt; man erkennt, wie sofort ins Uferlose gerät, wer das Crimen im Rechtssinne nicht als Ausgangspunkt
festhält.«

Und damit begann nach der staatstheoretischen (Kossmann)
und knochenkundlichen (Günther) die letzte Auslegung des
grundfalschen Motivs »Anlage, Umwelt und Persönlichkeit« –
durch einen Mann des Gesetzes, der seine Ideen, wie erwähnt,
auch nach dem Krieg noch bei einem hoch angesehenen Verlag
veröffentlichen konnte. Besonders neugierig war ich deshalb
auf die Buchpassagen, die sich im Lauf der zehn Erscheinungs-
jahre verändert haben mussten. Ich durchstöberte also alle Auflagen des Werkes.

Exners Glück (vor allem auch für das Weitererscheinen seines
Werkes) war, dass er den nach dem Krieg praktisch verbotenen
Begriff der »Rasse« so gut es ging umschifft hatte. Stattdessen

sprach er von der »Volksgemeinschaft« und deren »Volkscharakter«. Er tat das zwar auf derselben Wissensgrundlage wie alle
anderen Autoren, formulierte aber deutlich vorsichtiger:

»Der Gedanke an einen Zusammenhang zwischen nordischer Rasse und geringer Straffälligkeit ist schon anderwärts
angesprochen worden (Baur-Fischer-Lenz, *Menschliche Erblichkeitslehre und Rassenhygiene*, 4. Auflage, I, S. 743). Ich möchte vorläufig nur von einer Vermutung sprechen. Sie wird durch
genaue Untersuchung zu überprüfen sein.«

Trotzdem war auch ihm damit schon wieder derselbe Fehler unterlaufen wie den anderen Akademikern. Statt die Finger
von der von ihm selbst als unbewiesen erkannten »Vermutung«
zu lassen – wie es auch gute juristische Praxis gewesen wäre –,
stürzte er sich mitten ins Meer des Unbeweisbaren und plau-
derte Angelesenes, wenngleich mit Vorbehalten, nach:

»Es erhöbe sich sodann noch die Frage, inwiefern charak-
terologische Eigenheiten dieser Rasse ihre geringe Krimina-
lität verständlich zu machen vermögen.

Der nordischen und nordisch-fälischen Rasse wird ruhiges
Temperament, Selbstbeherrschung, kühler Verstand, Gefühl
zur Selbstachtung, Voraussicht, ›Pathos der Distanz‹ in beson-
derem Maße zugesprochen. Es ist wohl vorstellbar, dass derartige Charaktereigenheiten ihre Träger vor Ausschreitungen,
Unüberlegtheiten, ›Kurzschlusshandlungen‹ zu bewahren vermögen und sie nicht so leicht ihren Antrieben erliegen lassen.
Doch muss es beim Stand unseres gegenwärtigen Wissens bei
diesen Andeutungen sein Bewenden haben.«

Warum übernahm Exner, der sich hier schon fast abweisend
mit der Vermengung von Rasse und Charakter beschäftigt, diese ihm unheimliche Theorie überhaupt? Es wird uns ein Rätsel
bleiben, denn wie schon Günther widerlegt auch er sich im
Folgenden selbst.

Er weist durch seine Forschung nämlich vor allem nach,
dass gerade *nicht* durch angebliche Rasseneigenschaften vorpro-
grammierte »Kurzschlusshandlungen« zu Verbrechen führen,

sondern soziale Einflüsse: Elternhaus, Gelegenheit zur Tat, Konfliktsituationen, Isolation, Psychopathie, Geltungssucht, wirtschaftliche Verhältnisse usw. Exner war also ein moderner Kriminalist, beugte sich aber wie Günther ohne jeden sachlichen Grund und wider der eigenen Beweise den Annahmen der Rassenforschung.

Dazu ein Beispiel. Eine tabellarische Auflistung Exners, in der er Taten von jüdischen und christlichen Menschen vergleicht (vgl. Tabelle unten), ist angesichts der unterschiedlichen sozialen Lebensbedingungen der Täter, die dem Autor gut bekannt waren, eine lupenreine Widerlegung der angenommenen Rassencharaktereigenschaften. Seine objektiven Zahlen belegen sogar, dass »nordische« Menschen schwerere Straftaten begehen als Juden. Prüfen Sie selbst:

	Christen	Juden
Sachbeschädigung	47,5	11,3
Raub und räuberische Erpressung	1,2	0,3*
Jagd- und Fischereivergehen	7,0	0,5**
Blutschande [Inzest] und widernat. Unzucht	2,6	0,7***
Diebstahl	264,3	90,3
Verbreitung unzüchtiger Schriften	5,6	9,8
Erpressung	61,2	113,0
Glücksspiel	3,5	10,3
Aktive Bestechung	1,2	3,0
Vorsätzliche Körperverletzung	304,1	124,3
Abtreibung	1,1	1,0
Nahrungsmittelfälschung	3,9	7,6
Hehlerei	21,2	18,5
* ein Fall; ** zwei Fälle; *** drei Fälle		

Verurteilungen in den Jahren 1892–1901 unter je 100 000 Menschen der strafmündigen Zivilbevölkerung. Aus der ersten Auflage (1939) der *Kriminalbiologie;* die Tabelle wurde ab der zweiten Auflage (1944) gestrichen.

Um der Sache trotzdem den gewünschten Sinn einzuhauchen, musste Exner die Tabelle umdeuten. Er behauptete, dass sich darin »mit aller Deutlichkeit die Wesenszüge der jüdischen

Straffälligkeit [zeigen]: Zurücktreten der Gewaltverbrechen, Hervortreten der Gewinnsuchtverbrechen«. Mit anderen Worten: Die viel härter handelnden Gewaltverbrecher waren zwar eindeutig häufiger unter nordischen Menschen als im jüdischen »Rassengemisch« anzutreffen. Gerade das legte Exner nun aber zum Nachteil der Juden aus, die nun eben »mehr andere« Verbrechen begingen. Weil aber selbst diese gewagte Auslegung noch zu »volksfeindlich« war, strich Exner die Tabelle in der zweiten Auflage (1944) ganz.

Dass der Autor den angeblichen Charaktereigenschaften von Rassen, Religionsgruppen, Volksgruppen und Rassengemischen nicht recht traute, zeigt sich auch an vielen weiteren Beispielen seines Buches, die sehr oft den Einfluss der Umwelt, aber nur selten den der Gene darstellen.

Exners eigentliches Wissensgebiet war und blieb die kriminologisch-soziologische Tatsachenforschung. Er fragte vor allem: »Wer wird wann und wo warum Straftäter?« Aus politischem Opportunismus pfropfte er aber auf seine oft richtigen Daten die angeblich für die Taten verantwortlichen Erbanlagen.

Der einzige Vorteil an diesem Vorgehen war, dass sich die fremdkörperartig umgedeuteten Passagen nach dem Krieg problemlos streichen bzw. wieder in einen sinnvollen Zusammenhang zurückführen ließen. Was beispielsweise eine »kriminogene Anlage«, also ein »Hang zum Verbrechen«, sein könnte, konnte Exner auch in den späteren Auflagen weiter untersuchen, allerdings nicht so sehr aus Sichtweise der Rassenlehre, sondern vor allem unter Berücksichtigung der Umwelteinflüsse, deren Bedeutung ihm längst klar war.

Manche Änderungen des Buchtextes zeugen aber auch von einer schon fast komischen Anpassungsfähigkeit des Autors. Wo beispielsweise 1944 noch von der Hitlerjugend die Rede war, liest man 1949 von US-Großstadtjugendlichen – denen er dann allerdings gleich deutsche Verhältnisse nahe legt:

»Mein US-amerikanischer Kollege Healy erzählte mir, dass in einem bestimmten Bezirk Bostons durch einige … Neugründungen die Jugendverwahrlosung auf etwa ein Drittel des vorherigen Standes herabgedrückt werden konnte. Nach Cantor haben noch verschiedene andere amerikanische Städte die Beobachtung gemacht, dass in der Nähe ihrer Spielplätze wohnende Jugendliche in vermindertem Maße kriminell wurden.

Der Direktor eines amerikanischen Jugendgefängnisses sagte zu mir: ›Ich wünschte, wir hätten etwas wie Ihre [deutschen] Turnvereine.‹«

NORDISCHE VERBRECHER

Das größte und unlösbare Problem des Kriminologen Exner blieb, dass es in der »nordischen Rasse« genau so viele soziale Ausreißer – hier: Sträflinge und Verbrecher – gab wie in allen anderen »Rassen« und dem jüdischen »Rassengemisch«. Wenn die Umwelt diesen verheerenden Einfluss auf die eigentlich »guten nordischen« Menschen ausüben konnte, wie passte das dann mit den genetisch überlegenen Rassenvorstellungen zusammen? Überhaupt nicht! Denn wenn der Umwelteinfluss so groß ist, dass auch die guten Rasseneigenschaften unterliegen, dann muss der genetische Einfluss auf den Charakter eben verschwindend gering sein.

Damit lässt sich abschließend auch noch einmal der Bogen zu Hitler schlagen, der alle hier dargestellten Rassentheorien dankbar nutzte. Sie leuchteten ihm nicht nur ein, sondern fielen auch auf die richtige Grundlage. Zwar war Hitler im Gegensatz zu vielen hochrangigen Nazis (besonders Rudolf Heß und Heinrich Himmler) nicht sonderlich abergläubisch und hielt beispielsweise Horoskope für Unsinn. Er war aber dafür bekannt, medizinische und naturwissenschaftliche Bücher recht unkritisch zu lesen und zu glauben. Wegen seines von ihm selbst eingeräumten »Mangels an Schulen« war er nicht in der Lage, dabei die wahren von den eingebildeten Darlegungen zu unterscheiden. Er glaubte vielen elegant und scheinbar sachlich begründeten Fantastereien, wenn sie nur aus den Wissenschaften stammten. So ließ er sich unter anderem von der heute vergessenen »Welt-Eis-Lehre« einnehmen, die der österreichische Ingenieur Hanns Hörbiger, Vater der beiden zu ihrer Zeit sehr populären Schauspieler Attila und Paul Hörbiger, erfunden hatte.

Am meisten interessierten Hitler jedoch biologische Fragen. Er erzählte sogar bei Tisch von Darwin und Mendel. Von Anfang an missverstand der Führer aber die von Darwin verwendeten Begriffe »Kampf ums Dasein« und »geschlechtliche Zuchtwahl«. Hitler meinte, diese Begriffe auch auf Völker und Rassen anwenden zu müssen. Nach seinen eigenen Worten fühlte er sich sogar verpflichtet, überlegene Rassen zu fördern und unterlegene zu vernichten, weil sonst das Gleichgewicht und der Wille der Natur verdreht würden.

Auf sich selbst mochte er diese Pflicht aber nicht anwenden. Denn dann hätten seine selbstverständlich herausragenden Erbanlagen durch Erzeugung von Nachkommen gefördert werden müssen. Zu Traudl Junge, seiner Sekretärin, sagte Hitler auf die Frage, warum er keine Kinder wolle, dass die Nachkommen von Genies oft wenig begabt seien. Frau Junge hielt das für bloßen Größenwahn. Ich glaube eher, dass sich darin eine Mischung aus unverstandener Genetik und einer faulen Ausrede versteckt. Denn Hitler wusste genau, dass er genetisch unmöglich »nordisch« sein konnte. Seine Antwort bedeutet auch, dass nur die Umwelt »Genies« (wie ihn) formen kann! Denn wenn die Kinder aller Genies wenig begabt sind, kann es keine Erblinie für Genialität geben. Wenn aber schon Höchstbegabung nicht erblich ist, wie sollte es dann jemals möglich sein, ein Volk von körperlich starken *und zugleich* hochintelligenten Menschen mittels Auslese der einen und Vernichtung der anderen zu züchten? Wir wissen es nicht, und Hitler wusste es auch nicht.

Wenn man *Mein Kampf*, *Kriminalbiologie/Kriminologie* und
Günthers *Rassenkunde* liest, drängt sich der Gedanke auf, dass
die gewaltsame Verschmelzung von körperlichen und charak-
terlichen Eigenschaften im Begriff der »Rasse« allen Beteiligten
enorme Denkschwierigkeiten bereitete. Propaganda, Augenwi-
scherei, politische und körperliche Bedrohung sowie mangeln-
de Selbstkritik bewirkten zwar bei den Wissenschaftlern, dass
sie ihre in den Büchern deutlich erkennbaren Widersprüchlich-
keiten und sachlichen Zweifel unterdrückten. Keiner der Autoren, egal ob »Führer«, Jurist, Sozial- oder Naturwissenschaftler,
konnte die der Rassenlehre zugrunde liegenden Denkfehler
jedoch entweder gut verstecken oder sachlich auflösen.

Es ist eine Schande, dass Wissenschaftler aller Disziplinen
durch reine Denkfaulheit und Überanpassung die maschinen-
artig ablaufende Massentötung von sozial Schwachen, Juden,
»Zigeunern«, Homosexuellen, Sowjetbürgern und vielen anderen Menschen scheinwissenschaftlich unterfütterten. Besonders traurig ist, dass die Biologen, von denen viele den Unsinn
der Menschenzüchtung von Anfang an und weltweit erkannten, nicht klar und deutlich genug auf den zugrunde liegenden,
gut bekannten Denkfehler hinwiesen, um damit das ganze
Kartenhaus der Lüge zusammenstürzen zu lassen. Ich bin mir
sicher, dass sogar die fanatischsten Kollegen in stillen Minuten
die unauflöslichen Widersprüche ihrer Gedankenketten sahen.
Sie waren aber zu feige und zu eitel, um sich und der Welt das
einzugestehen.

KOHL WIRD ZU RAPS

Auch heute schleichen sich grundlegende Denkfehler, die
scheinbar durch die Wissenschaften begründet werden, in die
Politik ein. Zum Glück geht es derzeit nur um Windräder und
Handymasten und nicht um geplante Massentötungen. Den-

noch kann der Schaden für Menschen manchmal sehr hoch sein, wie der Fall Trofim Lyssenko zeigt.

Lyssenko stritt unter Stalin einfach ab, dass die klassische, jedem Bauern bekannte Züchtung von Pflanzen und Tieren durch Kreuzung möglich sei. Ohne sich für die Details zu interessieren, freute das die sowjetischen Politiker. Denn sie wollten den Charakter der Menschen *nur* durch Umwelteinflüsse und nicht durch Vererbung erklären. Das war zwar einerseits eine fortschrittliche und der Rassenlehre direkt entgegengesetzte Idee. Sie bezog sich aber leider nur auf die *Erziehung* von Menschen, Hunden, Affen und einigen anderen Tieren. Besonders bekannt ist bis heute das Beispiel vom Pawlow'schen Hund, der zu allem Möglichen erzogen werden konnte – sogar dazu, beim Ertönen bestimmter Klaviernoten zu sabbern.

Im Überschwang münzten die Forscher um Lyssenko diese Formbarkeit des Lernens aber auf die Pflanzen- und Haustierzucht um. So extrem die westlichen Forscher den Einfluss der Gene überbewertet hatten, so übertrieben die Sowjets nun die Rolle der Umwelt. Das ging so weit, dass Lyssenko und sein Team allen Ernstes behaupteten, dass sie Kiefern zu Fichten »umerzogen« hätten. Dieser Lernprozess gelang ihnen auch mit anderen Pflanzen: Aus Kohl wurde durch »Erziehung« Raps, aus Sonnenblumen Ackerwinden und aus Weizen Roggen. Nichts schien zu abwegig, wenn es nur durch Umwelteinflüsse geschah.

Auch hier hätte alles wieder in einer heiteren Randnotiz zu einer verwirrten Forscherseele enden können. Doch Lyssenko gelang es jahrzehntelang, die Entscheidungsträger um Stalin von einer besonders fatalen Umerziehung zu überzeugen: Er glaubte, dass Pflanzen durch Kälteschocks »abgehärtet« werden könnten. Diese Abhärtung sollte automatisch auch an die Nachkommen weitergegeben werden – wohlgemerkt, ganz ohne Gene und DNA. Das Ziel war, auf den kargen und vor allem kalten Böden in weiten Teilen der Sowjetunion genügend Getreide anbauen zu können. Die Pflanzen-Umerziehungsmethode war aber ein Witz.

Es gab zwar auch in der Sowjetunion Vorbehalte gegen die vom Rest der Welt als zumindest als sehr unwahrscheinlich, wenn nicht gar unmöglich angesehene Meinung, dass Pflanzen »erziehbar« seien. Zum Nutzen aller hätte daraus eine Diskussion zur Stärke von Umwelteinflüssen entstehen können, die man durch Experimente hätte prüfen müssen. Denn die Genetik steckte damals immerhin noch in den Kinderschuhen.

Doch leider hatte Lyssenko gute Kontakte zum Geheimdienst. Das ersparte ihm die lästigen Diskussionen und Versuche. Seine Gegner verschwanden in Arbeitslagern, während Lyssenko dafür sorgte, dass Hymnen auf ihn in Auftrag gegeben und Bronzestatuen aufgestellt wurden. Diese zeigten Stalin und Lyssenko in »wissenschaftlicher« Diskussion vertieft.

Die Folgen dieser Vermischung von Politik und sehr schlechter Wissenschaft wuchsen sich für die sowjetische Bevölkerung zur Katastrophe aus. Mangels vernünftiger, auf normaler Kreuzung beruhender Pflanzenzuchtprogramme brachen in der Sowjetunion der 1950er-Jahre Hungersnöte von wirklich biblischem Ausmaß aus. Lyssenko wurde dafür nie zur Rechenschaft gezogen. Er blieb, trotz seiner Entlassung als Direktor des genetischen Instituts in den 1960er-Jahren, bis zu seinem Tod 1976 landwirtschaftlicher Berater der Regierung.

WAS ICH AUS DER ALTEN »KRIMINALBIOLOGIE« GELERNT HABE

Die einstige Kriminalbiologie war (ähnlich wie bei Lyssenkos Lehre von der Pflanzenumerziehung) ein Fach, in dem zusammenwuchs, was nicht zusammengehörte. Psychiater, Ärzte, Politiker und Biologen sprachen über Dinge, die zwar einleuchtend klangen, aber das Fachwissen der jeweiligen Autoren entweder überschritten oder nicht mit ihm übereinstimmten.

Dass Juristen und Politiker nicht immer mit beweisbaren Tatsachen arbeiten können, liegt in der Natur ihres Berufes. Sie müssen sich auch um Stimmungen, Hoffnungen und Meinungen kümmern. Gerade weil sie aber immer wieder mit ihnen fremden Sachinhalten konfrontiert werden, sollten sie umso vorsichtiger sein, naturwissenschaftlich logisch Erscheinendes mit politisch und sozial zufällig gut dazu Passendem – also Birnen mit Äpfeln: beide rundlich und lecker, trotzdem nicht dasselbe – zu mischen.

Den damaligen Politikern und Juristen ist dabei fachlich noch der kleinere Vorwurf zu machen, denn sie hatten eben keine anthropologischen, geschweige denn genetischen Kenntnisse. Schlimmer waren die Kriminologen und Biologen, die sich entgegen ihrer eigenen Forschungsdaten von der Forderung nach »Rassen« mit »völkischen Eigenschaften« bestechen ließen. Dass diese angeblichen Rasseneigenschaften auch noch durch darwinsche Zuchtwahl verstärkbar sein sollten, hätte vor allem die klassischen Biologen – die Darwins Bücher gelesen und nicht nur das Titelblatt angesehen hatten – zu viel stärkerem Protest veranlassen müssen. Der wäre zwar politisch wahrscheinlich nicht gehört worden, aber zumindest hätte es gezeigt, dass Forscher sich nicht von modischen Theorien blenden lassen, sondern sie kritisch prüfen und ihre vielleicht unbequemen, sachlich aber deutlichen Ergebnisse auch mitteilen.

Für alle heutigen Kriminalbiologen gilt daher: Mach immer deutlich, ob du über objektive, sauber bewiesene Tatsachen sprichst oder über deine Meinung. Andernfalls kann es sein, dass deine Wissenschaft auf einmal in einem politischen Zusammenhang steht, der nicht nur unwahr, sondern auch äußerst ungemütlich ist.

ZUM SCHLUSS: WAS ICH VON FORENSIK-SERIEN HALTE

Neben den Fragen, ob »das« nicht ekelig sei (Geschmackssache) und wie man zu »so einem« Job kommt (Zufall), lautet die dritthäufigste Frage für alle, die mit biologischen Spuren arbeiten: »Wie finden Sie die Fernsehserien, in denen Spurenkundler stets erfolgreich kniffelige Fälle lösen?«

Erstens: Ich habe keinen Fernseher und kann es daher kaum beurteilen. Zweitens, solange es um erfundene Fälle wie in der Serie *CSI* geht, ist es mir egal, ob die Details stimmen. Es soll ja eine schöne Geschichte erzählt werden und kein langweiliger Lehrfilm.

Gerade bei *CSI* fällt aber auf, dass beispielsweise die Wunden sehr gut geschminkt sind – so gut, dass ich sie in den wenigen Folgen, die mir gezeigt wurden, nicht von echten Wunden unterscheiden konnte. Einige Elemente der Geschichten sind also gut recherchiert. Deshalb finde ich auch *Das Schweigen der Lämmer* prima: Es ist eine emotionale, spannende Geschichte, zusätzlich stimmen aber auch einige Details, etwa die Luftaufnahmen von der FBI-Academy in Quantico. Auch den Waldpfad, auf dem Jodie Foster zu Beginn des Films trainiert, gibt es – er wurde für den Film allerdings dem echten Pfad nachgebildet. Gleiches gilt für das Puparium des Totenkopffalters, den Clarice Starling aus dem Hals einer Leiche zieht (vgl. Abb. 94). Er könnte wirklich von einem Totenkopffalter stammen.

Auch den Film *Sieben* finde ich beachtlich: Die Story ist gut, die Ansprache des Täters auf der Rückbank des Polizeiautos interessant, und die Zersetzungsstadien der Leichen sind korrekt dargestellt. Das theologische Übel der Völlerei

Abb. 94: *Das Schweigen der Lämmer*
Einige Details stimmen auch in erfundenen TV-Serien und Filmen – zumindest beinahe. Hier Jodie Foster als Clarice Starling mit der angeblichen Puppe eines Totenkopffalters, die aus dem Hals einer Leiche gezogen wurde. Links die Puppe eines verdächtig ähnlichen Tieres von einem Kölner Kartoffelfeld. (Dank an Familie Zibell für das Tier.)

(gula) ist beispielsweise als sehr beleibte und gasgeblähte Leiche mit realistisch durchschlagendem Adernetz dargestellt. Und die Faulheit *(acedia)* stirbt erst, als sie gerettet wird: Ein so genannter Bergungstod, der eintritt, wenn Menschen bis zur Rettung mit letzter Kraft um ihr Leben gekämpft haben, dann aber – vor Erleichterung zu entspannt – an einem Kreislaufversagen sterben.

Wie sieht es aber mit Fernsehserien aus, in denen *echte* Fälle nacherzählt werden? Folgender Text, den ich für das Buch der Autoren der True-Crime-Serie *Medical Detectives*, Paul Dowling und Vince Sherry, verfasst habe (*Medical Detectives. Geheimnisse der Gerichtsmedizin*, Köln 2005), soll das beantworten:

»Damit ich nicht vergesse, woran die Menschen kranken, trage ich stets eine kleine Liste mit den biblischen Hauptlastern bei mir. Unter Freunden versuchen wir öfter, alle sieben aus dem Gedächtnis aufzusagen. Versuchen Sie es einmal. Ich vergesse meist die Eitelkeit.

Dankenswerterweise verschlankt *Medical Detectives* mein Sündenregister. Denn nur vier der unangenehmen Eigenschaften – Gier, Lust, Neid und Ehrgeiz – haben die Drehbuchautoren nach eigenem Bekunden aus Tausenden von Fällen herausdestilliert und führen dies anhand von echten Kriminalfällen vor.

Erfreulich ist dabei, dass die für eine – zwangsläufig auf möglichst gute Bilder bedachte – Fernsehserie ausgewählten Taten auch spannend und sachlich solide aufbereitet sind. Das liegt nicht nur an der gründlichen Recherche (die ich für die deutschen Ausstrahlungen hin und wieder selbst überprüft habe), sondern auch an dem pragmatischen Plauderton, mit dem Drehbuchautor und Produzent in ihrem Buch zur Serie viel mehr als das schon im TV Gezeigte erzählen.

So lernen Sie beispielsweise das so genannte ›Lügen Abdrehen‹ *(shooting a lie)* kennen, also das Verfilmen einer vom Täter gelieferten, falschen Version des Geschehens. Wie bei jeder kriminalistischen Arbeit gelingt es den Filmemachern meist nicht, solche unwahren Story-Elemente sauber in Szene zu setzen – eben weil sie falsch und unlogisch sind. Was uns Kriminalisten allerdings zur Lösung des Falles führt, ist für die Filmemacher ein Albtraum, denn ohne Bilder können sie den Fall zumindest im Fernsehen nicht erzählen.

Das ›Lügen Abdrehen‹ ähnelt übrigens einer Methode, die meine Assistentin und ich oft verwenden, wenn wir Spuren von Fällen wie Kindesvernachlässigung, Terrorismus oder Tötungen im Rotlichtmilieu untersuchen, Fälle, deren Aufklärung unter starkem Druck der Öffentlichkeit stattfindet. In solchen Fällen fürchten wir aus Erfahrung, dass uns die scheinbar offensichtlichen Annahmen über Schuld und Unschuld den Blick auf die reine Wahrheit verschleiern könnten.

Wir stellen uns dann vor, wir wären acht Jahre alt und würden aus kindlich unbelasteter Sicht prüfen, wie und ob sich die Spuren in einen sinnvollen Tatablauf einfügen lassen. Wenn wir lange genug experimentieren, bleibt aus einem Wust von Möglichkeiten meist wirklich nur eine einzige Version übrig, die selbst ein Kind überzeugt. Dieser Moment der Erkenntnis nach tagelangem Tüfteln ist schrecklich, aber schön. Denn die reine Wahrheit hat zwei Seiten: Sie ist eine Offenbarung und ein Vergnügen, aber auch eine eiskalte Geliebte, die sich kein bisschen um die Gefühle und Interessen der Beteiligten schert.

Im Grunde ist diese Methode nur eine Fortsetzung derjenigen, die Arthur Conan Doyle schon für seinen Sherlock Holmes erfand: Nicht nur das Erkennen der Wahrheit, sondern auch der Ausschluss des Unwahren führt zum Ziel. ›Wenn alle unrichtigen Möglichkeiten widerlegt sind, muss diejenige Erklärung, die übrig bleibt, richtig sein – egal, wie unwahrscheinlich sie klingt.‹

Und unwahrscheinlich ist wirklich vieles, was meine Kollegen und ich erleben: Kannibalismus, eingepflanzte Plastikadern, Maden in nur einem Auge einer Leiche, haufenweise Flussschnecken auf einer knochentrockenen Wiese sowie alles entscheidende Fingerabdrücke, die erst nach Jahrzehnten auf den Seiten eines ausgeliehenen Buches sichtbar gemacht werden. Gelingt die Aufklärung in solchen Fällen, dann steckt fast immer ein Ermittler dahinter, der hartnäckig, aber vorurteilsfrei geprüft hat,

ob nicht vielleicht die offensichtlichste Spur übersehen
wurde.

Als Journalisten dürfen Paul Dowling und Vince Sherry
allerdings etwas, was mir als Forscher verwehrt bleibt: die
verbotene Grenzlinie zwischen Tatortspur und Gefühlen
überschreiten. Denn was mich in den endlosen Strömen
aus Fett, Blut, Haaren, Fäulnis, Sperma und Insekten wohl
um den Verstand bringen würde, zeigt ihr Buch wenigstens
am Rande: die fassungslosen und zerstörten Menschen,
die jede schwere Tat nach sich zieht. In solchen Momen-
ten ist es gefühlsmäßig völlig egal, wie elegant die Spuren
gesichert oder die Tat aufgeklärt wurde: *Victims leave victims
behind*. Allerdings würde ohne eine gute Spurensicherung
nicht nur die Seele der Opfer, sondern auch die Wahrheit
beschädigt.

Zum Glück geht es mich nichts an, welche Folgen die
von mir ermittelten Tatsachen vor Gericht haben. Weder
möchte ich etwas über die beteiligten Personen erfahren,
noch muss ich entscheiden, wer gut oder böse ist. Beispielsweise wurden aufgrund meiner angeführten Sachbeweise schon Sozialarbeiter verurteilt, obwohl sie vielleicht
gute Arbeit geleistet hatten. In einem anderen Fall wurde
ein Mörder freigelassen, der die Tat zwar begangen hatte, aber wegen falscher Spuren verurteilt worden war. Die
rechtlichen Gründe für diese Entscheidungen müssen mir
egal sein, und das ist auch gut so. Ich wäre wahrscheinlich
der schlechteste Richter der Welt, weil ich jede Tat berufsbedingt von allen Seiten beleuchte. Das würde es mir häufig
unmöglich machen zu entscheiden, wo die ursprüngliche
Wurzel eines Streites – und damit die eigentliche Schuld –
liegt.

Zurück zu meinem Fachgebiet. Die Tatort-Nachstel-
lungen von *Medical Detectives* sind wirklich gut. Dass die

›Reenactments‹, also das schauspielerische Nachstellen, von den haarsträubenden Tatsachen sauber getrennt sind, macht die True-Crime-Serie zusammen mit *Autopsie* zu einer der besten auch im deutschen Fernsehen. Wie meine US-amerikanischen Kollegen zeige ich sogar den ein oder anderen Fall aus diesen Serien in meinen Vorlesungen. Auch deutsche Polizisten hatten in letzter Zeit manchmal gute spurenkundliche Ideen, die, so mein Eindruck, verdächtig nah an kürzlich in der Serie gezeigten Methoden lagen. Das finde ich gut, denn es widerlegt die von Verwaltungsbeamten öfter gehörte Annahme, dass vor allem Verbrecher aus diesen Serien etwas lernen.

Die Suche nach winzigen Blutspritzern und deren Verteilungsmuster an Tatorten wird beispielsweise wieder öfter bei mir angefragt. Unter anderem haben True-Crime-Serien im Fernsehen eindrucksvoll gezeigt, wie wichtig diese im Grunde uralte Technik für die sachliche Bewertung eines Falles sein kann.

Natürlich kann auch jeder erfahrene Kollege vom polizeilichen Erkennungsdienst Blutspuren lesen, und jeder Facharzt für Rechtsmedizin weiß genau über Verletzungsmuster Bescheid. Als Team sind wir aber stärker und verstehen auf einmal gewisse Abläufe, die jeder von uns allein nicht erkannt hätte. Während die Polizisten oft das soziale Umfeld und die Rechtsmediziner den menschlichen Körper vor Augen haben, fummele ich lieber an den schon immer unbelebten (und unbeliebten) Details herum. Das ist der größte Verdienst von *Medical Detectives*: Serie und Buch zeigen, dass ein Baumkundler und ein Reifenspezialist beim Lösen eines Falles manchmal ebenso wichtig sein können wie professionell und intelligent arbeitende Ermittler. Zusammen sind wir sehr stark, allein aber oft gar nichts.

Ein schönes Beispiel dafür, wie ein kauziger Spezialist einen klassischen Fall entscheidend beeinflusste, war die Untersuchung von Leitersprossen nach der Entführung des kleinen Sohnes des Atlantiküberfliegers Charles Lindbergh.

Bis heute ist umstritten, wer die Entführung ausgeführt hat. Zwei Anwälte behaupten dieser Tage sogar, beweisen zu können, dass Vater Lindbergh selbst der Täter gewesen sei. Dabei zeigen die Hobelscharten und Baumringe der Leiterstücke eindeutig, dass ein deutscher Einwanderer die Leiter gebaut hatte. Da die Polizei nicht nur das Lösegeld in dessen Arbeitsräumen fand, sondern auch die Anschlussstücke eines Stücks der Leiter (sie war aus seinem Speicherboden gesägt), ist der Fall aber längst klar wie Kloßbrühe. (Näheres dazu in: Mark Benecke, *Mordmethoden*, Bergisch Gladbach 2002.)

Fürchten Sie übrigens nicht, dass die Begeisterung für forensische Wissenschaften die Drehbuchautoren blind gemacht hätte. Zwar berichten sie in *Medical Detectives* beschwingt vom zigarettenkippensüchtigen Hund, Zahnabdrücken in Kaugummistückchen und natürlich vom guten alten Luminol, und manchmal könnte man fast glauben, dass die Fälle vielleicht ein kleines bisschen übertrieben sind. Aber das täuscht. Die Wirklichkeit war schon immer verrückter, bunter und närrischer, als es je ein Autor auf Papier bringen könnte.

Beispielsweise würden die Leser kaum glauben, dass sich ein Mensch selbst per Postpaket ins eigene Haus schicken lässt, um dort ein Feuer zu legen. Dabei sprengt er sich aus Versehen hoch, wird über 200 Meter durch die Luft geschleudert – und versucht später nichtsdestotrotz, bei der Versicherung das Geld für die unclevere Brandsanierung abzukassieren.

Ich finde die sachlich ausgezeichnete Arbeit der deutschen und US-amerikanischen Redakteure prima. Eine ganze Generation von Menschen wird nun vielleicht nicht mehr an die allwissenden *CSI*-Ermittler und Supercops denken, sondern an ein Netzwerk von begeisterten und detailversessenen Spurensuchern, Nerds* und Ermittlern.«

ANHANG

DANK

Eine frei zugängliche Kriminalbiologie, die nur nach der Wahrheit und nicht nach Ansehen, Einkommen oder Einfluss fragt, steht und fällt mit der offenen Zusammenarbeit der verschiedenen Disziplinen. Ich danke daher besonders den SpurenkundlerInnen, ErmittlerInnen und RechtsmedizinerInnen, die mit mir spannende Fälle konstruktiv bearbeiten. Hervorheben möchte ich dabei das Institut für Aus- und Fortbildung der Polizei Nordrhein-Westfalen, wo seit 1996 regelmäßig kriminalbiologische Vorträge für TodesermittlerInnen und KriminaltechnikerInnen stattfinden – unabhängig von gerade herrschenden politischen Moden oder Reformen. Man sollte nie vergessen, dass die Polizei Fälle löst – nicht die Wissenschaft.

Heißer Dank geht an meine StudentInnen und AssistentInnen auch in Ländern, in denen alles drunter und drüber geht – etwa Kolumbien oder die Philippinen –, die durch ihre Begeisterung dafür sorgen, dass das Fach nicht ausstirbt und jährlich Kurse stattfinden, die uns alle fachlich und persönlich voranbringen.

Eine spezielle Erwähnung verdient Hans-Jürgen Barthelmeh, der uns seit vielen Jahren bei den Kursen, beim Aufbau der Tatortausrüstung und auch geistig unterstützt.

Das abschließende Lob geht an die vielen Mitarbeiter und Mitarbeiterinnen des Lübbe-Verlages, die meine Skripte nicht nur in schöne, sondern trotz guter Ausstattung auch in erschwingliche Bücher verwandeln. Merci!

GLOSSAR

Allel: Bei der DNA-Typisierung eine Längenvariante eines bekannten Locus. STR- und RFLP-Allele kommen mit einer vorhersagbaren Wahrscheinlichkeit vor.

Allelcocktail: Mischung aller an einem Locus jemals aufgetretenen, bekannten Allele. Der Vergleich der Allele aus einer Spur, die auf demselben Gel wie der Cocktail aufgetrennt sind, erlaubt die Längenbestimmung.

Amplifikation: Vervielfältigung von DNA-Abschnitten mit der Polymerase-Kettenreaktion.

Aufreinigung: Trennen der DNA von anderen Zellbestandteilen und Chemikalien.

Bakterienausstrich: Verschmieren von Bakterien auf einem Nährboden, auf dem sie heranwachsen.

Besiedlungswellen: Abhängig vom Verwesungsstadium einer Leiche (beispielsweise: Gasblähung, ammoniakalische Fäulnis, Vertrocknung), leben auf ihr verschiedene Insekten- und Spinnentiergruppen, die der jeweiligen chemischen Zusammensetzung des betreffenden Zerfallsstadiums angepasst sind oder die eine Brutstätte für ihre Nachkommen suchen.

Christmas Tree Staining: Da an einem grünen Weihnachtsbaum klassisch rote Kugeln hängen, wurde diese Spermienfärbung »Weihnachtsbaumfärbung« getauft. Dabei werden die Zellkerne rot und Zellkörper grün gefärbt. Eigentlich heißt die übrigens sehr gute Methode »Pikroindigokarmin/nuclear fast red(PIK/NF)-Färbung«; dieser Name geht aber offenbar zu schwer von der Zunge.

Datenbank: Bei der DNA-Typisierung Sammlung von DNA-Typisierungsdaten (genetischen Fingerabdrücken), entweder zur Errechnung von mittleren Allelhäufigkeiten in einer Bevölkerungsgruppe (Populationsdatenbank) oder zur Identifizierung von Tatorten und Tätern (kriminalistische Datenbank).

DNA (*desoxyribonucleic acid*, dt.: Desoxyribonukleinsäure, DNS): Erbsubstanzmolekül aus dem Zellkern (Kern-DNA, nukläre DNA) oder aus Mitochondrien (mtDNA).

DNA-Typisierung: Meist Darstellung sich wiederholender (repetitiver), nichtcodierender, längenvariabler DNA-Bereiche zur Individualidentifikation. Kann auch mittels Sequenzierung variabler DNA-Bereiche durchgeführt werden.

Elektrophorese: Größensortierung von DNA-Stücken (Fragmenten) in einem Gel aus Polyacrylamid oder einer Kapillare. Durch Anlegen von Strom wandern kürzere DNA-Stücke schneller durch die engen Maschen des Gels zum Pluspol, längere Stücke wandern langsamer dorthin.

Entomologie: Insektenkunde; umgangssprachlich auch oft als Kunde von allen Gliedertieren (Spinnen, Krebse, Insekten) verstanden.

Fäulnis: Rückführung biologischen Materials in den Kreislauf des Lebens. Abhängig von den Außenbedingungen kann eine Wirbeltierleiche beispielsweise verwesen (feucht, warm), vermodern (trocken) oder mumifizieren (trocken, sehr warm oder sehr kalt). Die verschiedenen Fäulnisstadien ziehen jeweils bestimmte Insektenarten an (Besiedlungswellen).

Forensik: Forschungs- und Ermittlungsrichtung, die kriminalistische und rechtsmedizinische Methoden in gerichtsverwertbarer Weise nutzt (in foro: »vor der Öffentlichkeit«, »vor dem Gericht«).

Forensische Entomologie: Rechtsmedizinisch-kriminalistisch angewandte Insekten- und Gliedertierkunde. Beschäftigt sich mit den leichenbesiedelnden Gliedertierarten, um mit diesen die Leichenliegezeit (PMI), Vergiftungen, Verwahrlosung und andere forensische Fragen zu klären.

Individualisierung: Hier Darstellung eines nur bei einer einzigen Person (Individuum) vorkommenden DNA-Typisierungsmusters.

Insekt: Sechsbeiniges Gliedertier. Früher wegen seiner Körpereinschnitte als Kerbtier (lat. *insecta*, eingekerbt) bezeichnet. Arten- und biomassereichste Lebewesengruppe der Erde. Die Jugendstadien heißen Larven, bei Schmetterlingen nennt man diese auch Raupen, bei Fliegen Maden.

Klon: Körperliche Kopie eines lebenden Wesens.

Kriminalistik: Vorwiegend auf die Lösung von Straftaten ausgerichtete Untersuchungs- und Denktechnik.

Larve: Aus einem Ei geschlüpftes Jugendstadium eines Insekts, entweder raupenartig (Schmetterlinge, *Lepidoptera*; Käfer, *Coleoptera*) bzw. madenartig (Fliegen, *Diptera*) oder mit verkleinerten, gestaltgleichen Körpern wie die erwachsenen Tiere (Spinnentiere, *Arachnoidea*).

Made: Kriechendes Jugendstadium (Larve) von (Schmeiß-)Fliegen, manchmal auch von anderen Insekten. Verpuppt sich in einem Tönnchen, aus dem die erwachsene Fliege schlüpft.

Milbe: Kleine Spinnentiere, die sich auf Faulleichen und an Tatorten finden. Nur selten von forensischer Bedeutung, da ihre Lebensweise weniger gut bekannt ist als die von Fliegen und Käfern. Jugendstadien nicht madenförmig, sondern lediglich verkleinerter, gestaltgleicher Körperbau der erwachsenen Tiere.

Mitochondrien: Zellbestandteil (Organell), das der Energiegewinnung dient und mitochondriale DNA (mtDNA) enthält, die nicht aus dem Zellkern stammt.

Morphologie: Hier Beschreibung der äußeren Gestalt, etwa von Pflanzen oder Haaren.

Nerd: Ein intelligenter, aber kauziger, im Kontakt mit der Umwelt oft stiller Mensch. Ursprünglich abgeleitet vom englischen Wort für »Streber«, weil man diese Menschen früher für übertrieben ehrgeizige Schüler hielt. Das stimmt aber nicht, es ist bloß so, dass sich Nerds manchmal auch mit in

der Schule behandelten Themen gerne sehr innig beschäftigen. Ebenso oft tun sie dies aber nicht und sind darum nur
in bestimmten Schulfächern besonders gut.

Schon seit etwa zehn Jahren wandelt sich die unrichtige
Wahrnehmung. Max Goldt beschreibt Nerds als Menschen,
die früher gerne auf dem elterlichen Küchentisch gelötet haben, heute an Computersoftware tüfteln, ihren Körper nicht
richtig beherrschen und Sex für lästig halten.

Seit etwa 2001 hat sich die Wortbedeutung wiederum
verändert. Heute steht der Begriff »Nerd« laut Klaus Fehling
für »jemand, der etwas ganz allein, ohne die Hilfe anderer,
beherrschen kann«.

Anstelle von »Nerd« wird auch das Wort »Geek« benutzt,
das sich aber eher auf reine Computertüftler bezieht.

Polymerase-Kettenreaktion (PCR): Vervielfältigung von ge-
zielten DNA-Bereichen mittels Startmolekülen (Primern),
DNA-Verlängerungsmolekülen (Polymerase) und DNA-Bau-
steinen (Nukleotiden). Dabei exponentielle Vermehrung des
gewünschten Bereichs. Erlaubt in der Forensik die Darstellung auch kleinster Mengen DNA aus biologischen Spuren.

Rechtsmedizin: Medizinische Fachrichtung, die sich mit der
Erkennung unklarer Todesursachen, oft nach Gewalteinwirkung, sowie benachbarten Forschungsgebieten befasst.

RFLP-Typisierung: DNA-Typisierung mittels Restriktions-Län-
genpolymorphismus. Ein nichtcodierender, längenvariabler DNA-Bereich, der aus sich wiederholenden Einheiten
besteht (maximale Länge etwa 20 000 Nukleotide) und per
Southern Blot und anschließender Hybridisierung sichtbar
gemacht wird.

Schmeißfliege: Umgangssprachliche Bezeichnung für Fliegen,
die sich von faulenden Substanzen ernähren. Zoologisch gesehen handelt es sich um ganz verschiedene Insektenfami-

lien wie Fleischfliegen *(Sarcophagidae)*, echte Schmeißfliegen *(Calliphoridae)* und Hausfliegen *(Muscidae)*. Entwickeln
sich aus Eiern zu Maden. Diese werden zu Tönnchen, aus
denen die erwachsenen Fliegen schlüpfen. Die Eier stammen immer von trächtigen Fliegen und können sich nie aus
totem Gewebe bilden.

SNP *(short nucleotide polymorphism)*: Im Gegensatz zu den Län-
genunterschieden von STRs (Grundeinheit drei oder vier
Basen) ist hier nur eine Base verändert.

Southern Blot: Von Ed Southern erdachte Methode zur Über-
tragung von DNA-Fragmenten aus einem Agarose-Gel auf eine
Nylonmembran, bei der Kapillarkräfte die DNA bewegen.

Spinnentier: Achtbeiniges Gliedertier, zum Beispiel echte Spinnen, Weberknechte und Milben. Finden sich gelegentlich an
Leichen, spielen aber in der forensischen Entomologie nur
eine unbedeutende Rolle.

Spur: In der Kriminalbiologie biologisches Material am Tatort.

STR *(short tandem repeat)*: Nichtcodierende DNA-Bereiche, die
aus einer Grundeinheit von drei bis fünf Nukleotiden bestehen, die sich fünf- bis zirka hundertfach wiederholt. Ausgangspunkt moderner DNA-Typisierungen. Werden durch
PCR (Polymerase-Kettenreaktion) dargestellt.

Toxikologie: Hier Untersuchung von Giften, die Menschen
schaden können.

Vaterschaftstest: Vergleich der Allele von Vater, Mutter und
Kind. Ein »biologisches Kind« (= genetischer Nachkomme)
muss jeweils die Hälfte der Allele seiner Eltern aufweisen.

Zellkern: Bestandteil der Zelle, der die Kern-DNA mit der Bauanleitung für den Großteil des Körpers enthält.

ABBILDUNGSNACHWEISE

Reiter, Ch./P. Hajek, »Zum altersbedingten Wandel der Darmtrakt-
füllung bei Schmeißfliegen. Eine Untersuchungsmethode im Rahmen der forensischen Todeszeitbestimmung«. In: *Zeitschrift für
Rechtsmedizin*, 92 (1984), S. 39–45.
Steinabrieb von Eustache H. Langlois. In: ders., Essai historique, phi-
losophique et pittoresque sur les danses des morts, Bd. 2, Rouen:
Lebroument 1851.
Lee, H. C./C. Ladd/M. T. Bourke/E. Pagliaro/F. Tirnady, *American Journal of Forensic Medicine and Pathology*, 15 (1994), S. 269.

LITERATURHINWEISE
UND QUELLEN

Weil dieses Buch kein Lehrbuch, sondern eine allgemein verständliche Übersicht darstellt, verweise ich auf die Internetseite www.benecke.com. Hier finden Sie viele, teils leicht verständliche, teils stark vertiefende Fachartikel sowie zahlreiche Hinweise auf Literatur von Kollegen. Im Folgenden daher nur wenige Hinweise auf Veröffentlichungen, die direkt im Text Gesagtes fortführen:

Insekten auf Leichen

Benecke, M., »Forensic Entomology: Arthropods and Corpses«. In: Tsokos, M. (Hg.), *Forensic Pathology Reviews*, Bd. 2, Totowa (NJ, USA) 2004, S. 207–240.

Brinkmann, B. (Hg.), »Entomology Issue«. In: *International Journal of Legal Medicine*, 118, 2004, S. 187–247.

Byrd, J. H./J.-L. Castner (Hg.), *Entomological Evidence: The Utility of Anthropods in Legal Investigations*, Boca Raton (FL) 2000.

Erzinçlioğlu, Z., *Maggots, Murder and Men: Memories and Reflections of a Forensic Entomologist*, Colchester 2000.

Goff, M. L., *A Fly for the Prosecution: How Insect Evidence Helps Solve Crimes*, Cambridge (MA) 2000.

Aufbau und Leben von Insekten

Dettner, K./W. Peters/T. Bauer/A. Buschinger/A. K. Egg (Hg.), *Lehrbuch der Entomologie*, Heidelberg 2003.

Franceschini, N./J. M. Pichon/C. Blanes, »From insect vision to robot vision«. In: *Philosophical Transactions of the Royal Society* (Series B), Bd. 337, 1992, S. 283–294.

Honomichl, K./W. Jacobs/M. Renner, *Biologie und Ökologie der Insekten*, 3. Aufl., Stuttgart 1998.

Nachtigall, W./K. G. Blüchel, *Das große Buch der Bionik. Neue Technologien nach dem Vorbild der Natur*, München 2000.

Rechtsmedizinische Liegezeitbestimmung

Henssge, C./B. Knight/T. Krompecher/B. Madea/L. Nokes, *Estimation of the Time Since Death in the Early Postmortem Period*, 2. Aufl., London 2002.

Henssge, C./B. Madea, »Frühe Leichenerscheinungen«. In: Brinkmann, B./B. Madea, *Handbuch gerichtliche Medizin*, Bd. 1, Berlin 2004, S. 79–150.

DNA-Typisierung

Benecke, M., »Coding or non-coding, that is the question. Having solved the last technical hurdles to extract DNA information from virtually any biological material, forensic biologists now have to ponder the ethical and social questions of using information from exonic DNA«. In: *EMBO Reports*, 3, 2002, S. 498–501.

Butler, J. M., *Forensic DNA Typing, Biology & Technology behind STR markers*, San Diego 2001.

Rolf, B./P. Wiegand, »Analyse biologischer Spuren«, Teil III: »Mitochondriale DNA und Y-chromosomale DNA«. In: *Rechtsmedizin*, 6, 2004, S. 473–483.

www.benecke.com/dna.html

Was ist ein Sachverständiger?

NIJ (Hg.), *Convicted by Juries, Exonerated by Science: Case Studies in the Use of DNA Evidence to Establish Innocence After Trial.* National Institute of Justice (NIJ)/U.S. Dept. of Justice Research Report, Rockville 1996.

Alte Kriminalbiologie und Rassenlehre

Ayaß, W./R. Gilsenbach/U. Körber/K. Scherer/P. Wagner/M. Winter, *Feinderklärung und Prävention. Kriminalbiologie, Zigeunerforschung und Asozialenpolitik*, Berlin 1988.

Baur, E./E. Fischer/F. Lenz, *Menschliche Erblichkeitslehre und Rassenhygiene*, 2 Bde., München (ab 1921).

Cavalli-Sforza, L./F. Cavalli-Sforza, *Verschieden und doch gleich. Ein Genetiker entzieht dem Rassismus die Grundlage*, München 1994.

Günther, H. F. K., *Rassenkunde Europas*, München 1926.

Günther, H. F. K., *Kleine Rassenkunde des deutschen Volkes*, München 1933.

Hagemann, R., *Erwin Baur (1875–1933). Pionier der Genetik und Züchtungsforschung*, Eichenau 2000.

Hesdörffer, M., »Gärtnerische Züchtungskunst«. In: *Kosmos*, Bd. 4, Stuttgart 1907, S. 109–113.

Kretschmer, E., *Körperbau und Charakter. Untersuchungen zum Konstitutionsproblem und zur Lehre von den Temperamenten*, 3. Aufl., Berlin 1922 (dieses Buch erschien bis zum Jahr 1955 in immer neuen Auflagen).

Lenz, W., *Medizinische Genetik*, 4. Aufl., Stuttgart 1979.

Lichtenstein, H., »Ein Lügengewirr. Der Wuppertaler Prozess gegen Angehörige des Polizeibataillons 309«. In: Buhlan, H./W. Jung (Hg.), *Wessen Freund und wessen Helfer? Die Kölner Polizei im Nationalsozialismus*, Köln 2000, S. 619–632.

Medwedjew, S. A., *Der Fall Lyssenko. Eine Wissenschaft kapituliert*, Hamburg 1971.

Müller-Hill, B., *Tödliche Wissenschaft. Die Aussonderung von Juden, Zigeunern und Geisteskranken 1933–1945*, Berlin 1989.

Picker, H./P. E. Schramm/A. Hillgruber/M. Vogt, »Hitlers Verhältnis zu Medizin und den Naturwissenschaften, insbesondere zur Biologie: Pseudo-Darwinist«. In: *Hitlers Tischgespräche im Führerhauptquartier 1941–1942*, Stuttgart 1963, S. 78–82.

Radtke, G. A., *Farbiger Fehlerfinder. Wellensittiche*, Braunschweig 1970.

Rosen, R., *Brutpflege und Elternfürsorge*, Leipzig 1912.

Spektrum der Wissenschaft Digest: Gene und Verhalten, Heidelberg 2000.

Stoskopf, A., »Race and Membership«. In: *American History: The Eugenics Movement*, Kap. 8: »The Nazi Connection«, Brookline (MA) 2000.

Venzmer, G., *Körpergestalt und Seelenanlage. Ein Überblick über die biologische Verwandtschaft zwischen Körperform und Wesenskern des Menschen*, Stuttgart 1930.

Vogt, H. H., »Der lange Weg der Soziobiologie«. In: *Naturwissenschaftliche Rundschau*, 52, 1999, S. 391–399.

Weingart, P./J. Kroll/K. Bayertz, *Rasse, Blut und Gene. Geschichte der Eugenik und Rassenhygiene in Deutschland*, Frankfurt am Main 1991.

VERÖFFENTLICHUNGEN DES AUTORS (AUSWAHL)

Bücher und Buchbeiträge

(2006)   »Genetischer Fingerabdruck«. In: *Der Große Brockhaus*, Enzy-klopädie, 21. Auflage.

(2005)   *Lachende Wissenschaft. Aus den Geheimarchiven des Spaß-Nobel-preises*, Bergisch Gladbach.

(2005)   *Murderous Methods. Using Forensic Science to Solve Lethal Crimes*, Vorwort von Michael Baden, New York.

(2005)   Vorwort zu: Dowling, P./V. Sherry, *Medical Detectives. Geheim-nisse der Gerichtsmedizin*, Köln.

(2005)   »Collection and handling of forensic DNA samples«. In: Fuchs, J./M. Podda (Hg.), *Encyclopedia of Diagnostic Genomics and Proteomics* (*EDGP*), New York, Bd. 1, S. 500–504.

(2004)   »Forensic Entomology: Arthropods and Corpses«. In: Tso-kos, M. (Hg.), *Forensic Pathology Reviews*, Bd. 2, Totowa (NJ), S. 207–240.

(2003)   »Leichenbesiedlung durch Gliedertiere«. In: Brinkmann, B./B. Madea (Hg.), *Handbuch gerichtliche Medizin*, Kap. 2.2.7: »Die Leiche. Leichenerscheinungen und Todeszeitbestimmung«, Berlin, New York, Tokio, S. 170–187.

(2002)   *Mordmethoden*, Bergisch Gladbach.

(2002)   *The Dream of Eternal Life: Biomedicine, Aging and Immortality*, New York.

(2001)   *Kriminalbiologie. Ausführungen zum besseren Verständnis – Anregungen zum Nachdenken*, 2. Aufl., Bergisch Gladbach.

(2001)   »Entomologie, forensische«. In: *Enzyklopädie der Naturwis-senschaften und Technik*, Landsberg am Lech, 2. Aufl., Suppl. 6, S. F1–7.

(2000/mit J. Wells) »Molecular techniques for forensically important insects«. In: Byrd, J. H./J.-L. Castner (Hg.), *Entomological Evi-dence: The Utility of Anthropods in Legal Investigations*, Boca Raton, S. 341–352.

Zeitschriften-Artikel

(2006/mit M. Rodriguez, A. Zabeck, A. Mätzler) »Two homosexual pedophile sadistic serial killers: Jürgen Bartsch (Germany, 1946–1976) and Luis Alfredo Garavito Cubillos (Columbia, *1957)«. In: *Minerva Medica*, im Druck.

(2006) »Insekten als Zeichen«. In: *Zeitschrift für Semiotik*, im Druck.

(2004/mit E. Josephi, R. Zweihoff) »Neglect of the Elderly: Forensic Entomology Cases and Considerations«. In: *Forensic Science International*, 146 (Suppl. 1), S. S195–S199.

(2004) »Das (angebliche) Blutwunder von Neapel«. In: *Skeptiker*, 3, S. 114–117; 123.

(2004) »Selige DNA-Analyse. Rechtsmediziner überprüfen ein christliches Wunder«. In: *Süddeutsche Zeitung*, Nr. 33, 10.2.2004, S. 9.

(2003/mit L. Barksdale) »Distinction of bloodstain patterns from fly artefacts«. In: *Forensic Science International*, 137, S. 152–159.

(2001) »Das sind nicht Sachen, sondern Menschen. DNA-Typisierung von Leichenteilen«. In: *Frankfurter Allgemeine Sonntagszeitung*, Nr. 42, 21.10.2001, S. 65.

(2001/mit R. Lessig) »Child neglect and forensic entomology«. In: *Forensic Science International*, 120, S. 155–159.

(2001) »A Brief History of Forensic Entomology«. In: *Forensic Science International*, 120, S. 2–14.

(1999) »Der Tod bleibt immer Sieger«. In: *Süddeutsche Zeitung*, 20./21.2.1999, Feuilletonbeilage, S. III.

(1998) »Six forensic entomology cases: description and commentary«. In: *Journal of Forensic Sciences*, 43, S. 797–805; 44, S. 1303.

(1997) »DNA typing in today's forensic medicine and criminal investigations: A current survey«. In: *Naturwissenschaften*, 84, S. 181–188.

Mark Benecke aktuell

Der reverse C.S.I.-Effekt Teil 1. *Kriminalistik*, 2/2010, 64. Jahrgang, S. 89–94

Der reverse C.S.I.-Effekt Teil 2 und 3. *Kriminalistik*, 3/2010, 64. Jahrgang, S. 174–179

Benecke, M. (2011), »Käferfunde und andere biologische Spuren im Schrein des Hl. Severin«. In: Oepen u.a. (Hrsg): Der hl. Severin von Köln. Verehrung und Legende. Befunde und Forschungen zur Schreinsöffnung von 1999. *Studien zur Kölner Kirchengeschichte*, 40. Band, 2011. Franz Schmitt, Siegburg, 2011

Benecke, M. (2009), »Entomological Alteration of Bloodstain Evidence«. In: *Forensic Entomology. The Utility of Arthropods in Legal Investigations.* Second Edition. Edited by Jason H. Byrd & James L. Castner. Chapter 18. S. 539–580 English Text

Benecke, M. (2009), »Cases of Neglect Involving Entomological Evidence«. In: *Forensic Entomology. The Utility of Arthropods in Legal Investigations.* Second Edition. Edited by Jason H. Byrd & James L. Castner. Chapter 20. S. 627–636 English Text

Reibe,S, [....], Benecke, M. (2008), »Leichen-›Entsorgung‹ in einer Biotonne – zwei forensisch-entomologische Fallberichte«. *Archiv für Kriminologie*, Band 222, Heft 5 u. 6, Nov./Dez. 2008, S. 195-201

REGISTER